D1784233

Entwicklung und betriebswirtschaftliche Bewertung
eines Business Engineering-Ansatzes zur Übertragung und Anwendung
von Selbststeuerungssystemen in der Transportlogistik

Wertschöpfungsmanagement

Herausgegeben von Hans-Dietrich Haasis

Band 13

Zu Qualitätssicherung und Peer Review der vorliegenden Publikation

Die Qualität der in dieser Reihe erscheinenden Arbeiten wird vor der Publikation durch den Herausgeber der Reihe geprüft.

Notes on the quality assurance and peer review of this publication

Prior to publication, the quality of the work published in this series is reviewed by the editor of the series.

Kai Barwig

Entwicklung und betriebswirtschaftliche Bewertung eines Business Engineering-Ansatzes zur Übertragung und Anwendung von Selbststeuerungssystemen in der Transportlogistik

Bibliografische Information der Deutschen Nationalbibliothek
Die Deutsche Nationalbibliothek verzeichnet diese Publikation in der Deutschen Nationalbibliografie; detaillierte bibliografische Daten sind im Internet über http://dnb.d-nb.de abrufbar.

Zugl.: Bremen, Univ., Diss., 2013

Gedruckt auf alterungsbeständigem,
säurefreiem Papier.

D 46
ISSN 1863-169X
ISBN 978-3-631-64405-8

PL Academic Research ist ein Imprint der Peter Lang GmbH.

Peter Lang – Frankfurt am Main · Berlin · Bruxelles · New York · Oxford · Wien · Warszawa

www.peterlang.de

Danksagung

Als ich 1990 meine Ausbildung zum Speditionskaufmann antrat, habe ich mir nicht vorstellen können, dass ich 20 Jahre später zu einem Thema promovieren werde, bei dem ich meine langjährige praktische Berufserfahrung einfließen lassen kann. Die Idee zu dieser Arbeit und der nachhaltige Impuls, sich als Praktiker ganz intensiv einer aktuellen Problemstellung aus der Wirtschaft von der wissenschaftlichen Seite her zu widmen, kamen von meinem Doktorvater Prof. Dr. Haasis. Vielen Dank für die zahlreichen Stunden wertvoller Diskussionen und Ihr beruhigendes Vertrauen in mich, dieses Werk zu vollenden!

Die Umsetzung dieser Arbeit war nur durch viele helfende Hände möglich. Allen voran ist Prof. Dr. Kotzab zu erwähnen, der im fachlichen Austausch eine solide Basis für mein angehendes wissenschaftliches Arbeiten schuf. Vielen Dank für Ihre Zeit und Gespräche mit einem wissenschaftsinteressierten Praktiker.

Eine nahezu unermüdliche Hilfestellung in Form von Korrekturen, konzeptionellen Unterstützungen und freundschaftlichen Ratschlägen in der gesamten Zeit verdanke ich Prof. Dr. Hendrik Wildebrand. Das parallel zu dieser Arbeit erfolgreich durchgeführte Forschungsprojekt AMATRAK hat uns fachlich und persönlich sehr intensiv zusammenwachsen lassen. Damit möchte ich auch ein Dankeschön an das gesamte Projektkernteam aussprechen. Das war revolutionär!

Der Faktor Zeit spielte auch bei dieser Arbeit eine sehr große Rolle. Den notwendigen Freiraum für dieses Vorhaben gestattete mir mein Arbeitgeber, die STUTE Logistics GmbH. Insbesondere den Herren Werner Peters, Jens Wollesen und Christian Dieckhöfer möchte ich danken, die mir diesen Raum ermöglichten, mich der Arbeit parallel zu meinen beruflichen Tätigkeiten widmen zu dürfen. Für diese essenzielle Unterstützung sowie für die zahlreichen Experteninterviews und Erfahrungsberichte aus dem Berufsalltag möchte ich mich ganz herzlich bedanken. Ohne sie hätte die Arbeit nicht in dieser Form verwirklicht werden können.

Ich möchte ebenfalls meinen lieben Eltern danken, die mir durch ihre frühen mutigen Entscheidungen eine neue Zukunft ermöglichten und mit ihren weisen Ratschlägen diesen Weg überhaupt erst möglich machten. Vielen Dank für die Unterstützungen an den Samstagen, an denen ich in der Bibliothek über Büchern versunken war und nicht bei meiner Familie sein konnte. Das bleibt unvergessen!

Mindestens einen dicken Kuss verdienen meine drei lieben Kinder, die mit ihrem „Leise-Sein“ mir einen großen Gefallen erwiesen haben, und zu guter Letzt danke ich der verlässlichen Schulter bei stürmischer und ruhiger See, meiner lieben Antje. In dieser Zeit sind wir umgezogen, unser drittes Kind ist geboren worden, ich habe beruflich einen neuen Verantwortungsbereich erhalten, mein Bruder hat eine schwere Krankheit überwunden, warum also nicht noch eine Doktorarbeit schreiben. Ich habe keine Ahnung, wie wir das geschafft haben, aber wir haben es ausgehalten! Vielen Dank an meine geduldige, kraftschöpfende, aufmunternde und verständnisvolle Frau. Sie ist einmalig und dessen bin ich mir mehr denn je bewusst. Ihr widme ich diese Arbeit.

Inhaltsverzeichnis

Abbildungsverzeichnis

Tabellenverzeichnis

Abkürzungsverzeichnis

3PL	Third Party Logistics Provider
4PL	Fourth Party Logistics Provider
ADR	Accord européen relatif au transport international des marchandises Dangereuses par Route (übersetzt: Europäisches Übereinkommen über die internationale Beförderung gefährlicher Güter auf der Straße)
AMATRAK	Autonome MultiAgenten TRansport Koordination
AMW	Active-m-ware (Speditionssoftware)
AnfoBAST	Anforderungen an den betriebswirtschaftlichen Ansatz zur Übertragung und Anwendung von Selbststeuerungssystemen in der Transportlogistik
AP	Arbeitspaket
ARIS	Architektur integrierter Informationssysteme
ARIS-HOBE	Architektur integrierter Informationssysteme - House of Business engineering
BAST	Betriebswirtschaftlicher Ansatz zur Übertragung und Anwendung von Selbststeuerungssystemen in der Transportlogistik
Bd.	Band
BE	Business Engineering
BGL	Bundesverband Güterkraftverkehr Logistik und Entsorgung
BMVBS	Bundesministerium für Verkehr, Bau und Stadtentwicklung
BMWi	Bundesministerium für Wirtschaft und Technologie
BPR	Business Process Reengineering
BR	Business Reengineering
BSC	Balanced Scorecard
BWL	Betriebswirtschaftslehre
bzgl.	bezüglich
bzw.	beziehungsweise

ca.	circa
CARGON	Firmenname. Abkürzung steht für "Car goes online"
CO2	Kohlendioxid
CRM	Customer Relationship Management
DFÜ	Datenfernübertragung
DLRP	Distributed Logistics Routing Protocol
DV	Datenverarbeitung
E2AF	Extended Enterprise Architecture Framework
EDI	Electronic Data Interchange
EDIFACT	Electronic Data Interchange For Administration, Commerce and Transport
EDV	Elektronische Datenverarbeitung
EEV	Enhanced Environmentally Friendly Vehicle, europäischer Abgasstandard für Busse und Lastkraftwagen
EIS	Executive Information System
EPC	Elektronische Produktcode
EPK	Ereignisgesteuerte Prozessketten
ERP	Enterprice Resource Planning
et al.	Lateinisch "und andere"; im Zusammenhang mit Literaturangaben
etc.	et cetera
EUR	Euro
f.	und folgende Seite
FEAF	Federal Enterprise Architecture Framework
ff.	und folgende Seiten (Plural der Abkürzung "f.")
GPS	Global Positioning System
h.c.	honoris causa (Bezeichnung bei Ehrendoktortiteln)
Hrsg.	Herausgeber
IDS	Deutsche Kooperation für Stückguttransporte; Verbund von mittelständischen Unternehmen und Konzernen

i.S.d.	im Sinne des
i.S.e.	im Sinne eines/r
i.S.v.	im Sinne von
IMG	The Information Management Group
ISETEC	Intelligente Seehafentechnologien
ISL	Institut für Seeverkehrswirtschaft und Logistik
ISO	Internationale Organisation für Normung
IT	Informationstechnik
IuK	Information- und Kommunikation
IV	Informationsverarbeitung
IWi	Institut für Wirtschaftsinformatik
Kap.	Kapitel
KEF	Kritischer Erfolgsfaktor
KEP	Kurier und Expressdienstleistung
KMU	Kleine und mittlere Unternehmen
KPI	Key Performance Indicator
KVP	Kontinuierlicher Verbesserungsprozess
LKW	Lastkraftwagen
MAS	Multiagentensysteme
MEMO	Multiperspektivische Unternehmensmodellierung
MeMoBAST	Metamodell des betriebswirtschaftlichen Ansatzes zur Übertragung und Anwendung von Selbststeuerungssystemen in der Transportlogistik
MethoBAST	Methodenset des betriebswirtschaftlichen Ansatzes zur Übertragung und Anwendung von Selbststeuerungssystemen in der Transportlogistik
Mio.	Millionen
Mrd.	Milliarden
MT	Manntag
Nr.	Nummer

OMG	Object Management Group
OOGPM	Objektorientierte Geschäftsprozessmodellierung
p.a.	per anno
PC	Personal Computer
Pkm	Personenkilometer
PPS	Produktionsprogrammsteuerung
PROMET	Prozess Methode (ist ein Methodenset des Business Engineerings)
RFID	Radio Frequency Identification
S.	Seite
SADT	Structured Analysis and Design Technique
SCM	Supply-Chain-Management
SE	Software Engineering
SFB	Sonderforschungsbereich
SGF	strategisches Geschäftsfeld
SOM	Semantisches Objektmodell
SRM	Supplier Relationship Management
t, to	Tonnen
tkm	Tonnenkilometer
TOGAF	The Open Group Architecture Framework
TQM	Total Quality Management
UML	Unified Modeling Language
USA	United States of America
VDI	Verein Deutscher Ingenieure
Vgl.	Vergleiche
VKI	verteilte künstliche Intelligenz
VoMoBAST	Vorgehensmodell des betriebswirtschaftlichen Ansatzes zur Übertragung und Anwendung von Selbststeuerungssystemen in der Transportlogistik

1 Motivation, Zielsetzung, Lösungsweg

Im ersten Kapitel werden zunächst die Motivation und damit die Grundlage für diese Arbeit beschrieben, indem eine konkrete betriebswirtschaftliche Problemstellung in Kapitel 1.1 skizziert wird, die bereits heute in abgeschwächter Form, jedoch tendenziell zunehmend, in der Praxis vorkommt. Daran anknüpfend, wird eine mögliche Lösung in Kapitel 1.2 vorgeschlagen, die als Zielsetzung dieser Arbeit beschrieben wird. Damit sind Ausgangspunkt und Zielpunkt definiert, sodass der sich ergebende Spannungsbogen zwischen diesen beiden Punkten als Lösungsweg in der Erläuterung des Aufbaus der Arbeit in Kapitel 1.3 formuliert werden kann.

1.1 Motivation

> „Überall da, wo wir exponentielles Wachstum haben, laufen wir in Komplexitätsfallen. Diese lassen sich über Selbststeuerungssysteme lösen. (...) Damit verlegt man den Ort der Entscheidung wieder zurück zum Produkt, dorthin, wo die Entscheidung gebraucht wird.“[1]

Die Notwendigkeit von innovativen Steuerungsprozessen in der Transportlogistik begründet sich im Wesentlichen in den stetig wachsenden ökonomischen Herausforderungen. Die Güterverkehrsleistung soll bis zum Jahr 2025 um 70 %[2] ansteigen.[3] Dabei nimmt Ende 2025 der Straßengüterverkehr[4] mit einem Anteil von nahezu 80 % mit Abstand den größten Anteil ein. Auf diese Entwicklung wird zunehmend mit Spezialisierungen reagiert, um durch Konzentration auf einzelne Dienstleis-

---

1 Vgl. o.V. (2009a), S.58.

2 Gemessen vom Jahr 2004 an.

3 Vgl. Rede des Bundesverkehrsministers Peter Ramsauer anlässlich der BGL-Tagung am 21.10.2010 in Rostock-Warnemünde, S. 5, vgl. http://www.bmvbs.de/SharedDocs/DE/Pressemitteilungen/2010/314-r, Zugriff am 09.11.2010., vgl. http://www.dlr.de/cs/Portaldata/10/Resources/dokumente/daten_berichte/ FE_96_857_2005_Verflechtungsprognose_2025_ Zusammenfassung_20071114.pdf, Zugriff am 09.11.2010.

4 Zur Definition von Straßenverkehrsunternehmen vgl. Stölzle, W.; Fagagnini, H. P. (2010), S.23.

tungen wettbewerbsfähig zu bleiben. Diese Differenzierung vom Alleskönner hin zum Branchenspezialisten führt verstärkt zur Fremdvergabe und somit zu immer komplexer werdenden logistischen Netzwerken.[5]

Die zukünftigen Herausforderungen in punkto wachsende Dienstleistungsbreite, steigende Flexibilitätsansprüche und schnellere Informations- und Kommunikationsbedarfe entstehen etwa durch Globalisierung, demografischen Wandel, Klimawandel, staatlichen Einfluss, neue Technologien und neue Risiken.[6] Die heutigen Maßnahmen und Konzepte scheinen dabei an ihre Grenzen zu stoßen, sodass insbesondere neuartige Planungs- und Steuerungssysteme generiert werden sollten, um die Grenzen zu überwinden.[7]

Durch die dynamische und strukturelle Komplexität und Heterogenität der fremd erstellten Leistungsbündel werden die Bereitstellung und Verarbeitung aller entscheidungsrelevanten Informationen für eine zentrale Planungs- und Steuerungsinstanz deutlich erschwert.[8] Dabei liegt die Erschwernis weniger in der Technologie als vielmehr in der Organisation und Implementierung von Lösungsansätzen im Rahmen von Übertragungsansätzen. Bereits heute sind entsprechende intelligente Geräte, Sensoren, Techniken und Softwarelösungen verfügbar, die Problemlösungen offerieren.[9] Der Transfer derartiger Konzepte von der Wissenschaft in die Wirtschaft steht jedoch noch am Anfang.[10]

Um auch zukünftig am Markt erfolgreich zu sein, bedarf es der Anwendung innovativer Steuerungskonzepte, die sich dieser Problemstellung annehmen und die unternehmerische Effizienz steigern. Selbststeuerungsansätze[11] können Antworten auf die steigende Komplexität in der Transportlogistik liefern.[12] Derartige dezentrale Steuerungsansätze wurden bereits Anfang der 1990er Jahre in den Produktionsbereichen

---

5 Vgl. Kapitel 2.3, vgl. Arnold, D. (2008), S.952ff., vgl. Spengler, T. (2004), S.179, vgl. Abele, E. (2002), S.26f.

6 Vgl. Kille, C.; Schwemmer, M. (2012), S.12.

7 Vgl. Grünen, J. (2012), S. 57–59, vgl. Kapitel 2.3.2, vgl. Kapitel 2.4.3.

8 Vgl. Arendt, F. (2002), S.25.

9 Vgl. Dignum, V. (2009), S.76ff.

10 Vgl. Österle, H.; Blessing, D. (2004), S.8, vgl. Kapitel 2.4.

11 Vgl. Kapitel 2.4.1.

12 Vgl. Ergebnisse des Forschungsprojekts AMATRAK in Kapitel 2.5.

von Unternehmen entwickelt und eingesetzt.[13] Hier waren die Auswirkungen durch die zunehmende Komplexität, die sich nun auch in der Transportlogistik wiederfindet, früher spürbar.[14]

Selbststeuerung bezeichnet die dezentrale Koordination autonomer logistischer Objekte in einer heterarchischen[15] Organisationsstruktur.[16] Die Autonomie der logistischen Objekte, wie Stückgüter, Ladungsträger und Transportsysteme, wird dabei durch neue Informations- und Kommunikationstechnologien, wie z.B. softwarebasierte Multiagentensysteme (MAS) aus dem Bereich der verteilten künstlichen Intelligenz, ermöglicht.[17] Selbststeuerungssysteme können zu einer verbesserten Reaktionsfähigkeit auf sich ändernde Randbedingungen und damit zu einer Verbesserung der Flexibilität und Adaptivität durch die eine erhöhte Robustheit gegenüber Störungen und externen Einflüssen führen.[18]

1.2 Zielsetzung der Arbeit

Vor dem Hintergrund der aufgezeigten Motivation in Kapitel 1.1 hinsichtlich der Übertragung in die und der Anwendung von innovativen Steuerungskonzepten in der Transportlogistik aufgrund der Grenzen der heutigen Maßnahmen und Konzepte besteht das Ziel dieser Arbeit darin, einen *betriebswirtschaftlichen Ansatz für die Übertragung und Anwendung von Selbststeuerungssystemen in der Transportlogistik (BAST)* zu entwickeln. Dabei soll insbesondere die Frage beantwortet werden, wie wissenschaftlich erprobte Selbststeuerungssysteme in die Wirtschaft transferiert werden können.

---

13 Vgl. Haasis, H.-D.; Kreowski, H.-J. (2008), S.67ff., vgl. Franke, J.; Merhof, J., et al. (2010), S.1075-1078.

14 Vgl. Haasis, H.-D. (2008), S.10ff., vgl. Gavirey, S. (2007), S.70ff.

15 In einer Heterarchie stehen die Organisationseinheiten nicht in einem Über- und Unterordnungsverhältnis, sondern mehr oder weniger gleichberechtigt nebeneinander. Heterarchie steht für Selbststeuerung und Selbstbestimmung und betont dezentrale und Bottum-up-Entscheidungen. Jeder Teilnehmer bzw. jede Organisationseinheit einer heterarchischen Organisation sind also zugleich Manager bzw. Steuerungseinheit dieser Organisation.

16 Vgl. Windt, K.; Hülsmann, M. (2007), S.1-16.

17 Vgl. Dunin-K¸eplicz, B.; Verbrugge, R. (2010), S.1., vgl. Kolditz, J. (2009), S.18.

18 Vgl. Kapitel 2.4.2.

Die Praxis zeigt, dass viele Konzeptrealisierungen deshalb scheitern, weil die angewendeten Übertragungsansätze zu einseitig auf IT-technische, prozessuale, strategische oder kulturelle Teilaspekte ausgelegt sind.[19] Deshalb sind für den erfolgreichen betriebswirtschaftlichen Transfer von der Wissenschaft in die Wirtschaft ganzheitliche Übertragungsansätze erforderlich. Dabei tangieren diese Ansätze die unterschiedlichsten Ebenen eines Unternehmens, wie etwa die Managementebene für strategische Belange, die operative Ebene für prozessuale Umsetzung und die Unterstützungsebene für die Bereitstellung aller notwendigen Mittel für die Realisierung. Des Weiteren bestehen ganzheitliche Übertragungsansätze aus den drei Komponenten Metamodell, Vorgehensmodell und Methodenset.[20] Die folgende Abbildung verdeutlicht das Zusammenspiel der Ebenen und Komponenten.

Abbildung 1: Zusammenspiel Gestaltungsebenen und Methodenkomponenten

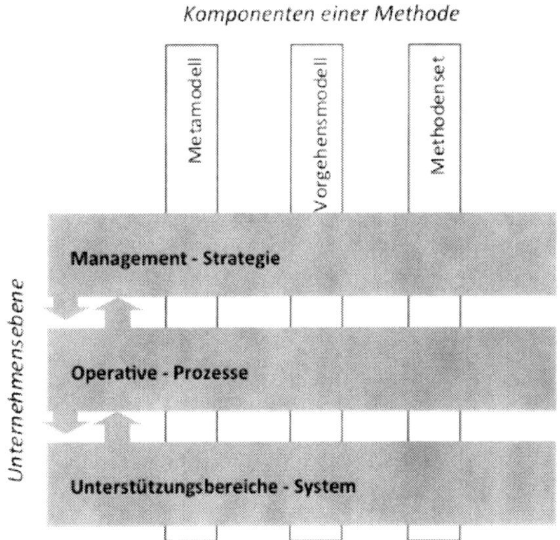

Quelle: Eigene Darstellung, inhaltlich in Anlehnung an Blessing, D. (2001), S.13

19 Vgl. Kapitel 3.2.3.
20 Vgl. Kapitel 3.1.1.

Gegenstand dieser Arbeit ist es, zunächst ein Metamodell für Selbststeuerungssysteme aus bestehenden Modellen abzuleiten und, darauf aufbauend, ein wissenschaftlich begründetes und praxistauglich umsetzbares Vorgehensmodell zu entwickeln sowie ein darauf zugeschnittenes Methodenset zusammenzustellen, um das Vorhaben mittels der beschriebenen Aktivitäten und Schritte des Vorgehensmodells umzusetzen.

Das Business Engineering als methoden- und modellbasierte Konstruktionslehre von Geschäftsprozessen liefert bereits unterschiedliche Architektur- und Modellierungsansätze, die hinsichtlich der Anwendbarkeit auf die Umsetzung von Selbststeuerungssystemen in der Transportlogistik überprüft werden sollten.[21]

Ein weiteres Ziel dieser Arbeit ist die Integration der Ergebnisse des Forschungsprojekts „AMATRAK“.[22] Es ist im Rahmen der Förderinitiative des BMWI "Intelligente Logistik im Güter- und Wirtschaftsverkehr" durchgeführt worden und verfolgt das Ziel, Verkehrsvermeidung und effizientere Fahrzeugauslastung in der Beschaffungs- und Distributionslogistik auf Basis *Autonomer MultiAgenten TRAnsport Koordination (AMATRAK)* zu erreichen. [23] Die Projektlaufzeit erstreckte sich nahezu parallel zur Erstellung dieser Arbeit und diente so als ständige Reflektion der gewonnenen Erkenntnisse und Ergebnisse. Während des Projekts wurde ein MAS entwickelt und mittels eines Demonstrators erprobt. So konnte eine Selbststeuerung von Fahrzeugen, Transportbehältern und Waren in der Transportlogistik erprobt und das Vorgehen mittels Meilensteinplan in der Praxis getestet werden.

---

21 Vgl. Kapitel 3.2.

22 Vgl. o.V. (2011c), S.4.

23 Vgl. http://www.intelligente-logistik.org/projekte/amatrak.html, Zugriff am 29.08.2011.

1.3 Aufbau der Arbeit

Das folgende Kapitel soll einen Überblick über den Aufbau der Arbeit verschaffen. Die Arbeit ist in fünf Kapitel unterteilt, wobei in Kapitel 1 und Kapitel 2 zunächst Grundlagen, Einordnungen und Entwicklungen etwa zu den Begriffen Prozess, Transportlogistik, Komplexität und Selbststeuerung vermittelt werden. Fortfolgend erläutert das Kapitel 3 wesentliche Elemente des Business Engineerings und kristallisiert nach Abgleich mit den aufgestellten *Anforderungen an einen betriebswirtschaftlichen Ansatz für die Übertragung und Anwendung von Selbststeuerungssystemen in der Transportlogistik (AnfoBAST)* verschiedene Forschungslücken heraus. In Kapitel 4 werden diese Forschungslücken mit der Ableitung eines neuen ganzheitlichen Übertragungsansatzes auf Basis des Business Engineerings geschlossen. Kapitel 5 fasst die Ergebnisse der Arbeit zusammen. Das Zusammenspiel der Kapitel verdeutlicht Abbildung 2.

Im ersten Kapitel werden Grundaussagen zu der Problemstellung und Motivation der Arbeit, zu den konkreten Zielsetzungen sowie zum Aufbau des Lösungswegs getroffen.

Das zweite Kapitel legt die begrifflichen Grundlagen für das weitere Verständnis der Arbeit. Dabei werden zunächst in *Kapitel 2.1* die Begriffe Prozess, System und Modell definiert und erläutert, da im weiteren Verlauf der Arbeit insbesondere Geschäftsprozesse in Systemen der Transportlogistik hinsichtlich der Anwendung von Selbststeuerungssystemen modelliert werden sollen. Des Weiteren wird der Begriff der Komplexität näher betrachtet, da deren Entwicklung und Zunahme eine der wesentlichen Herausforderungen der Transportlogistik darstellen. Diese Komplexitätssteigerung kann durch die Anwendung von Selbststeuerungssystemen reduziert werden.

Das *Kapitel 2.2* beinhaltet grundlegende Ausführungen zur Transportlogistik. Es werden, der Thematik folgend, Erläuterungen zu Transportlogistikbegriffen vorgenommen, Einordnungen von logistischen Systemen beschrieben sowie Aussagen zu Logistikzielen getätigt. Diese Grundlagen sind für die spätere fachliche Beurteilung der Notwendigkeit der Einführung von innovativen Steuerungskonzepten unerlässlich.

Abbildung 2: Aufbau der Arbeit

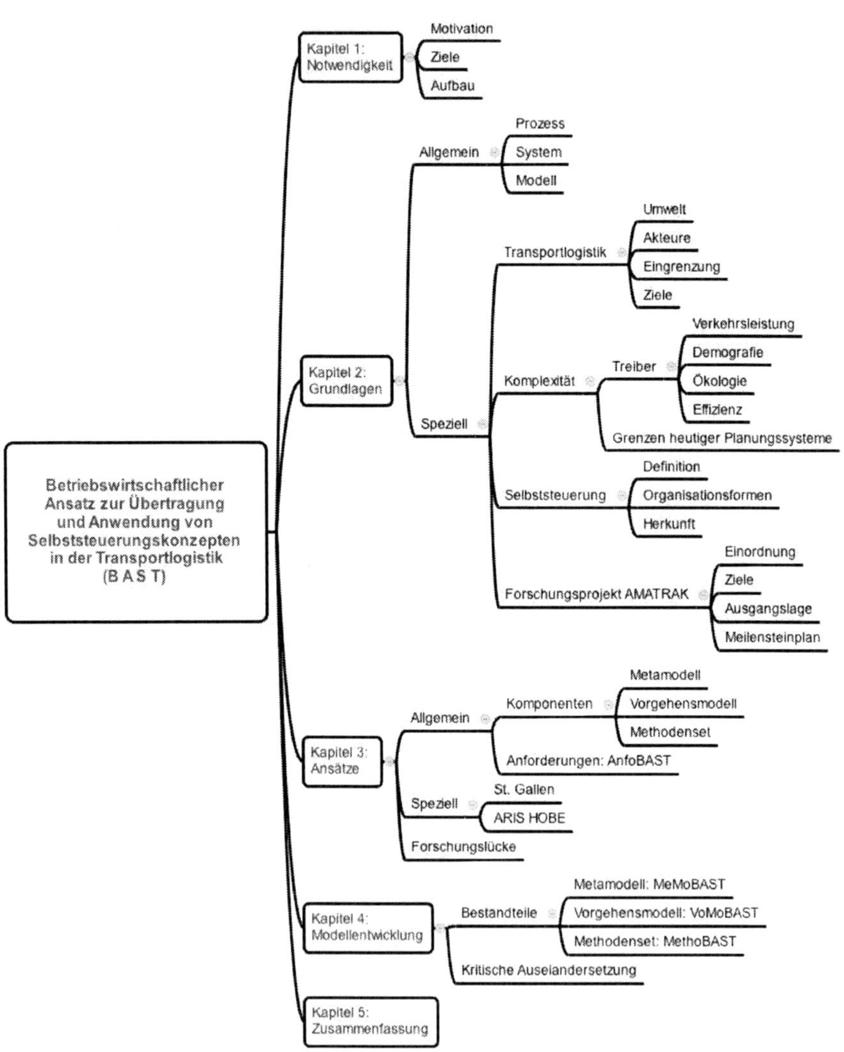

Quelle: Eigene Darstellung

Darauf aufbauend, werden im *Kapitel 2.3* Ausführungen zu den zukünftigen Komplexitätsentwicklungen in der Transportlogistik beschrieben und die Grenzen der heutigen Planungs- und Steuerungssysteme aufgezeigt. Hierbei werden die Trends unterschiedlichster Quellen beleuchtet, wobei auf die Entwicklungen hinsichtlich Verkehrsleistung, Demografie, Ökologie und Leistungsansprüche fokussiert wird. Nach Beschreibung der möglichen Entwicklungen dieser Faktoren werden die Maßnahmen, die aktuell in der Literatur und Fachpresse publiziert werden, beschrieben. Dabei wird deutlich, dass sowohl die Herausforderungen als auch teilweise die entwickelten Maßnahmen selbst zu weiteren Komplexitätssteigerungen führen können, die mit den heutigen Planungs- und Steuerungssystemen kaum bzw. gar nicht mehr bewältigt werden können. Damit werden neue Lösungen für die Optimierung der Transportlogistik erforderlich.

Ein in der Wissenschaft aktuell diskutiertes, komplexitätsreduzierendes Konzept, das Selbststeuerungssystem, könnte dieser Entwicklung als Lösungsansatz dienen. Daher wird der Stand der Wissenschaft zur Selbststeuerung im *Kapitel 2.4* als Grundlage für die weiteren Überlegungen dargestellt. Dabei werden Definitionen und Einordnungen zum Begriff der Selbststeuerung vorgenommen sowie Mechanismen zur Einführungsentscheidung von Selbststeuerungssystemen vorgestellt. Wesentliche Selbststeuerungssysteme hinsichtlich ihrer Herkunft und Übertragbarkeit in die Wirtschaft werden angesprochen.

Parallel zu dieser Arbeit wurde ein Forschungsprojekt durchgeführt, welches sich mit der Implementierung von Selbststeuerungssystemen in der Transportlogistik beschäftigte. In *Kapitel 2.5* wird dieses Forschungsprojekt AMATRAK vorgestellt, welches im Rahmen „Intelligente Logistik im Güter- und Wirtschaftsverkehr“ durch das Bundesministerium für Wirtschaft in der Zeit von 2007-2010 gefördert wurde. Das Projekt wird in seinen Zielsetzungen und seinem Vorgehen beschrieben. Im späteren Verlauf der Arbeit fließen die Ergebnisse bei der Entwicklung der Schritte des Vorgehensmodells in den neuen BAST ein. Damit erhält das entwickelte Modell eine praxistaugliche Robustheit, da das Forschungsprojekt erfolgreich mit dem aufgestellten Meilensteinplan umgesetzt wurde.

Eine kurze Zusammenfassung des zweiten Kapitels erfolgt im Rahmen eines Zwischenfazits in *Kapitel 2.6*. Das zweite Kapitel endet mit der abgeleiteten Aussage, dass Selbststeuerungssysteme den zukünftigen komplexitätssteigernden Herausforderungen begegnen können.

Im Mittelpunkt des dritten Kapitels steht nunmehr die Fragestellung nach einem Transfer derartiger Konzepte in die Wirtschaft mittels eines geeigneten Übertragungsansatzes. Der Einstieg im *Kapitel 3.1* erfolgt mit den Grundlagen zu Methodiken von Übertragungsansätzen. Um die Vielfalt möglicher Ansätze einzugrenzen, werden zunächst Anforderungen an den zukünftigen BAST aus den vorherigen Kapiteln abgeleitet und aufgestellt. Hierbei wird auf das zweite Kapitel referenziert, da hier die operativen Herausforderungen und wissenschaftlichen Lösungskonzepte diskutiert wurden. Dieses Kapitel stellt einen wesentlichen Messpunkt für die mögliche Anwendung von bestehenden Übertragungsansätzen dar. Die Ansätze müssen diesen Anforderungen genügen, sich ergebene Lücken sind zu schließen.

Im *Kapitel 3.2* wird das BE in seinem Aufbau, seinen Gestaltungsmöglichkeiten und Wirkungsprinzipien erläutert. Dabei wird die Auswahl des BEs als geeignete Disziplin für den Aufbau eines Übertragungsansatzes dahingehend untermauert, dass die wesentlichen Merkmale des BEs auf die aufgestellten Anforderungen an den BAST reflektiert werden. Fortfolgend werden unterschiedliche, existierende Ansätze des BEs kurz vorgestellt und auf Vollständigkeit und Anwendbarkeit für den BAST hin untersucht.

Im weiteren Verlauf konzentriert sich die Arbeit als Ergebnis der Eingrenzung auf zwei ganzheitliche etablierte BE-Ansätze, die in *Kapitel 3.3* „St. Galler Ansatz des Business Engineerings“ und *Kapitel 3.4* „ARIS – House of Business Engineering (ARIS HOBE)“ in den Punkten Metamodell, Vorgehensmodell und Methodenset detailliert beschrieben werden.

Nach den Erläuterungen der BE-Ansätze werden in *Kapitel 3.5* die aufgestellten Anforderungen an den BAST gemäß Kapitel 3.1.2 mit den Metamodellen, Vorgehensmodellen und dem Methodenset der Kapitel 3.3 und 3.4 abgeglichen. Die Erfüllung der Anforderungen wird als Zwischenergebnis festgehalten. Diese Bewertung lässt tendenzielle Schlussfolgerungen dahingehend zu, welche Anforderungen bereits berücksichtigt sind und welche noch weiterentwickelt werden müssen. Es entsteht eine Matrix mit konkreten Handlungs- und Anpassungsbedarfen zu den Komponenten Metamodell, Vorgehensmodell und Methodenset.

Diese Matrix wird als Forschungslücke zusammengefasst und Tabelle 8 abgebildet.

Eine Zusammenfassung der wesentlichen Aussagen des dritten Kapitels erfolgt in *Kapitel 3.6*. Das dritte Kapitel endet mit einer Forschungslücke hinsichtlich der fehlenden oder ergänzenden Elemente innerhalb der vorgestellten Methodenkomponenten aus den BE-Ansätzen St. Gallen und ARIS HOBE. Im Mittelpunkt des anschließenden vierten Kapitels wird versucht, diese Lücken zu schließen.

Im vierten Kapitel wird nun die entstandene Matrix der Forschungslücken abgearbeitet. Dabei entsteht im *Kapitel 4.1* zunächst das *Metamodell für den BAST (MeMoBAST)* mit zusätzlichen Gestaltungsobjekten und deren Beziehungen. Dabei werden zunächst die Metamodelle der beiden vorgestellten BE-Ansätze zusammengeführt und durch die herausgearbeiteten Elemente ergänzt.

Darauf aufbauend, wird das *Vorgehensmodell für den BAST (VoMoBAST)* mit Aktivitäten und Schritten im *Kapitel 4.2* erarbeitet. In Anlehnung an die Vorgehensweise bei der Erstellung des MeMoBASTs werden ebenfalls zunächst die Phasen der Vorgehensmodelle der vorgestellten BE-Ansätze zusammengeführt und, darauf aufbauend, die Aktivitäten vereinheitlicht und gemäß der Forschungslücke ergänzt. Details zu konkreten Schritten innerhalb der Aktivitäten fehlen in den BE-Ansätzen. An dieser Stelle fließt der Meilensteinplan des Forschungsprojekts AMATRAK ein, der über konkrete Schrittfolgen verfügt. Es werden ebenfalls Ergänzungen vorgenommen und begründet.

Im *Kapitel 4.3* wird ein neues *Methodenset für den BAST (MethoBAST)* kreiert. Dabei werden, wie bei der Erstellung des MeMoBASTs und VoMoBASTs, die Methodensets der untersuchten BE-Ansätze zusammengeführt und gemäß der abgeleiteten Forschungslücke ergänzt. Nach erfolgter Erläuterung der neuen Methodenkreationen werden diese den Gestaltungsebenen des BASTs zugeordnet. Es erfolgt eine abschließende Verprobung mit den aufgestellten Aktivitäten des VoMoBASTs, um sicherzustellen, dass alle Phasen und Aktivitäten methodisch unterstützt werden.

Alle Ergebnisse der Kapitel 4.1 bis 4.3 werden abschließend in *Kapitel 4.4* kritisch überprüft, indem die aufgestellten Anforderungen an den

BAST mit den Ergebnisdokumenten zum Metamodell, Vorgehensmodell und Methodenset abgeglichen werden. Dabei wird grafisch gekennzeichnet, durch welche Elemente die Anforderungen erfüllt wurden. Anschließend werden die während der Arbeit getätigten wesentlichen, inhaltlich vorgenommenen Ausschlüsse noch einmal zusammenfassend gelistet und in Teilen als weiterer Forschungsbedarf kommentiert werden.

In *Kapitel 4.5* wird im Rahmen des Zwischenfazits das vierte Kapitel kurz reflektiert und resümiert. Dabei wird der Zusammenhang der Ergebnisdokumente grafisch abgebildet.

Im fünften Kapitel wird die gesamte Arbeit rekapituliert und abschließend aus wissenschaftlicher und praxisbezogener Sicht Stellung zu dem entwickelten BAST bezogen.

2 Transportlogistik und Selbststeuerung in ihren Wirkungszusammenhängen

Das zweite Kapitel befasst sich schwerpunktmäßig mit den Grundlagen für die anschließenden fachlichen Auseinandersetzungen mit der beschriebenen Problemstellung des ersten Kapitels. Dabei teilen sich die Grundlagen in die allgemeinen Erläuterungen zu den Begriffen Prozess, System und Modell in Kapitel 2.1 und die speziellen Erläuterungen zur Einordnung und Charakterisierung von Transportlogistiksystemen in Kapitel 2.2 auf.

Dieses Basiswissen ist einerseits für das Verständnis der Problemstellung hinsichtlich der Komplexitätsentwicklung in Transportlogistiksystemen in Kapitel 2.3 und andererseits für das Verständnis eines möglichen Lösungsansatzes mithilfe von Selbststeuerungssystemen in Kapitel 2.4 notwendig.

Dass eine Lösung mithilfe von Selbststeuerungssystemen möglich scheint, wird durch die Erläuterung des durchgeführten Forschungsprojekts AMATRAK unterstrichen und im Kapitel 2.5 dargelegt.

2.1 Grundlagen zu den Begriffen Prozess, System und Modell

Um ein besseres Verständnis für die vorliegende Arbeit zu generieren, sollen zunächst die wesentlichen Begriffe Prozess, System und Modell und deren Zusammenhänge im folgenden Kapitel erläutert werden.

Die Darstellung beginnt mit dem kontextübergreifenden Begriff „Prozess", da dieser in den nachfolgenden Erklärungen immer wieder aufgegriffen wird. Als weiterer Bestandteil zählen zu den Grundlagen die Erläuterungen von Systemen, Systembestandteilen und Systemkomplexität, wobei es sehr schwierig ist, den aus der Literatur sehr differenziert beschriebenen Begriff der Komplexität exakt zu erfassen. Jedoch ist es für die Arbeit unumgänglich, den Begriff grob zu erläutern und zu beschreiben, da die zunehmende Komplexität in der Transportlogistik zu den wesentlichen Treiber für innovative Planungs- und Steuerungssysteme zählt.[24]

Darauf aufbauend, werden der Begriff „Modell" erläutert und die Notwendigkeit für die Abbildung von Systemen in Modelle begründet. Es werden wesentliche Modellmerkmale sowie die Bildung von Modellen erläutert, um eine spätere Modellierung von Metamodellen und Vorgehensmodellen zu ermöglichen.

2.1.1 Prozess

Es existieren mannigfaltige Definitionen in der Literatur, wenn es um den Begriff Prozess geht. Da diese Arbeit hinsichtlich Prozesse insbesondere auf Geschäftsprozesse in der Transportlogistik zwischen Kunden und Dienstleistern fokussiert,[25] scheint die Definition des Prozessbegriffs in Anlehnung an Bea/Göbel sehr passend:

> „Unter einem Prozess versteht man eine zusammenhängende Folge von Tätigkeiten, die einen Kundennutzen erzeugen."[26]

Dabei gehören Prozesse, die beim Kunden einen höheren Nutzen erzeugen, zu der Prozesskategorie der Geschäftsprozesse.[27] Der Mehrwert für den Kunden wird etwa durch Erhöhung der Lieferqualität oder Reduzierung der Transportkosten generiert.[28] Selbststeuerungssysteme können insbesondere bei dieser Prozessart zur Steigerung der Effizienz und Effektivität beitragen.[29]

---

24 Vgl. Kapitel 2.3.

25 Nur wiederkehrende Geschäftsprozesse eignen sich, dauerhaft strukturiert und optimiert zu werden. vgl. Kapitel 2.1.1.1.

26 Vgl. Bea, F. X.; Göbel, E. (2006), S.414.

27 Vgl. Ulrich, H. (2001), S.26-28.

28 Vgl. Kapitel 2.2.4.

29 Vgl. Kapitel 2.3.2.

2.1.1.1 Einordnung von Geschäftsprozessen

Unter den Geschäftsprozessen sind die Kernprozesse bzw. Primärprozesse zu verstehen, die in entscheidender Weise im Vergleich zum Wettbewerber einen höheren Nutzen beim Kunden erzeugen. Diese Prozesse spiegeln den praktischen Vollzug der marktbezogenen Kernaktivität wider, beispielsweise die Besorgung von Transporten in einer Spedition. Folgende Prozessarten können den Geschäftsprozessen zugeordnet werden:[30]

- Kundenprozesse. Hierunter fallen alle Prozesse, die dazu führen, dass Kaufentscheidungen wiederholt werden.
- Leistungserstellungsprozesse. Dies sind alle Prozesse, die dazu führen, dass Kunden auch die Leistung in der gewünschten Qualität erhalten.[31]
- Leistungsinnovationsprozesse. Diese bezeichnen alle Prozesse, die zur systematischen Produktinnovation führen.

Im Rahmen dieser Arbeit werden insbesondere die Kunden- und Leistungserstellungsprozesse untersucht, da sie unmittelbar zur Leistungsdurchführung, z.B. zum Transport vom Absender zum Empfänger, führen.

Neben den Geschäftsprozessen werden Managementprozesse und Unterstützungsprozesse unterschieden. Managementprozesse dienen als Flankierung und Leitplanken entlang des Geschäftsprozesses, etwa die Zielvorgabe, Fahraufträge binnen 24 h Fahrzeugen zuzuordnen. Unterstützungsprozesse hingegen tragen beispielsweise durch die Bereitstellung von Infrastruktur oder Speditionssoftware dazu bei, Geschäftsprozesse effizient durchführen zu können. Sie dienen der Sicherstellung der Betriebsbereitschaft und der kontinuierlichen Ausführung der Primärprozesse.[32]

---

30 Vgl. Rüegg-Stürm, J. (2005), S.73-74., vgl. Schulte-Zurhausen, M. (2010), S.57, vgl. Schulte-Zurhausen, M. (2010), S.91, vgl. Olfert, K. (2009), S.193.

31 Vgl. Schulte-Zurhausen, M. (2010), S.91.

32 Zu vertiefenderen Teilprozessen vgl. Olfert, K. (2009), S.193, vgl. Rüegg-Stürm, J. (2005), S.75-76., vgl. Schulte-Zurhausen, M. (2010), S.55-56.

Diese drei Prozesskategorien Management-, Geschäftsprozess- und Unterstützungsprozess können in ihren Eigenschaften hinsichtlich Wiederholungsgrad und Entscheidungsspielraum differenziert werden. Daraus lässt sich ableiten, welche Prozessart dauerhaft strukturierbar ist.[33]

Abbildung 3: Strukturierbarkeit von Prozesskategorien

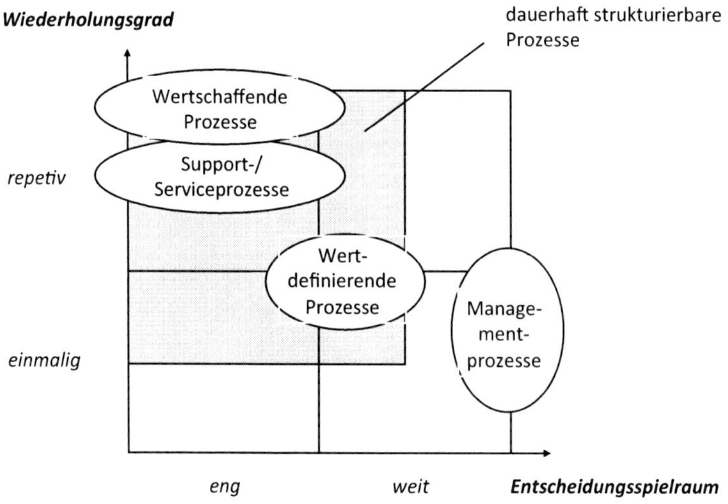

Quelle: Suter, A. (2004), S.109

Abbildung 3 veranschaulicht die Einteilung der beschriebenen Prozesskategorien hinsichtlich ihres Wiederholungsgrades und Entscheidungsspielraums. Die Praxis bestätigt die dargestellte Erkenntnis, z.B. in der Fahrzeugdisposition einer Spedition. Sich stark wiederholende Dispositionsprozesse in Form von Zuordnung von Fahraufträgen zu Fahrzeugen könnten nach einem festen Regelwerk dauerhaft strukturiert werden, um die Effektivität und Effizienz in der Prozessdurchführung zu steigern. Beispiel: Aufträge für Kunde A werden immer mit dem eigenen

---

33 Vgl. Suter, A. (2004), S.109ff.

Fuhrpark durchgeführt. In diesem Fall stellt der Unterstützungsprozess den Ablauf des Dispositionsprozesses mittels Speditionssoftware sicher. Der Managementprozess beinhaltet u.a. Regeln für den Fall, dass der Eigenfuhrpark nicht verfügbar ist.

2.1.1.2 Unterscheidung von Prozessebenen

Die Prozessebenen dienen zur weiteren Einordnung der beschriebenen Kategorien. Dabei soll herausgearbeitet werden, auf welcher Ebene Prozessanpassungen durchgeführt werden können. Die

Abbildung 4 verdeutlicht an einem praktischen Beispiel, in welche möglichen Ebenen ein Gesamtsystemprozess untergliedert werden kann.[34]

Abbildung 4: Ebenen eines Gesamtsystemprozesses

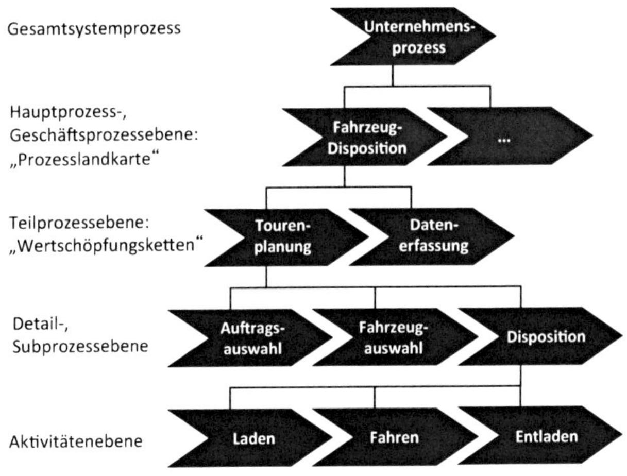

Quelle: Krallmann, H. (2007), S.241

34 Zu den Begriffen Funktion und Kategorie vgl. Kapitel 2.1.1.

Der Gesamtsystemprozess unterteilt sich als höchste Aggregationsform zunächst in die Hauptprozesse. Von dieser ersten Ebene ausgehend, werden die Teilprozesse definiert, die auch als Wertschöpfungskette bezeichnet werden.[35] In einer weiteren Unterteilung werden die Detailprozesse definiert, die letztlich eine Aggregation der Einzelaktivitäten darstellen.[36]

Die beschriebenen Prozesskategorien und -ebenen werden in Abbildung 5 beispielhaft auf den Prozess der Transportplanung übertragen.

Abbildung 5: Zusammenspiel von Prozesskategorien und Prozessebenen am Beispiel einer Kundenauftragsabwicklung

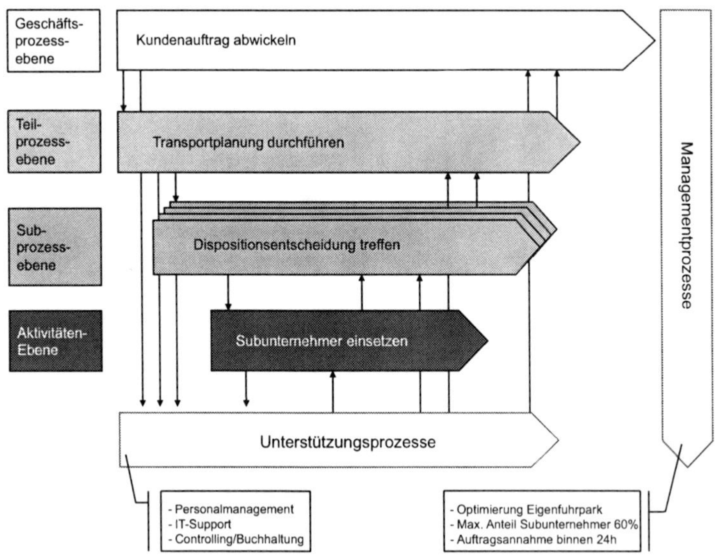

Quelle: Eigene Darstellung, inhaltlich in Anlehnung an Höning, F. (2009), S.171f., Scherm, E.; Pietsch, G. (2007), S.194

---

35 Vgl. White, B. L. (1988), S.57ff.

36 Vgl. Krallmann, H. (2007), S.241-242, vgl. Vahs, D. (2009), S.233, vgl. Olfert, K. (2009), S.193.

In diesem aus der Praxis stammenden groben Ablauf löst der Kundenauftrag als Geschäftsprozess den Teilprozess „Transportplanung durchführen" aus. Dabei gliedert sich die Transportplanung weiter in den Detailprozess „Dispositionsentscheidung treffen" auf. Daraus folgt die Aktivität „Subunternehmer einzusetzen".

Die Unterstützungsprozesse laufen etwa in Form von Sicherstellung der Verfügbarkeit von qualifizierten LKW-Fahrern, Bereitstellungen einer Speditions- und Tourenplanungssoftware sowie der sachgemäßen Abrechnung des Transportauftrags ab.

Der Managementprozess liefert in diesem Beispiel die Vorgabe, zunächst den Eigenfuhrpark auszulasten, den maximalen Anteil der Auftragsvergaben an Subunternehmer von 60 % einzuhalten, und das Ziel, alle Aufträge binnen 24 h bearbeitet zu haben.

2.1.2 System

Im vorangegangenen Kapitel 2.1.1 wurde erläutert, dass in einem Unternehmen unterschiedliche Prozesse existieren. Prozesse können dabei innerhalb und außerhalb von Unternehmen stattfinden.[37] Es können mehrere Akteure bei der Prozessdurchführung mitwirken.[38] Daraus können Gebilde abgeleitet werden, die als System[39] bezeichnet werden können.

Wenn also Prozesse in Systemen wirken, ist es erforderlich, zu erläutern, wie ein System definiert ist, aus welchen Bestandteilen es sich zusammensetzt und welche Systemstrukturen und -verhaltensformen in der Praxis vorkommen können.

---

37 Zu Umwelten vgl. Kapitel 2.2.1.

38 Zu Akteuren vgl. Kapitel 2.2.2.

39 Das aus dem Griechischen stammende Wort systema bedeutet „ein Zusammengesetztes, ein Zusammenwirken von Teilen zu einem komplexen, aber auch geordneten und überschaubarem Ganzen". vgl. Straub, J. (1997), S.68, vgl. Grebe, P.; Drosdowski, G. (c1963 [ersch] 1974), S.697.

2.1.2.1 Bestandteile von Systemen

Beginnt man mit der Recherche zur Begriffsdefinition System, so findet man in der Literatur Übereinstimmungen dahingehend, dass ein System mindestens aus folgenden Bestandteilen besteht:[40]

- Elementen
- Beziehungen zwischen den Elementen (Rückkopplungen und Relationen)
- (System)Grenzen
- Eingaben (Systeminput)
- Ausgaben (Systemoutput)

Die folgende Abbildung 6 soll vereinfacht einen Überblick über die Zusammenhänge der aufgezeigten Bestandteile anhand eines praktischen Beispiels vermitteln. Dabei werden die Systemelemente mit Kunde, Lieferant, Dienstleister, Disponent und Fahrer definiert.[41] Dabei ist der Dienstleister in diesem Modell als Subsystem abgebildet. Die Beziehungen zwischen den Elementen beschreiben die Geschäftsprozesse Bestellung, Auftragsvergabe, Disposition, Abholung und Lieferung. Die Grenzen des Systems resultieren aus der enumerativen Aufzählung der Bestandteile und werden durch eine Strichlinie gekennzeichnet. Der Input ist mit Vorgaben an den Spediteur über die Menge, beispielsweise die Anzahl der Paletten, und die Adressen abgebildet. Mit diesem Input generiert das System den Output über Fahrzeuganzahl, Routenführung und Transportkosten.[42]

---

40 Vgl. Heinrich, G. (2007), S.6f., vgl. Krallmann, H. (2007), S.60ff., vgl. Brüggemann, U. (2009), S.40

41 Zu Akteuren vgl. Kapitel 2.2.2.

42 Vgl. Herrmann, T. (2005), S.1-3.

Abbildung 6: Ausschnitt eines beispielhaften Transportlogistiksystems

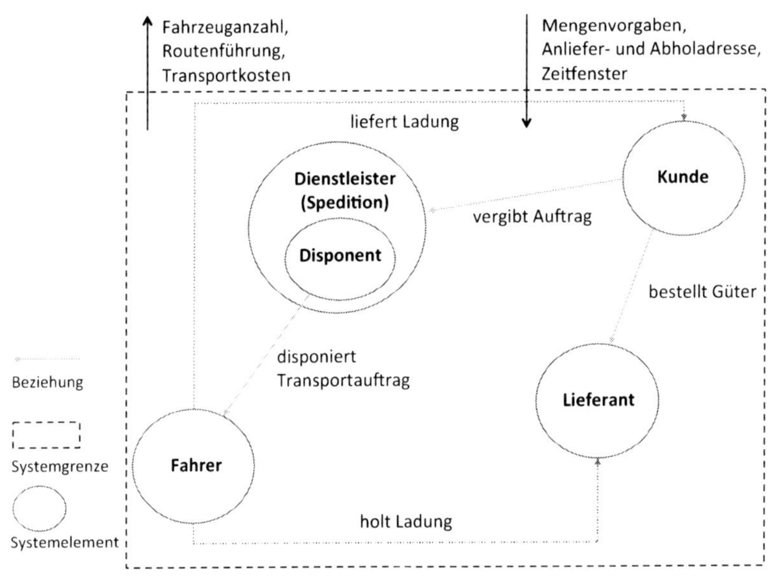

Quelle: *Eigene Darstellung, inhaltlich in Anlehnung an Herrmann, T. (2005), S.1-3, Krallmann, H. (2007), S.62, Heinrich, G. (2007), S.7, Häuslein, A. (2004), S.29, Schulte-Zurhausen, M. (2010), S.34f.*

Im späteren Verlauf der Arbeit wird auf diese vereinfachte Darstellung des Transportlogistiksystems Bezug genommen, um die Integration von Selbststeuerungssystemen zu erläutern.

2.1.2.2 Verhaltensformen und Strukturen von Systemen

In diesem Kapitel sollen nunmehr die Verhaltensformen[43] von Systemen, die in der Praxis vorkommen können, erläutert sowie die Strukturen von Systemen an praktischen Beispielen beschrieben werden. Diese Grundlagen sind notwendig, um im weiteren Verlauf der Arbeit den Begriff der Komplexität betriebswirtschaftlich erläutern zu können, da die Komplexität aus den Dimensionen Verhalten und Struktur besteht.[44]

Das Verhalten von Elementen als eine Dimension der Komplexität kann in der zeitlichen Zustandsänderung eines Systems beschrieben werden. Ist eine Veränderlichkeit des Systems gegeben, kann von einem dynamischen System gesprochen werden. Verändert sich nichts im System, so ist das System statisch.[45] Bei einem Transportlogistiksystem[46] kann aufgrund der unterschiedlichsten unvorhersehbaren Einflüsse, wie Verkehrsstau oder Ladungsabweichungen, von einem sehr dynamischen System gesprochen werden.[47]

Der Systemaufbau, also die Art und Weise, wie die Systemelemente untereinander in Beziehung stehen, wird als Systemstruktur bezeichnet. Sie bildet die zweite Dimension der Komplexität. Hierzu gehören die Anordnung der Elemente, die Beziehungen der Elemente untereinander sowie die Regeln, nach denen die Elemente in den Beziehungen wirken.[48] Typische Systemstrukturen sind die hierarchische Struktur, Ringstruktur, Sternstruktur oder Netzstruktur.[49]

---

43 Verhalten ist die „...Gesamtheit aller möglichen Aktivitäten und Unterlassungen von Organismen." Dabei wird unter Organismus ein aktives System verstanden, "..., das sich Reizen zuwendet, diese aktiv verarbeitet und auf die Umwelt verändernd einwirkt." Vgl. Hillmann, K.-H.; Hartfiel, G. (2007), S.933.

44 Das Wort Komplexität stammt von dem lateinischen Wort complexus ab und bedeutet „zusammenhängend, umfassend, umschlingend". vgl. Grebe, P.; Drosdowski, G. (c1963 [ersch] 1974), S.351.

45 Vgl. Häuslein, A. (2004), S.30.

46 Vgl. Kapitel 2.1.2.1.

47 Vgl. Arnold, D. (2008), S.599ff.

48 Vgl. Baetge, J. (1974), S.48.

49 Vgl. Häuslein, A. (2004), S.29, vgl. Scheer, A.-W. (1994), S.24.

Überträgt man diese allgemeingültigen Systemstrukturen in die Transportlogistik, so können folgende spezielle Systemstrukturen beschrieben werden. In Abbildung 7 werden die typischen Strukturen präsentiert und fortfolgend erläutert.

Abbildung 7: Auswahl typischer Netzwerkstrukturen in der Transportlogistik

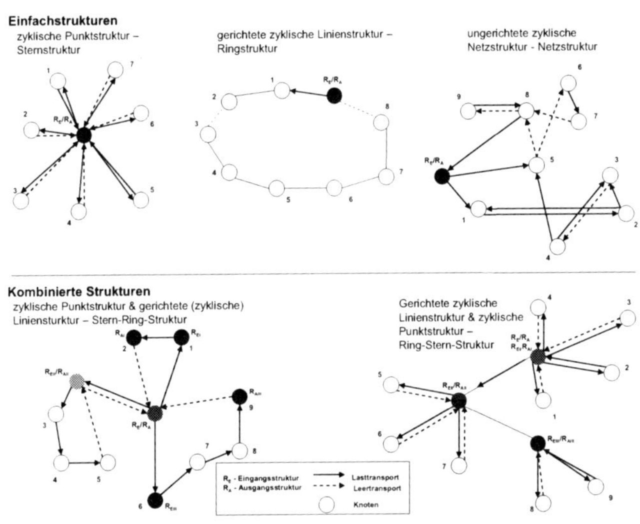

Quelle: *Nyhuis, P. (2008), S.316*

Bei der Sternstruktur wird die Ladeeinheit, beispielsweise die Stückgutpaletten, immer über den Mittelpunkt, den sogenannten Sternknoten, transportiert. Da bei direkten Verkehren eine doppelte Transportanzahl generiert wird, ist diese zyklische Punktstruktur bei zeitunkritischen Verkehren von Vorteil. In der Praxis wird diese Struktur ebenfalls bei Komplettladungen im Nahverkehr angewandt. Anschlussfahrten sind im Nahverkehr aufgrund der Ladungskombinatorik und des Zeitmangels sehr schwer umsetzbar, sodass die Leerfahrt zum Depot in Kauf genommen wird.

Bei der Ringstruktur werden die Ladeeinheiten konsequent von einem Knoten zum anderen überführt. Hierbei kann es aufgrund des inkonstanten und unkalkulierbaren Bedarfs zu einer Unter- bzw. Überbelastung der Transportmittel kommen. Daher kann die Ringstruktur bei solchen Transporten angewandt werden, bei denen der Kostenfaktor eine wesentliche Rolle spielt und die Bedarfsmengen, bezogen auf die Relationen, geringer ausfallen als die der Transportkapazitäten. Typischerweise ist die Ringstruktur in der Praxis bei der Stückgutausrollung vorzufinden. Das beladene Fahrzeug fährt von Kunde zu Kunde und beendet die Rundtour beim Ausgangsdepot. Um eine Überbelastung des Fahrzeugs zu verhindern, werden vor Fahrtbeginn Staupläne erstellt und Tourenplanungen durchgeführt. Danach wird das Fahrzeug beladen und die Tour in der vorgegebenen Reihenfolge abgefahren.

Die Netzstruktur ist so konzipiert, dass die Ladeeinheiten von einem Knoten zum anderen fahren können, ohne eine vorgegebene Reihenfolge dabei einhalten zu müssen (chaotisches System). Im Gegensatz zur Ringstruktur spielt bei der Netzstruktur der Zeitfaktor die wesentliche Rolle. Hier sollten die Bedarfsmengen, bezogen auf die Relationen, kaum geringer ausfallen als die der Transportkapazitäten. Bei den klassischen Trampverkehren[50], die als Netzstruktur in der Praxis vorkommen, ist bei der Disposition dieser Transporte ein sehr hoher Abstimmungsbedarf notwendig. Es müssen u.a. genaue Informationen über Zuladungsmöglichkeiten, planbare Fahrzeiten sowie Fahrzeugstandort vorliegen, um die Anschlussfahrten optimal disponieren zu können.

Die sich bei den drei beschriebenen Einfachstrukturen ergebenden Nachteile, wie z.B. Auslastungsprobleme der Transportmittel, längere Transportwege und längere Transportzeiten, sollen durch kombinierte Strukturen reduziert werden. Die Stern-Ring-Struktur bildet verschiedene geschlossene Touren, bei denen der Sternknoten den Mittelpunkt darstellt. Bei der Ring-Stern-Struktur werden dagegen durch geschlossene Touren mehrere zentralisierende Knoten angefahren. Diese führen dann wiederum die Ver- und Entsorgung der anderen einzelnen Knoten durch.[51]

---

50 Trampverkehr ist eine Verkehrsleistung, die den Transport von Frachtgütern beinhaltet. Dabei ist dieser Verkehr durch stark wechselnde und unregelmäßige Ortveränderungen geprägt. vgl. Falk, J. (1995), S.5.

51 Vgl. Nyhuis, P. (2008), S.317-319.

2.1.2.3 Komplexitätsgrad und deren Einflussfaktoren in Systemen

Die beiden zuvor genannten Dimensionen, Verhalten und Struktur, bilden in ihrer Ausprägung den Grad einer Komplexität ab. Dieser Komplexitätsgrad ist wiederum von unterschiedlichen Einflussfaktoren abhängig, die im Folgenden kurz präzisiert werden.[52]

Die Einflussfaktoren, die den Grad der Komplexität bestimmen, sind im Wesentlichen die Anzahl und Vielfalt der Elemente und die daraus resultierenden Beziehungen. Je größer und je verschiedenartiger die Elemente ausgeprägt sind, desto stärker nimmt die Systemkomplexität zu. Übertragen auf das Transportlogistiknetzwerk, sind als Elemente u.a. die Logistikdienstleister zu bezeichnen, die ihre Arbeitsleistung, wie Transport, Umschlag oder Lagern, anbieten. Dabei nimmt die Anzahl an Marktteilnehmern aufgrund der Nachfrage nach speziellen Dienstleistungen immer weiter zu. Diese Differenzierungen erhöhen die Anzahl der Akteure und deren Vielfalt im Transportlogistiknetzwerk. Die logistischen Netzwerke können hierdurch komplexer werden.[53]

Gleiches gilt für die zeitliche Veränderlichkeit und Vieldeutigkeit der Elemente und deren Beziehungen. Je größer die Veränderungsgeschwindigkeit des Systems und je unbestimmter und unsicherer die Systemelemente sind, desto komplexer können die Wirkungsbeziehungen durch Unschärfe, Freiheitsgrade und zeitliche Überlagerungen werden.[54] In der Praxis zeigen sich diese Einflussfaktoren beispielsweise in der immer kürzeren zeitlichen Übergabe von Transportaufträgen an den Dienstleister. Das bedeutet für die Transportplanungsprozesse schnellere und kurzfristigere Überarbeitungen der Tourenvorschläge. Gleiches gilt für die Anpassungen im Tourenverlauf aufgrund von Verkehrsstörungen oder für die Verschiebung von Zeitfenstern bei Be- und Entladeprozessen.

---

52 Vgl. Kirchhof, R.; Specht, D. (2003), S.17.

53 Vgl. Arnold, D. (2008), S.952ff., vgl. Spengler, T. (2004), S.179, vgl. Abele, E. (2002), S.26f.

54 Vgl. Kirchhof, R.; Specht, D. (2003), S.17-18.

Zusammenfassend kann konstatiert werden, dass die vier Einflussfaktoren Anzahl, Vielfalt, Veränderung und Bestimmbarkeit durch Zunahme ihres Zustands die Komplexität erhöhen.[55]

Komplexität setzt eine Dynamik, also eine Veränderlichkeit, in einem System voraus. Hier liegt der Unterschied zu komplizierten Systemen. Erst mit einer hohen Veränderungsrate an Beziehungen und Systemelementen wird ein kompliziertes System komplex.[56]

Um derartige komplexe Systeme beherrschbar zu gestalten, werden Systeme als Modelle abgebildet.[57] Der Begriff Abbild bedeutet in diesem Zusammenhang, dass nicht alle Elemente des entsprechenden realen Systems enthalten sind, sondern nur die wesentlichen Kernelemente dargestellt werden.[58] Im folgenden Kapitel 2.1.3 wird deshalb kurz auf den Modellbegriff und die Bildung von Modellen eingegangen.

2.1.3 Modell

In diesem Kapitel wird der Begriff Modell erläutert. [59] Diese Grundlage ist für das weitere Verständnis der Arbeit von wesentlicher Bedeutung, da in späteren Kapiteln Metamodelle und Vorgehensmodelle entwickelt werden, um die Übertragung und Anwendung von Selbststeuerungssystemen in der Transportlogistik zu beschreiben.[60]

Zunächst wird das Modell hinsichtlich seiner Merkmale charakterisiert. Es wird erläutert, aus welchen Bestandteilen ein Modell besteht. Damit wird klargestellt, wann von einem Modell gesprochen werden kann. Anschließend wird skizziert, durch welche Herangehensweisen

---

55 Vgl. Bliss, C. (2000), S.122, vgl. Ringlstetter, M. J. (1997), S.28.

56 Vgl. Ahlemeyer, H. W. (1998), S.23, vgl. Wycisk, C. (2009), S.52.

57 Vgl. Heinrich, L. J. (1993), S.225.

58 Vgl. Stachowiak, H. (1973), S.131-133.

59 Das Wort Modell geht auf das lateinische Wort modulus zurück und bedeutet „Maß, Maßstab, Form oder Muster“. Eine Ableitung von dem Wort Modell ist demnach das Verb modellieren, was mit „formen, ein Modell herstellen“ übersetzt werden kann. vgl. Grebe, P.; Drosdowski, G. (c1963 [ersch] 1974), S.446.

60 Vgl. Kapitel 4.

Modelle konstruiert und wie sie durch Modellierungssprachen ausgedrückt und gezeichnet werden können.

2.1.3.1 Merkmale von Modellen

Modelle dienen dazu, reale Systeme[61] als Originale vereinfacht abzubilden. Systeme können mithilfe von Modellen nicht nur veranschaulicht werden, sondern aufgrund der geschaffenen reduzierten Komplexität auch analysiert und optimiert werden. Modelle sind somit oft Ergebnisse, die sich aus der Analyse von Systemen ergeben.[62]

Das Modell wird im Rahmen der allgemeinen Modelltheorie durch drei Merkmale charakterisiert. Dabei können die Merkmale unterschiedlich stark ausgeprägt sein, jedoch darf keines der Merkmale fehlen:[63]

- Abbildungsmerkmal: Modelle bilden stets Originale ab.[64]
- Verkürzungsmerkmal: Modelle können die Originale nicht vollständig abbilden.[65]
- Pragmatisches Merkmal: Ein Modell ist auf ein Vorhaben zugeschnitten.[66]

Im operativen Tagesgeschäft einer Spedition werden bei der Tourenplanung Modelle eingesetzt, die den Fahrtenverlauf abbilden. Die Fahrstrecke ist dem originalen Straßenverlauf nachgebildet, sofern die Softwaredatenbanken das aktuelle Kartenmaterial enthalten. Jedoch fehlen bestimmte Details, die im Original enthalten sind, im Tourenplanungsmodell, wie etwa temporäre Baustellen. Das Tourenplanungsmodell dient dem Fahrer dazu, u.a. die schnellste Strecke zum Zielort anzuzeigen. Es ist konkret auf dieses Vorhaben zugeschnitten.

---

61 Vgl. Kapitel 2.1.2.

62 Vgl. Brüggemann, U. (2009), S.41f.

63 Vgl. Krallmann, H. (2007), S.71, vgl. Stachowiak, H. (1973), S.131ff.

64 Vgl. Baetge, J. (1974), S.48, vgl. Krallmann, H. (2007), S.71f.

65 Vgl. Krallmann, H. (2007), S.72-73, vgl. Baetge, J. (1974), S.48.

66 Vgl. Stachowiak, H. (1973), S.132f, vgl. Krallmann, H. (2007), S.73, vgl. Baetge, J. (1974), S.48.

2.1.3.2 Bildung von Modellen

Nachdem in Kapitel 2.1.3.1 herausgearbeitet wurde, wann von einem Modell gesprochen werden kann, gilt es nun zu erläutern, wie Modelle gebildet werden können. Ein Modell ist genau dann geeignet, wenn es ausreichend genau ein Original beschreibt und es durch seine Komplexitätsvereinfachung nicht zu Unwägbarkeiten bei der Schlussfolgerung und Rückübertragung in die Realität kommt.[67] Die ausreichende Genauigkeit kann mithilfe von zwei Herangehensweisen erreicht werden: vom „Feinen zum Groben" (bottom-up) oder vom „Groben zum Feinen" (top-down).[68] In Abbildung 8 sind diese beiden Herangehensweisen grafisch veranschaulicht, wobei auf die in Kapitel 2.1.1.2 beschriebenen Prozessebenen zurückgegriffen wird.

Top-Down-Konstruktionen münden in beschreibende Modelle.[69] Beschreibungsmodelle bilden u.a. eine Dokumentation von Vorgängen in einem Betriebsablauf ab. Bei der Erstellung dieser Dokumente fehlen die Detailkenntnisse über die unteren Ebenen. Sie werden deshalb durch allgemeingültige Annahmen funktional beschrieben. Der Prozess wird somit an Rahmenbedingungen geknüpft.[70]

In der Praxis werden beispielsweise bei Neugestaltungen von Wareneingangsprozessen in einem Beschaffungslager Top-Down-Ansätze gewählt, da zum Planungsbeginn der Gesamtablauf im Wareneingang mit all seinen Einzelschritten und Beziehungen abgebildet werden muss, der Prozess jedoch operativ noch nicht existiert.

---

67 Vgl. Heinrich, G. (2007), S.9.

68 Vgl. Krallmann, H. (2007), S.76-77.

69 Zu Beschreibungsmodellen vgl. Baetge, J. (1974), S.55f., vgl. Ferstl, O. K. (1979), S.42., vgl. Wöhe, G. (2008), S.14f.

70 Vgl. Schmelzer, H. J.; Sesselmann, W., et al. (2010), S.122f., vgl. Krallmann, H. (2007), S.76f.

Abbildung 8: Herangehensweisen zur Modellierung

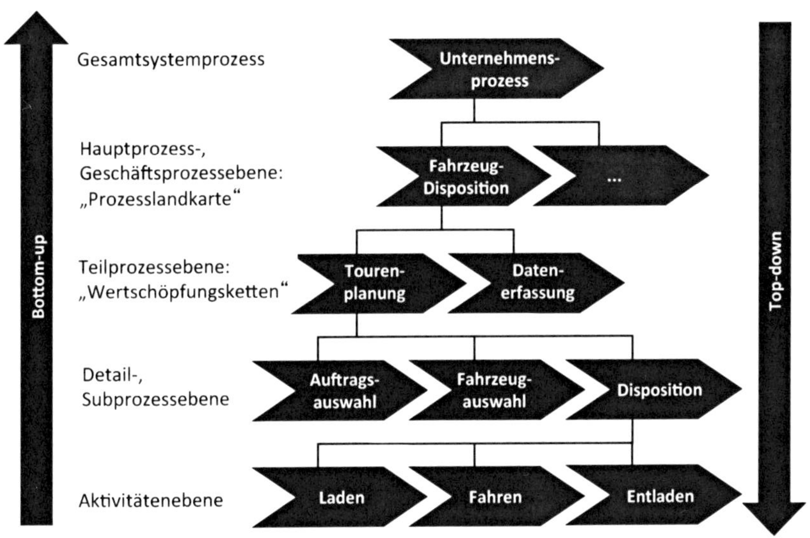

Quelle: Eigene Darstellung

So wird sichergestellt, dass kein Prozess fehlt oder mehrfach gestaltet wird. Weiterhin ist zu Beginn einer neuen Logistikdienstleistung nicht feststellbar, ob bestimmte Arbeitsschritte oder Teilprozesse tatsächlich realisiert werden können, da kein Detailwissen über die unteren Ebenen existiert. Praktisch wird dieser Nachteil dadurch beseitigt, dass auf der feststellenden Prozessebene die Aktivitäten und Schritte permanent angepasst und erneut detailliert werden.[71]

Die zweite Herangehensweise ist die Bottom-Up-Konstruktion. Sie mündet in Erklärungsmodelle,[72] da der Detailgrad der untersten Ebene bekannt ist. Die folgenden, darüber liegenden Ebenen stellen stets eine Aggregation dar. Es kann deutlich besser abgeschätzt werden, wie sich ändernde Bedingungen auf das Modell auswirken, da die Aggregation

71 Vgl. Krallmann, H. (2007), S.76-77.

72 Zu Erklärungsmodellen vgl. Wöhe, G. (2008), S.14.

nicht auf Annahmen beruht, sondern auf Wissen, welches komprimiert wird. [73] Übertragen in den operativen Alltag, finden sich Erklärungsmodelle etwa bei der Analyse von Betriebsergebnissen wieder. Die Aktivitätenebene spiegelt dabei den erwirtschafteten Gewinn wider, der sich aus den darüber liegenden Kosten und Umsätzen ergibt. Das Erklärungsmodell hilft u.a. bei der Ursachenforschung bei negativen Gewinnen und zwar dahingehend, warum die Umsätze zu niedrig oder die Kosten zu hoch waren. Das Erklärungsmodell geht einer Aussage nach, deren Gültigkeit durch das Modell verifiziert wird.

Die schriftliche Umsetzung des Modells in Zeichen, Formen und Symbole ist schlussendlich das finale Ergebnis der Modellierung. Die Umsetzung erfolgt dabei durch standardisierte Mechanismen, die als Notation bzw. Modellierungssprache bezeichnet werden. Im folgenden Kapitel werden ausgewählte Modellierungssprachen, die in der Arbeit verwendet werden, kurz beschrieben.

2.1.3.3 Praxisbeispiele zu arbeitsrelevanten Modellierungssprachen

Nachdem im Kapitel 2.1.3.2 erläutert wurde, durch welche Herangehensweisen Modelle gebildet werden können, soll dieses Kapitel einen Überblick über mögliche Modellierungssprachen (Notation) vermitteln, die dann mit Praxisbeispielen grafisch umgesetzt und prozessual erläutert werden.

Unter einer Modellierungssprache ist im Allgemeinen eine standardisierte Vereinbarung zu verstehen, die festlegt, nach welcher Logik im Modell etwas ausgedrückt werden soll. Es handelt sich um die Festlegung von vereinbarten Zeichen und Abläufen, mit denen Informationen dargestellt werden sollen. Die Modellierungssprache legt weiterhin das visuelle Erscheinungsbild des Modells fest und dokumentiert die Ergebnisse von Vorhabensentwicklungen mittels geeigneter Entwürfe.[74]

---

73 Vgl. Gerloff, E. A. (1985), S.190ff., vgl. Brüggemann, U. (2009), S.45ff., vgl. Stahlknecht, P.; Hasenkamp, U. (2005), S.258ff.

74 Vgl. Heinrich, L. J.; Heinzl, A., et al. (2004), S.460, vgl. Kleuker, S. (2009), S.3, vgl. Krallmann, H. (2007), S.85.

Zu den maßgeblichen Modellierungssprachen[75] hinsichtlich der Beschreibung von Geschäftsprozessen zählen die ereignisgesteuerten Prozessketten (EPK),[76] die Aufgabenkettendiagramme sowie die UML-Diagrammtypen.[77] Diese drei Typen werden im Folgenden detaillierter beschrieben und durch Praxisbeispiele erläutert, da diese Modellierungssprachen im späteren Verlauf der Arbeit in den Business Engineering-Ansätzen ebenfalls zum Einsatz kommen.[78]

2.1.3.3.1 Ereignisgesteuerte Prozessketten (EPK)

Im Mittelpunkt der EPK steht die Beschreibung des Geschäftsprozesses.[79] Dabei wird angenommen, dass Aktivitäten bzw. Funktionen in einem Prozess durch einen auslösendes Ereignis gestartet werden. Diese Abhängigkeiten zwischen Funktionen und Ereignissen werden zeitlich und sachlogisch in der EPK abgebildet.[80]

Ein praktisches Beispiel zur EPK wird in Abbildung 9 präsentiert. Es wird ein Prozess aus der LKW-Disposition vereinfacht dargestellt. Das auslösende Ereignis ist die Anlage des Kundenauftrags zur Durchführung eines LKW-Transports. Um die Funktion „LKW-Verfügbarkeit prüfen“ auszuführen, werden die Informationsobjekte „Kundenstamm“ und „Fahrzeugstamm“ benötigt. Die Funktion bzw. Aktivität werden durch die Organisationseinheit „Disposition“ ausgeführt. Dabei bedient die Organisationseinheit das Anwendungssystemmodul „Tourenplanungsprogramm“ der Speditionssoftware.

---

75 Zur weiteren Unterteilung von Modellierungssprachen vgl. Gadatsch, A. (2005), S.67, vgl. Krallmann, H. (2007), S.86.

76 Vgl. Scheer, A.-W. (1998), S.18f., vgl. Heinrich, L. J.; Heinzl, A., et al. (2004), S.233f.

77 Vgl. Kleuker, S. (2009), S.3, vgl. Hansen, H. R.; Neumann, G. (2009), S.315, Vgl. Gadatsch, A. (2005), S.82.

78 Vgl. Kapitel 3.3 und Kapitel 3.4.

79 Zu der Geschäftsprozess-Definition vgl. Kapitel 2.1.1.1.

80 Vgl. Becker, J. (2008), S.65ff.

Abbildung 9: Beispiel Ereignisgesteuerte Prozesskette (EPK)

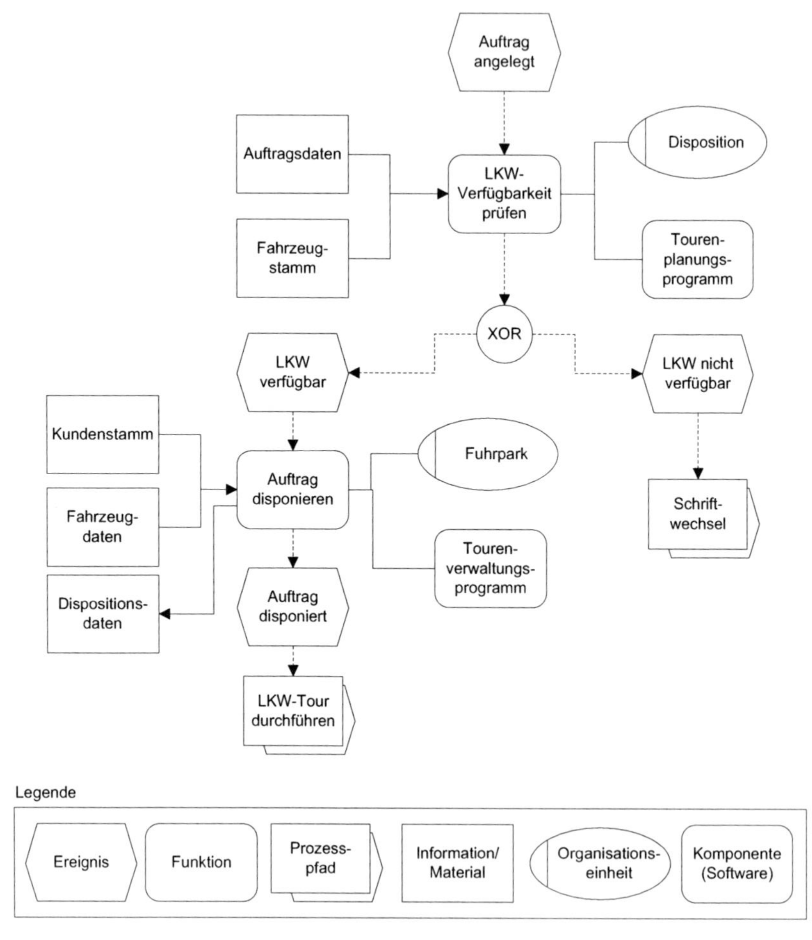

Quelle: Angepasst nach Gadatsch, A. (2005), S.83, Hansen, H. R.; Neumann, G. (2009), S.334

Nach der Beantwortung der Frage, ob ein passender LKW verfügbar ist, geht der Kontrollfluss zur Funktion „Auftrag disponieren", anderenfalls geht der Kontrollfluss zum Prozesswegweiser (Schnittstelle) „Schriftwechsel" und endet dort. Für die Beantwortung werden als Input die Informationsobjekte „Kundenstamm" und „Fahrzeugstamm" benötigt. Der „Fuhrpark" als Organisationseinheit führt mit dem Anwendungssystemmodul „Tourenverwaltungsprogramm" diese Funktion aus. Die Funktion liefert als Ergebnis das Informationsobjekt „Dispositionsdaten". Hieraus entsteht das Ereignis „Auftrag disponiert", das in den Prozesswegweiser (Schnittstelle) „LKW-Tour durchführen" mündet.

2.1.3.3.2 Aufgabenkettendiagramme

Durch das Aufgabenkettendiagramm werden ebenfalls Prozesse modelliert.[81] Das Aufgabenkettendiagramm formuliert dabei Aufgaben bzw. Aktivitäten, die in den Prozessen zu der vereinbarten Leistung führen.[82] In den Diagrammen werden zum einen die Abfolge der Aktivitäten und zum anderen die Zuordnung zu den Verantwortlichkeitsbereichen veranschaulicht.[83] Ein praktisches Beispiel ist in der folgenden Abbildung 10 skizziert.

Das dargestellte Aufgabenkettendiagramm veranschaulicht, stark vereinfacht, einen Dispositionsablauf. Es werden zum einen die Verantwortungsbereiche „Kundenservice", „Disposition", „Fuhrpark" und „Abrechnung" und zum anderen die jeweils den Bereichen zugeordneten Aufgaben abgebildet. Anstoß des Prozesses ist die Auftragserfassung. Vom Kundenservice wird geprüft, inwieweit passende LKW kapazitativ zur Verfügung stehen. Die Tour wird geplant und dem LKW zugeordnet. Durch den Verantwortungsbereich „Fuhrpark" wird die Tour physisch durchgeführt. Anschließend kann der Auftrag abgerechnet werden.[84]

---

81 Vgl. Gadatsch, A. (2005), S.84., vgl. Österle, H.; Winter, R. (2000), S.8f.

82 Als Werkzeug kann beispielsweise das Methodenset PROMET® angewandt werden, das zur Prozess- und Systementwicklung von Österle konzipiert wurde. vgl. Österle, H.; Winter, R. (2000), S.14.

83 Vgl. Österle, H.; Winter, R. (2003), S.89ff.

84 Hinsichtlich detaillierterer Inhalte einer speditionellen Auftragsdisposition vgl. Kopfer, H.; Jurczyk, A. J., et al. (2006), S.275–279.

Abbildung 10: Beispiel Aufgabenkettendiagramm

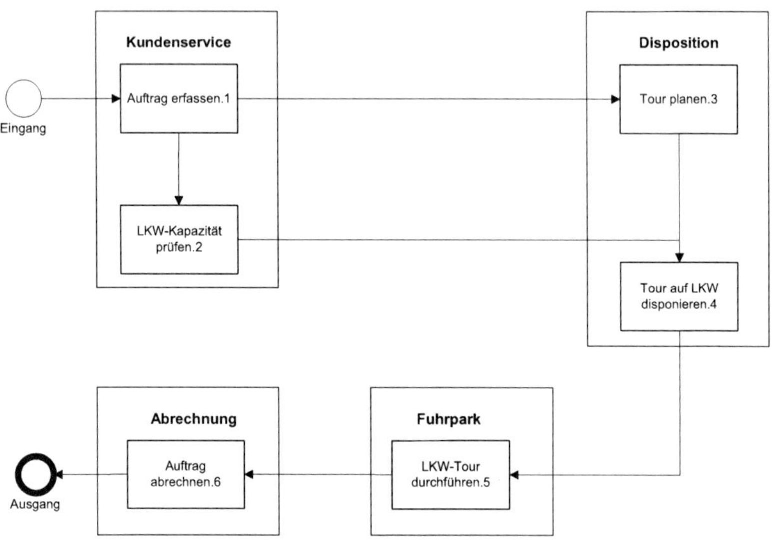

Quelle: Angepasst nach Österle, H.; Winter, R. (2003), S.105

2.1.3.3.3 UML-Diagramme

Die Unified Modeling Language (UML) spezifiziert, dokumentiert, visualisiert und konstruiert nach einem festgelegten Standard objektorientierte Systeme.[85] Dabei stellt sie eine Reihe von Diagrammen zur Verfügung.[86] Das am häufigsten verwendeten Diagramm, das Klassendiagramm, wird

85 Objektorientierte Systeme überwinden die gekapselte Orientierung an Daten (datenorientierter Ansatz) oder Funktionen (funktionsorientierter Ansatz) und orientieren sich am Objekt. Dabei besteht ein Objekt aus Bezeichnung, Daten (Attributen) und Funktionen (Methoden). vgl. Heinrich, L. J.; Heinzl, A., et al. (2004), S.466ff.

86 Zu möglichen UML-Diagrammen vgl. Kecher, C. (2009), S.28, Hansen, H. R.; Neumann, G. (2009), S.316.

ebenfalls im Verlauf dieser Arbeit verwendet. Auf eingehende Erläuterungen der unterschiedlichen Notationselemente wird im Rahmen dieser Arbeit verzichtet und auf die entsprechenden Literaturquellen verwiesen.[87]

Im Rahmen des Forschungsprojekts AMATRAK[88] wurde u.a. der Aufbau einer Ressource mit einem UML-Diagramm beschrieben. In Abbildung 11 wird das Ergebnis aus dem gemeinsamen Schlussbericht dargestellt und fortfolgend erläutert.

Abbildung 11: Beispiel UML-Klassendiagramm anhand des Ressourcenmodells aus dem Forschungsprojekt AMATRAK

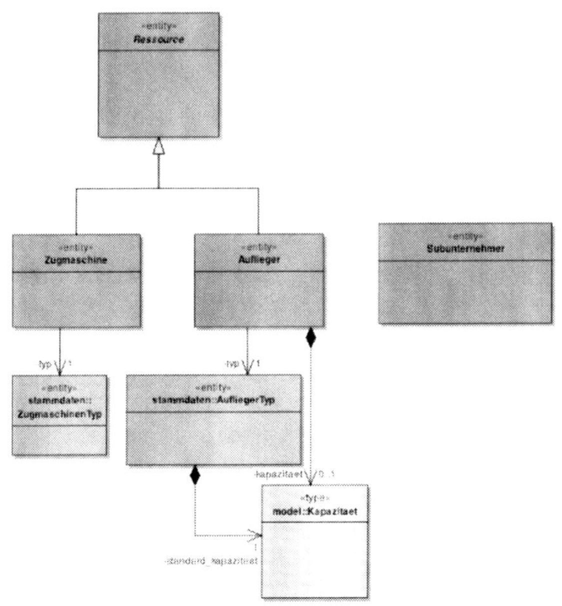

Quelle: Haasis, H.-D.; Barwig, K., et al. (2011), S.23

87 Vgl. Kecher, C. (2009), S.29, vgl. Douglass, B. P. (2007), S.83ff., vgl. Alhir, S. S. (1998), S.53ff., vgl. Heinrich, L. J.; Heinzl, A., et al. (2004), S.360.

88 Zu AMATRAK vgl. Kapitel 2.5.

Eine Ressource wird zur Durchführung der Fahraufträge benötigt. Um die richtige Auftragszuordnung durchzuführen, sind unterschiedliche Elemente in Beziehung zu setzen. Eine Ressource besteht in diesem Beispiel aus Zugmaschine und Auflieger. Bei Zugmaschinen werden unterschiedliche Typen, etwa nach Motorleistung für Gebirgsfahrten, Schlafkabine für Fernverkehrseinsätze oder tieferer Sattelkupplung-Platte für den Einsatz von Megatrailern, unterschieden.

Bei Aufliegern werden ebenfalls Typen, beispielsweise Tautliner für Seitenbe- und Entladungen, Muldenkippauflieger für Schüttgüter oder Megatrailer für Volumentransporte, differenziert. Die Auflieger verfügen über unterschiedliche Kapazitäten hinsichtlich Nutzlast und Nutzvolumen. Die Auftragszuordnung bei den Subunternehmern findet durch den Bewerbungsprozess statt. Dabei hat der Subunternehmer den oben beschriebenen Auswahlprozess in seinem Unternehmen durchzuführen und als Ergebnis der beauftragenden Spedition zur Verfügung zu stellen.

2.2 Einordnung und Charakterisierung der Transportlogistik

In dem vorangegangenen Kapitel 2.1 wurden die allgemeinen Grundlagen zu den Begriffen Prozess, System und Modell gelegt. Die Arbeit fokussiert sich im Speziellen auf die Geschäftsprozesse in der Transportlogistik. Da die Transportlogistik ein Teil der logistischen Systeme ist, werden in diesem Kapitel speziell die Zusammenhänge und Strukturen zu den Logistiksystemen erläutert und die Transportlogistik entsprechend eingebettet.

Dabei werden zunächst die allgemeinen Wirkungszusammenhänge der Umwelten und deren Akteure und Rollen erläutert. Danach erfolgt die Eingrenzung des zu betrachtenden logistischen Systems auf die Transportlogistik mittels institutioneller und funktionaler Abgrenzung. Überleitend auf die Thematik der zukünftigen Herausforderungen hinsichtlich der Komplexitätszunahme, werden abschließend die Ziele der Transportlogistik beschrieben.

2.2.1 Umwelten in der Transportlogistik

Zunächst wird der Begriff der Umwelt erläutert, da die verschiedenen Umwelten den Rahmen für die Geschäftsbeziehungen zwischen den Akteuren und deren Geschäftsprozesse bilden und diese beeinflussen. Die Umwelt bzw. die Umgebung können in Anlehnung an Ulrich in vier Sphären unterteilt werden, welche in den folgenden Kapiteln beschrieben und auf das Transportlogistiknetzwerk übertragen werden.[89] Dabei wird deutlich, dass jede Umwelt durch ihre Rahmenbedingungen und Veränderungen Einfluss auf das Transportlogistiksystem nimmt und die Erstellung der Leistung zunehmend komplexer wird.

2.2.1.1 Gesellschaft

Unter der Umwelt „Gesellschaft" sind die gesetzlichen Rahmenbedingungen zu verstehen, die bei der Durchführung von Transporten zu berücksichtigen sind. Dazu zählen maximal zulässige Gesamtgewichte auf der Straße, Lenk- und Ruhezeiten oder Fahrverbote. Die öffentliche Infrastruktur etwa in Form von Bundesautobahnen, Brücken, Parkplätzen oder Bahnhöfen zählen ebenfalls zur gesellschaftlichen Umwelt.

Ein weitere Prägung dieser Umwelt erfolgt durch das politische Kräftefeld, insbesondere durch die Verkehrspolitik. Lenkungsmaßnahmen, u.a. durch Einrichten von Umweltzonen, Tempolimits oder Festlegungen von Steuersätzen, beeinflussen die logistischen Prozesse bei der Durchführung in ihrer Effizienz und Effektivität.

Weitere Kennzeichen für die Umwelt „Gesellschaft" können Leistungsbereitschaft oder Altersstruktur sein. Der aktuelle demografische Wandel,[90] also die Verschiebung der Altersstruktur, nimmt Einfluss auf die in den Logistikketten arbeitenden Menschen.

89 Vgl. Ulrich, H. (2001), S.22-26.
90 Zum demografischen Wandel vgl. Kapitel 2.3.1.2.

2.2.1.2 Natur

Die Natur kann im Wesentlichen durch Ressourcen, Klima und Umweltaspekte gekennzeichnet werden. So sind in der Transportlogistik zur Leistungserbringung natürliche Einsatzfaktoren, wie beispielsweise Erdöl, erforderlich. Dieser Rohstoff ist jedoch endlich, sodass alternative Rohstoffe oder neue Technologien erforderlich werden. [91]

2.2.1.3 Technologie

Die Sphäre Technologie kann in viele Richtungen beschrieben werden. Beispiele hinsichtlich der Transportlogistik sind Verkehrstechnologien in neuen Verkehrsleitsystemen oder Kommunikations- und Informationstechnologien in Planungs- und Steuerungssystemen. Insbesondere die Informationstechnologie gewinnt zunehmend an Bedeutung.[92]

2.2.1.4 Wirtschaft

Die vierte Umwelt beschreibt die Wirtschaft. Übertragen auf die Transportlogistik, kann diese Umwelt beispielsweise durch volkswirtschaftliche Rahmenbedingungen in Form von Kapitalbeschaffung für Investitionen in den Fuhrpark oder Zugangsmöglichkeiten zu Beschaffungs- und Absatzmärkten durch Kontingente oder Zollbeschränkungen beschrieben werden. Rentable Teilmärkte in der Transportlogistik, z.B. spezialisierte Netzwerktransporte, werden dabei aufgrund höherer Margen den allgemeinen Ladungsverkehren hinsichtlich Investitionsvorhaben vorgezogen.[93]

---

91 Vgl. Lohre, D. (2005), S.69, vgl. Straube, F.; Pfohl, H.-C. (2008), S.18, vgl. o.V. (2009b), S.236, Zu den ökologischen Rahmenbedingungen vgl. Kapitel 2.3.1.3.

92 Vgl. Hune, M. (2010), S.58f.

93 Zu Rentabilitätsvergleichen in Logistikteilmärkten vgl. Kille, C.; Schwemmer, M. (2012), S.20.

Telekommunikationsstrukturen, z.B. GPS-Netz oder Ortungsmöglichkeiten, als ein jüngeres Merkmal der Wirtschaftsumwelt zählen ebenfalls zu den Ausprägungen. Sie schaffen die Grundlagen für die Optimierungen in den Transportabläufen.

2.2.2 Akteure und deren Rollen in der Transportlogistik

Nach Feststellung der Umwelten, die Geschäftsbeziehungen benötigen, ist nun zu klären, welche Akteure am Transportlogistiknetzwerk teilnehmen und welche Rollen sie spielen können. Rüegg-Stürm klassifiziert dabei sieben Akteure, die im Folgenden auf die Transportlogistik übertragen werden.

Im Rahmen dieser Arbeit soll ein Business Engineering-Ansatz zur Anwendung von Selbststeuerungssystemen in der Transportlogistik entwickelt werden. Die tangierten Geschäftsprozesse finden insbesondere zwischen den Akteuren Kunde und Dienstleister statt.[94] Deshalb werden im weiteren Verlauf der Arbeit diese beiden Akteure fokussiert, wobei der Kunde aus Sicht des Dienstleisters auch Lieferant oder Produzent sein kann.

Aus Tabelle 1 wird ebenfalls deutlich, dass die Akteure unterschiedliche Rollen im operativen Tagesgeschäft spielen und so unterschiedliche Ziele verfolgen und Verhandlungspositionen vertreten können.[95] Dabei gehören zu einem Geschäftsprozess mindestens die drei folgenden Rollen: [96]

---

94 Zum beispielhaften Systemaufbau in der Transportlogistik vgl. Kapitel 2.1.2.1.

95 Zu Zielen der Transportlogistik vgl. Kapitel 2.2.4.

96 Vgl. Fischer, H.; Fleischmann, A., et al. (2006), S.5f.

Tabelle 1: Akteur und Rollenbeschreibung

Akteur	Rollenbeschreibung
Kapitalgeber	Hierunter fallen insbesondere die Banken, welche die Logistikunternehmen mit den erforderlichen finanziellen Mitteln versorgen, um in neue LKW zu investieren.
Kunden	Sie sind die Hauptbeteiligten, welche die Logistikdienstleistung benötigen. Kunden können ebenfalls auch als Auftraggeber oder Initiatoren bezeichnet werden.
Dienstleister	Sie erbringen die Leistung, die der Kunde in seinen Prozessen benötigt, wie Transport, Umschlag, Lagerung oder Verpackung.
Öffentlichkeit	Hierunter fallen u.a. gesellschaftliche Organisationen und Einrichtungen, wie Speditionsverbände oder Pressestellen.
Staat	Der Staat ist Bereitsteller der Rahmenbedingungen und Ressourcen im gesellschaftlichen Umfeld und beeinflusst damit die logistische Durchführung.
Lieferanten	Bezogen auf das Transportlogistiknetzwerk, sind unter den Lieferanten die Versorger zu verstehen, die Waren und Dienste zur Erbringung der Logistikdienstleistung bereitstellen, z.B. Werkstätten für Fahrzeugreparaturen, Tankstellen oder Personaldienstleister.
Produzenten	Diese Gruppe sind die Erzeuger von Wirtschafts- und Gebrauchsgütern, wie beispielsweise die Hersteller von Nutzfahrzeugen, Reifen oder Transportgefäßen.

Quelle: Ergänzt nach Rüegg-Stürm, J. (2005), S.22-23

Prozessinitiator

Der Beteiligte stößt den Prozess an. Er ist derjenige, der den Input in das System liefert, z.B. der Kunde, der eine Transportanfrage beim Dienstleister platziert.

Prozessausführer

Der Akteur dieser Rolle übernimmt den Hauptteil des Geschäftsprozesses. Er ist derjenige, der mit dem Input ins System die Leistung erbringt, z.B. der Dienstleister, der die Kalkulation der Transportanfrage und die Durchführung des physischen Transports vollzieht. Hier ist es üblich, dass der Prozess weiter kaskadiert wird und mehrere Akteure die Ausführung übernehmen.

Prozessleistungsabnehmer

Diese Rolle kann mit dem Initiator zusammenfallen. Der Akteur dient als Empfänger des Outputs aus dem System, etwa der Kunde.

2.2.3 Eingrenzung des zu betrachtenden logistischen Systems

Da die Logistik[97] einen breiten Anwendungsbereich umfasst, soll in diesem Kapitel derjenige Teil des logistischen Systems eingegrenzt werden, der für den weiteren Verlauf der Arbeit notwendig ist. Die Wissenschaft unterscheidet dazu zwischen der institutionellen und funktionellen Abgrenzung von Logistiksystemen. Diese Strukturierung wird in den folgenden Kapiteln näher erläutert.[98]

---

97 Zur Definition des Logistikbegriffs vgl. Arnold, D. (2008), S.3, vgl. Krulis-Randa, J. S. (1977), S.1, vgl. Alisch, K. (2005), S.1914, vgl. http://wirtschaftslexikon.gabler.de/Archiv/55886/logistik-v6.html, Zugriff am 22.12.2010.

98 Zum Systembegriff vgl. Kapitel 2.1.2.

2.2.3.1 Institutionelle Abgrenzung von Logistiksystemen

Unter der institutionellen Abgrenzung versteht man die Differenzierung zwischen der Makro-, der Meso- und der Mikrologistik, wie auch die Abbildung 12 verdeutlicht.[99]

Abbildung 12: Institutionelle Abgrenzung von Logistiksystemen

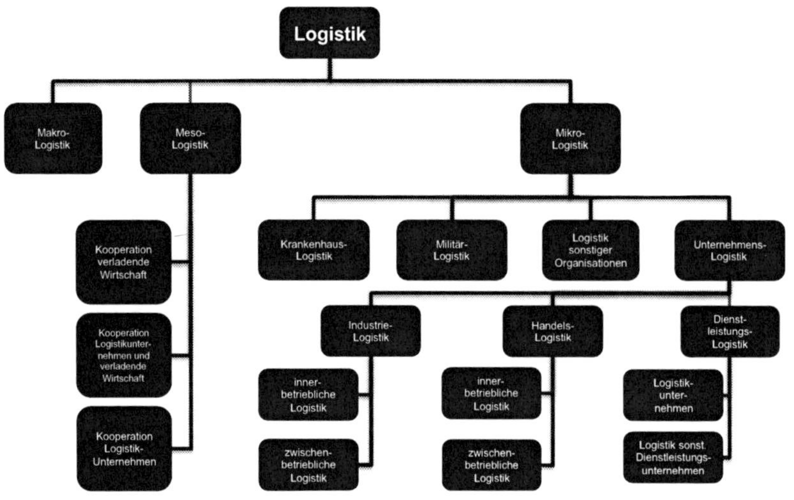

Quelle: Eigene Darstellung, inhaltlich in Anlehnung an Pfohl, H.-C. (2010), S.15

Die Makrologistik beinhaltet die Güter- und Informationsströme[100] in einem Land, einem Absatz-, Beschaffungs- oder in einem Ballungsgebiet.[101] Sie liefert beispielsweise Informationen zum Exportvolumen von Deutschland nach China oder zu den stattfindenden Straßentransporten in Norddeutschland.

---

99 Vgl. Pfohl, H.-C. (2010), S.14.

100 Vgl. Bolbrinker, A. (2007), S.17.

101 Vgl. Krampe, H.; Lucke, H.-J. (2006), S.25.

Unter Mesologistik[102] versteht man interorganisatorische Systeme, die mit Subsystemen bezüglich der logistischen Leistungserstellung kooperieren sollen,[103] z.B. Zusammenschlüsse im Stückgutnetzwerk der IDS.[104] Hier ordnen sich in der Praxis die kooperativen Ansätze in Netzwerkstrukturen ein. Es findet ein Zusammenspiel zwischen der verladenen Wirtschaft und dem Logistikunternehmen statt.[105]

Die Mikrologistik dagegen stellt einen Teil der Betriebswirtschaft dar und beinhaltet den Material- und Datenstrom zwischen den einzelnen Lieferanten, Produzenten, Kunden und Dienstleistern.[106] In der Ebene unterhalb der Unternehmenslogistik findet sich u.a. die Dienstleistungslogistik, zu der die Transportlogistik gezählt werden kann, wieder.[107] Somit ist die Mikrologistik für den weiteren Verlauf der Arbeit von höchster Relevanz.

2.2.3.2 Funktionelle Abgrenzung von Logistiksystemen

Im Gegensatz zu der institutionellen Abgrenzung handelt es sich bei der funktionellen Abgrenzung um den Aufbau, die Pflege und die Erhaltung der Struktur.[108] Zur Erläuterung der Funktionen wird aufgrund der institutionellen Eingrenzung nur die Unternehmenslogistik[109] detailliert betrachtet. Dazu wird in Abbildung 13 der Güterfluss in verschiedene Phasen eingeteilt.

Die Unternehmenslogistik wird funktional in die Bereiche Beschaffungs-, Produktions-, Distributions- und Entsorgungslogistik untergliedert.[110] Als Effekt der in Abbildung 13 beschriebenen Transport-, Lager-

102 Vgl. Haasis, H.-D.; Landwehr, T. (2009), S.11.
103 Vgl. Krampe, H.; Lucke, H.-J. (2006), S.25.
104 Vgl. http://www.ids-logistik.de/contenido/cms/front_content.php?idcat=5, Zugriff am 06.11.2011.
105 Vgl. Pfohl, H.-C. (2010), S.15.
106 Vgl. Bolbrinker, A. (2007), S.17, vgl. Kapitel 2.2.2.
107 Vgl. Pfohl, H.-C. (2010), S.15.
108 Vgl. Nyhuis, P. (2008), S.72, vgl. Kapitel 2.1.2.2.
109 Vgl. Kapitel 2.2.3.1.
110 Vgl. Krampe, H.; Lucke, H.-J. (2006), S.25, vgl. Vahrenkamp, R.; Mattfeld, D. C. (2007), S.7, vgl. Pfohl, H.-C. (2010), S.16ff.

und Produktionsprozesse kann die Logistikkette bezeichnet werden.[111] Sie stellt die Versorgung der Materiallager, die Zulieferung in die Produktion, die Zwischenlagerung der Halbfertigprodukte, die Lagerung der Fertigteile und die Auslieferung einschließlich des Auslieferungslagers sicher. Die Transportlogistik findet dabei übergreifend in allen Phasen statt.

Abbildung 13: Funktionelle Abgrenzung von Logistiksystemen nach den Phasen des Güterflusses

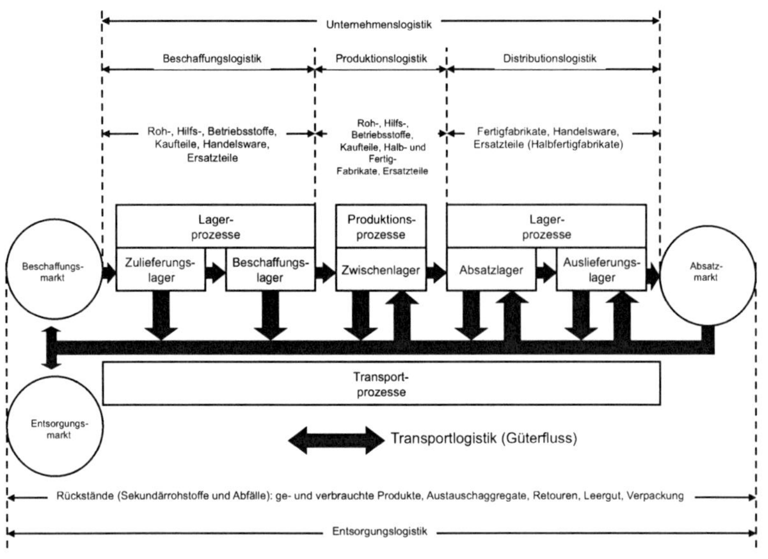

Quelle: Angepasste Darstellung nach Baumgarten, H. (2001), S.14, Pfohl, H.C. (2010), S.19

Die logistische Kette, für die in der Praxis der Begriff Supply Chain geläufig ist, präsentiert das logistische System eines Industrieunternehmens und umfasst klassisch die kompletten Warenströme vom Lieferanten zum Unternehmen sowie in umgekehrter Weise vom Unternehmen

111 Vgl. Arnold, D. (2008), S.4.

zum Lieferanten.[112] In der Praxis wird als Supply Chain auch die gesamte Lieferkette vom Urproduzenten bis zum Endempfänger verstanden.[113]

Voraussetzung für einen optimalen Ablauf innerhalb der Supply Chain sind unter anderem ein hoher Austausch an Information und eine intensive Kommunikation.[114] Die benötigten Daten müssen regelmäßig gepflegt, ausgewertet sowie analysiert werden.[115] Die Datenanalysen dienen „als Kontrollinstrument und Entscheidungsgrundlage auch für die anderen Logistikfunktionen."[116] An dieser Stelle der Kontrolle und Entscheidung werden u.a. Selbststeuerungssysteme optimaler wirken können.[117]

Als Hauptbestandteil der Abbildung 13 soll im Kontext der vorliegenden Arbeit die Transportlogistik verstanden werden. Die Transportlogistik ist in allen Phasen des Güterflusses existent und übernimmt eine unterstützende Funktion.[118] Die Transportlogistik kann den primären Aktivitäten eines Unternehmens zugeordnet werden, da sie direkt am Logistikobjekt wirkt.[119] Dabei verfolgt die Transportlogistik konkrete Ziele, die durch die Durchführung der logistischen Prozesse erreichen werden sollen. Diese Ziele werden im folgenden Kapitel 2.2.4 dargestellt, um mögliche Potenziale durch die Einführung von Selbststeuerungssystemen zu eruieren.

2.2.4 Ziele der Transportlogistik

Die Akteure in einem Transportlogistiknetzwerk können je nach ihrer Rolle unterschiedliche Ziele verfolgen. Dabei konzentriert sich diese Arbeit

112 Vgl. Arnold, D. (2008), S.4, zu Akteuren vgl. Kapitel 2.2.2.
113 Vgl. Wildebrand, H. (2009), S.106-107.
114 Vgl. o.V. (2001), S.93.
115 Vgl. Bolbrinker, A. (2007), S.19.
116 Vgl. Bichler, K.; Schröter, N. (2000), S.67.
117 Vgl. Kapitel 2.3.2.
118 Vgl. Martin, H. (2009), S.96.
119 Vgl. Schary, P. B. (1984), S.10.

insbesondere auf die Hauptakteure Kunde und Dienstleister. Sie sollen hinsichtlich ihrer Ziele in diesem Kapitel näher betrachtet werden.[120]

So ist das Ziel der Logistik aus Sicht des Kunden und des Dienstleisters der effiziente Leistungserfolg.[121] Bei einer Transportdurchführung entstehen Kosten im wesentlichen durch den Einsatz von Personal und Betriebsmittel. Sie können auch als Systeminput verstanden werden. Durch diesen Input wird ein konkreter Leistungserfolg im Sinne einer Logistikleistung erzeugt. Diese Leistung entspricht dem Systemoutput.[122] Die Wertschöpfung für den Dienstleister liegt im Delta zwischen Input und Output. Für die Praxis können daraus folgende Logistikkosten- und Logistikleistungsziele abgeleitet werden:[123]

Tabelle 2: Logistikkosten- und Logistikleistungsziele

Logistikkostenziele	Logistikleistungsziele
• Transportkosten reduzieren • Umschlagskosten reduzieren • Kosten der Lagerung reduzieren • Kosten der Kommissionierung und Verpackung reduzieren	• Lieferzeiten verkürzen • Lieferzuverlässigkeit erhöhen • Lieferflexibilität gewährleisten • Lieferqualität ausbauen • Kundenzufriedenheit steigern • Informationsfähigkeit verbessern

Quelle: Eigene Darstellung

120 Zu Akteuren und Fokussierung auf Hauptakteure sowie zu Rollen von Akteuren vgl. Kapitel 2.2.2.

121 Zum Effizienzbegriff vgl. Haasis, H.-D. (2007), S.35ff.

122 Zur Definition von Systeminput und -output vgl. Kapitel 2.1.2.1.

123 Vgl. Murphy, P. R.; Wood, D. F. (2008), S.137, vgl. Arnold, D. (2008), S.8, vgl. Schulte, C. (2009), S.7ff.

Kunden können ihre Transporte mit eigenen Ressourcen und Betriebsmitteln durchführen. Vergeben die Kunden jedoch diese Aktivitäten an Dritte, etwa an Logistikdienstleister, können aus Sicht des Kunden weitere Zusatznutzen im Sinne von Wertschöpfungen generiert werden, die ebenfalls Inhalte von Zielen sein können. Beispiele hierfür sind in Tabelle 3 genannt. [124]

Tabelle 3: Beispiele für Zusatznutzen bei Kunden durch Dienstleistereinbindung

Wertschöpfung	Beschreibung
Fokus auf Kernkompetenz	Viele Kunden konzentrieren sich auf ihre Kernkompetenz, das Herstellen von Produkten. Logistische Dienstleistungen, insbesondere Transporte, werden zunehmend fremd vergeben.
Flexibilität	Dienstleister haben die Fähigkeit, kurzfristig dynamische und statische Logistikkapazitäten bereitzustellen.
Katalysator für Wandel	In diesen Fällen wird der Dienstleister dafür genutzt, interne Kundenstrukturen aufzubrechen und Innovationen voranzutreiben.
Variabilisierung von Kosten	Die Verlagerung von Fixkostenrisiken auf den Dienstleister bewirkt beim Kunden eine mengenabhängige Vergütung der Dienstleistung.
Skaleneffekte	Dienstleister können über größere Transportvolumina aufgrund der Bedienung eines größeren Marktes verfügen.
Verbesserung der Prozesse	Durch ihre spezifische Erfahrung können Dienstleister bei Verbesserungen von Prozessen behilflich sein.
Transparenz	Dienstleister agieren in unterschiedlichen Beziehungen im Netzwerk und können entlang der gesamten Lieferkette Daten sammeln.

Quelle: Ergänzt nach Stölzle, W. (2007), S.117, Kernler, H. (2003), S.23 ff.

124 Vgl. Stölzle, W. (2007), S.117, vgl. Kernler, H. (2003), S.23ff.

Die Rahmenbedingungen in den Umwelten der Transportlogistik, die Zunahme der Vernetzung der Akteure und ihrer Geschäftsprozesse, die steigenden Kosten- und Leistungsziele führen zu einer Zunahme der Komplexität im Transportlogistiknetzwerk, da die Einflussfaktoren auf die Erbringung der Dienstleistung hinsichtlich Anzahl, Vielfalt, Veränderung und Bestimmbarkeit zunehmen. Die Komplexität stellt eine zentrale Herausforderung dar.[125] Dieser Entwicklung ist das folgende Kapitel 2.3 gewidmet, da Maßnahmen zur Komplexitätsbewältigung identifiziert und entwickelt werden müssen, um die Ziele in der Transportlogistik durch wandelnde Rahmenbedingungen auch morgen noch effektiv und effizient erreichen zu können.

2.3 Komplexitätsentwicklungen in der Transportlogistik

Im vorangegangenen Kapitel 2.2 wurde die Transportlogistik eingeordnet und charakterisiert, indem Umwelten, Akteure sowie logistische Ziele definiert und erläutert wurden. Dabei wurde der Zusammenhang zwischen zur Komplexitätszunahme hergestellt. In der Praxis kann diese Komplexitätszunahme beispielsweise an immer kleiner werdenden Sendungsgrößen (Anzahl) mit unterschiedlichsten Lieferzeiten (Vielfalt), bei kurzfristigeren Auftragsänderungen (Veränderung) und Zunahme von Verkehrsstörungen (Bestimmbarkeit) beobachtet werden. Das Kapitel 2.3 fokussiert nunmehr auf wesentliche Treiber der Komplexitätsentwicklung in der Transportlogistik und zeigt Grenzen der heutigen Planungs- und Steuerungssysteme auf.

2.3.1 Wesentliche Treiber der Komplexitätsentwicklung in der Transportlogistik

Aktuelle Fachliteratur, Studien und Berichte zu Mittelfristprognosen im Güterverkehr, Grüne Logistik, Kundenerwartungen im Jahr 2030 oder der Masterplan Güterverkehr und Logistik der Bunderegierung geben

---

125 Vgl. Scheer, A.-W. (2004), S.45, vgl. Kuhlin, B.; Thielmann, H. (2005), S.50, vgl. Heise, B. (2007), S.22.

Aufschluss über Trends und Entwicklungen in der Transportlogistik.[126] Beispiele hierfür sind steigende Verkehrsleistungen, wachsender Fachkräftemangel, steigende Umweltbelastungen sowie zunehmende Flexibilitätsansprüche und Wettbewerbsdruck.[127]

Die daraus subsummierten wesentlichen Treiber sind der Anstieg der Güterverkehrsleistung, der demografische[128] Wandel, die Verschlechterung der ökologischen[129] Rahmenbedingungen sowie die bereits ausgeführten wachsenden Ansprüche an die logistischen Zielerreichungen.[130] Sie werden in den folgenden Kapiteln kurz anhand von praktischen Beispielen und Maßnahmen erläutert, um auf die Grenzen der heutigen Planungs- und Steuerungssysteme im weiteren Verlauf der Arbeit eingehen zu können.

---

126 Vgl. Haasis, H.-D. (2007), S.119f., vgl. Straube, F.; Pfohl, H.-C. (2008), S.50, vgl. Trost, D. G. (1999), S.226-230, vgl. Adam, D. (1998), S.9., vgl. Buchholz, P. (2009), S.345ff., vgl. Baluch, I.; Schäfer, K. (2006), S.218f., vgl. Bullinger, H.-J.; Hompel, M. ten (2007), S.107ff., vgl. o.V. (2006a), S.22, vgl. Korf, W.; Bleihauer, H.-J., et al. (2007), S.365f., vgl. Baumgarten, H. (2001), S.183.

127 Vgl. Wieck, I.; Streichfuss, M., et al. (2012), S.31ff., vgl. o.V. (2009a), S.69ff., vgl. Kapitel 2.2.1.

128 Das Wort Demografie setzt sich aus den griechischen Wörtern demos und grafe zusammen und bedeutet „Beschreibung des Volkes". Demografie ist eine wissenschaftliche Disziplin, die sich mit der Struktur, Bewegung, Entwicklung und Verteilung von Bevölkerungen beschäftigt. vgl. Hillmann, K.-H.; Hartfiel, G. (2007), S.140.

129 Das Wort Ökologie stammt aus dem Griechischen und setzt sich aus den beiden Wörtern oikos = Haus und logos = Rede, Wort, Lehre zusammen und kann mit „Lehre vom Haushalt der Natur" übersetzt werden. Sie beschreibt Mechanismen und Reaktionsformen, mit denen sich Akteure an ihre Umwelt anpassen. Besondere Schwerpunkte liegen in den Bereichen Ressourcenschonung und Umweltschutz. vgl. Kuttler, W.; Steinecke, K., et al. (1993), S.233, vgl. Hillmann, K.-H.; Hartfiel, G. (2007), S.640.

130 Vgl. Haasis, H.-D. (2008), S.10ff., vgl. Simon, H.; Homburg, C. (2001), S.103ff., vgl. Töpfer, A. (2008), S.207, vgl. Schick, U. (2007), S.538f., vgl. o.V. (2009c), S.6.

2.3.1.1 Güterverkehrsleistung

Innerhalb der Transportlogistik hatte in 2008 der Straßengüterverkehr[131] mit mehr als 70% den höchsten Anteil an der gesamten Verkehrsleistung. Damit ist dieser Zweig mit Abstand der stärkste Verkehrsbereich neben dem Binnenschiff, der Eisenbahn und der Rohrleitung.[132]

Abbildung 14: Güterverkehrsaufkommen und -leistung 1980 – 2008

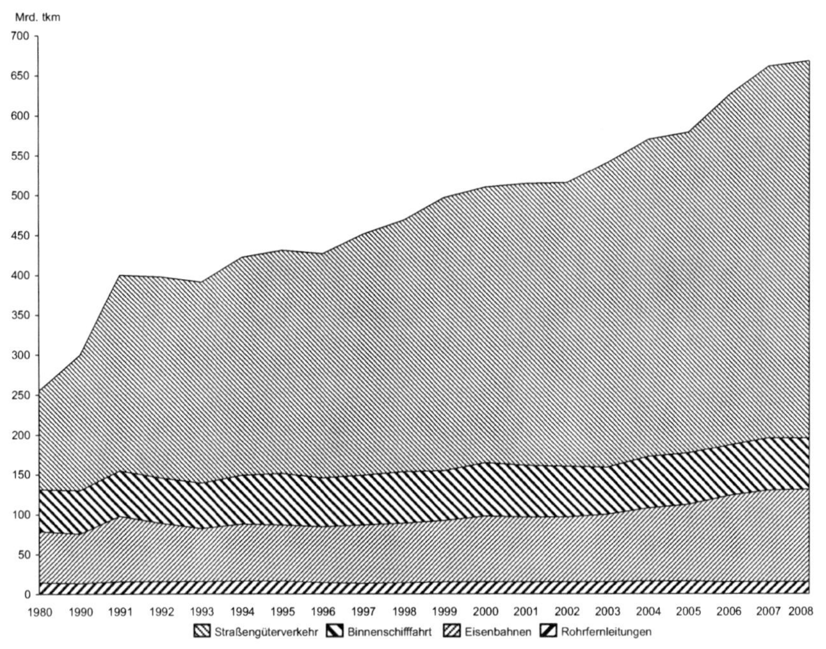

Quelle: Verkehr in Zahlen 2009/2010, S.240ff.

---

131 Zur Definition von Straßenverkehrsunternehmen vgl. Stölzle, W.; Fagagnini, H. P. (2010), S.23.

132 Vgl. o.V. (2009e), S.240ff.

Abbildung 14 veranschaulicht die Entwicklung der Verkehrsleistung[133] der Verkehrsbereiche Straßengüterverkehr, Binnenschiff, Eisenbahn und Rohrleitung. Demnach hat sich die gesamte Güterverkehrsleistung von 1980 bis 2008 mehr als verdoppelt, bezogen auf den Straßengüterverkehr, sogar mehr als verdreifacht.

Diese Zunahme kann zu Konfliktsituationen auf den Verkehrswegen führen. Diese Konflikte gilt es beispielweise über intelligente Gestaltungen der Verkehrssysteme zu lösen. Die Güterströme müssen gebündelt, kanalisiert und koordiniert gelenkt werden.

Durch die Bündelung von Verkehren kann die Auslastung der eingesetzten Verkehrsträger gesteigert und dadurch effizienter durchgeführt werden. Bezogen auf die Verkehrsleistung, bedeutet dies, dass die gleiche Menge mit geringeren Transportkilometern bzw. dass mit der gleichen Summe an Transportkilometern mehr Menge befördert wird. Alternative Verkehrsträger und überlange LKW[134] können diesen Lösungsansatz unterstützen.[135]

---

133 Die Verkehrsleistung bzw. Verkehrseffizienz sind die „raumwirtschaftliche Leistung eines Verkehrsmittels, unabhängig von seiner Rentabilität, gemessen an der räumlichen Verkehrsaufgabe und deren Erfüllung." Vgl. Sellien, R.; Sellien, H. (1975), Band L-Z S.1910. Die Verkehrsleistung ist die Multiplikation der Verkehrsaufkommenswerte mit der zurückgelegten Entfernung und wird beispielsweise in Personenkilometer (Pkm) oder Tonnenkilometer (Tkm) gemessen. vgl. Aberle, G. (2003), S.27.

134 Überlange LKW, auch „Giga-Liner", „Öko-Liner", „Lang-LKW" oder EuroCombi genannt, sind LKW-Kombinationen mit bis zu 25,25 m Länge bei 40 to Gesamtgewicht.

135 Vgl. Göpfert, I. (2009), S.201, Einer Studie der PE International GmbH zufolge ist die Bahn jedoch nicht grundsätzlich umweltfreundlicher als der LKW. Der Verkehrsträgerwechsel ist abhängig von den Streckenlängen, Kapazitätsauslastungen und Güterarten. vgl. Spielmann, M.; Faltenbacher, M., et al. (2010), S.51.

2.3.1.2 Demografischer Wandel

Mit dem Rückgang der Bevölkerung geht ebenfalls eine Verschiebung der Altersstruktur einher.[136] Demnach steigt der Anteil der Bevölkerung in der Schicht „> 65 Jahre" von heute ca. 21 % auf über 33 % im Jahr 2050 an.[137]

Diese Aussage wird durch die Vorausberechnung der Schüler- und Absolventenzahlen unterstrichen. Von 2010 bis zum Jahr 2020 werden die Absolventenzahlen in den Bildungsgängen der allgemeinbildenden Schulen um ca. 11 % sinken und damit annähernd den Ausgangswert der Aufschreibungen aus dem Jahr 1992 wieder erreichen[138]. Der daraus resultierende Fachkräftemangel ist bereits heute schon spürbar und die dahinter lauernde Problematik nicht nachhaltig gelöst.[139]

Automatisierungen können dabei nicht immer eine sinnvolle Lösung für den Fachkräftemangel bieten.[140] Vielmehr sind technologische und organisatorische Maßnahmen zur Umgestaltung und Schulung der Arbeitsabläufe notwendig, die es einfacher zu erlernen gilt und die das Kontextwissen des Mitarbeiters besser integrieren.[141]

2.3.1.3 Ökologische Rahmenbedingungen

Logistische Prozesse,[142] wie Transport, Umschlag, Lagerung und Verpackung, haben direkte Auswirkungen auf die Umwelt, beispielsweise durch den Einsatz von Betriebs- und Verbrauchsstoffen, Energiever-

---

136 Vgl. http://www.destatis.de/jetspeed/portal/cms/Sites/destatis/Internet/DE/ Content/Statistiken/Bevoelkerung/VorausberechnungBevoelkerung/Tabellen/Content50/Bevoelkerungsvorausberechnung,templateId=renderPrint.psml, Zugriff am 30.08.2010.

137 Vgl. Höhn, C.; Dorbritz, J., et al. (2007), S.283f.

138 Im Vergleich zum Jahr 2006 (Maximalwert der Datenreihe) ist sogar ein Rückgang um ca. 20 % zu verzeichnen. vgl. o.V. (2007a), S.63.

139 Vgl. o.V. (2007a), S.63ff.

140 Vgl. o.V. (2009f), S.10–13.

141 Vgl. Dombrowski, U.; Zahn, T., et al. (2008), S.290-294.

142 Vgl. Kapitel 2.2.3.2.

bräuchen, Abgas-, Lärm- und Staubemissionen oder den Einsatz von Packstoffen und Packhilfsmitteln.[143]

Die Verschlechterung besteht darin, dass die eingesetzten Mittel zur Erbringung der logistischen Dienstleistung endlich sind bzw. die Umwelt nachhaltig schädigen. Daraus resultieren zwei Blickwinkel, der Ressourcenverbrauch und die Umweltbelastung.[144]

Schulungsmaßnahmen des Fahrpersonals durch Fahrtrainer haben nachgewiesen, dass durch den geschulten Umgang mit den Fahrzeugen sowie durch ein angepasstes Fahrverhalten bemerkenswerte Effekte bei den Kraftstoffeinsparungen erzielt werden können.[145]

Die Reduzierung von Treibhausgasen kann weiterhin durch den Einsatz von emissionsärmeren Fahrzeugen erreicht werden, beispielsweise über geringere Kraftstoffverbräuche oder entsprechende Kraftstoffbeimischungen.[146] Durch den Einsatz dieser alternativen Antriebs- und Kraftstofftechnologien, wie etwa im Rahmen der Elektromobilität, können positive ökologische und ökonomische Effekte erzielt werden.[147]

Durch die Nutzung des kombinierten Verkehrs[148] bzw. den Einsatz alternativer Verkehrsträger können Überlastungen der jeweiligen Ver-

---

143 Vgl. Arnold, D. (2008), S.953, vgl. Lohre, D. (2005), S.73.

144 Vgl. Lohre, D. (2005), S.69, vgl. Straube, F.; Pfohl, H.-C. (2008), S.18, vgl. o.V. (2009b), S.251ff., vgl. Ziesing, H.-J. (2009), S.28., vgl. o.V. (2010d), S.14.

145 Expertengespräch 27.01.2010 mit Herrn Werner Peters, Geschäftsführer der STUTE Verkehrs-GmbH: „10 % bedeuten bei einem durchschnittlichen Verbrauch von 35,0 l/100km ca. 3,5 l/100 km. Bei einer jährlichen Fahrleistung von 150.000 km pro LKW werden somit 5.250 Liter Kraftstoff eingespart. Bei der aktuellen Flottenstärke des Eigenfuhrparks von ca. 200 Fahrzeugen ergibt sich eine jährliche Einsparung von über 1 Mio. Liter Kraftstoff." Zu Kraftstoffverbräuchen siehe auch Spielmann, M.; Faltenbacher, M., et al. (2010), S.21.

146 Vgl. Spielmann, M.; Faltenbacher, M., et al. (2010), S.21ff., vgl. o.V. (2008a), S.16.

147 Zu Elektromobilität vgl. http://www.bmvbs.de/DE/VerkehrUndMobilitaet/Zukunftstechnologien/Elektromobilitaet/elektromobilitaet_node.html, Zugriff am 03.02.2011.

148 Unter dem kombinierten Verkehr bzw. multimodalen Verkehr sind Transporte zu verstehen, bei denen mindestens zwei Verkehrsträger eingesetzt werden. vgl. Hoffmann, A. (2007), S.14f.

kehrsinfrastruktur kompensiert werden. Damit besteht die Möglichkeit der Ressourcenschonung sowie der Minimierung des ökologischen Risikos durch weniger Staus und geringere Zeitverluste.[149]

2.3.1.4 Ansprüche an die logistische Effizienz

Der Begriff der Effizienz kann in viele unterschiedliche Richtungen interpretiert werden.[150] In Anlehnung an die Ziele der Transportlogistik gemäß Kapitel 2.2.4 soll die Komplexitätszunahme durch die Effizienzsteigerungen hinsichtlich Kosten und Leistung näher betrachtet werden.

2.3.1.4.1 Kosteneffizienz steigern

Ein wesentlicher Einflussfaktor, bezogen auf die Wirtschaftlichkeit der Transportdurchführung, stellt die Fahrzeugauslastung dar.[151] Die Auslastungssteigerung ist unter anderem von der Qualität der Planungsprozesse und der Aktualität der bereitgestellten Information für den Planungsprozess abhängig.

Immer mehr zu berücksichtigende Restriktionen, wie Lenk- und Ruhezeiten[152], Transportgefäßeignung für Warenkombinationen, Lage der Warenempfänger in Umweltzonen, oder immer schneller sich ändernde Umweltbedingungen, wie Verkehrszustände oder Transportpartnerwechsel, müssen bei der Planung mit berücksichtigt werden.[153]

---

149 Vgl. Spelthahn, S.; Schlossberger, U., et al. (1993), S.61f., vgl. Boldt, O. (2009), S.46ff., vgl. Haasis, H.-D. (2008), S.115.

150 Vgl. Haasis, H.-D. (2007), S.35.

151 Die Auslastung kann in unterschiedlichen Dimensionen angegeben werden, etwa zeitlich, entfernungsspezifisch, gewichts- oder volumenmäßig, wobei Zusammenfassungen zu einem Koeffizienten möglich sind, z.B. Tonnenkilometer. Der Auslastungsgrad spiegelt dabei immer das Verhältnis zwischen tatsächlichen und maximal möglichen Dimensionen wider. vgl. Kummer, S.; Einbock, M. (2006), S.297, vgl. Aberle, G. (2003), S.25f.

152 Zu Details bei Lenk- und Ruhezeiten vgl. Kopfer, H.; Meyer, C. M. (2008), S.32–34.

153 Vgl. o.V. (2010b), S.8.

Der Einsatz von IT-Systemen[154] unterstützt nachweislich die Bewältigung dieser Herausforderungen. So kann eine Zeitfenstersteuerung dazu beitragen, dass die Standzeiten an den Entladerampen um bis zu 10 % verkürzt werden können. Dies führt durch zeitliche Auslastungsoptimierung der Lenk- und Ruhezeiten zu einer Transportkostenreduzierung.[155]

Ähnliche Erfolge wurden durch das Forschungsprojekt AMATRAK erzielt, in dem selbststeuernde Planungs- und Steuerungssysteme durch den Einsatz von MAS erprobt wurden. So konnten die Fahrzeugkilometer des Eigenfuhrparks um 6-11 % reduziert sowie die Fahrzeugauslastung um 7- 12 % volumenmäßig erhöht werden.[156]

Eine weitere Steigerung der Kosteneffizienz kann durch die Modernisierung des Fuhrparks erfolgen. Die Reduzierung von Treibhausgasen kann durch den Einsatz von emissionsärmeren Fahrzeugen erreicht werden, beispielsweise über geringere Kraftstoffverbräuche oder Kraftstoffbeimischungen.[157] Weiterhin kann durch alternative Antriebstechnologien ressourcenschonender mit Rohstoffen umgegangen werden.[158] Durch die Anpassung der Fuhrparkstruktur, etwa in Größe, Technik oder Modularität, können die Transportdienstleistungen effektiver und effizienter realisiert werden.[159]

---

154 Zu den IT-Systemen zählen beispielsweise Dispositionssoftwaresysteme, Telematikanwendungen, Fahrerassistenz-Systeme oder Satellitennavigationssysteme. vgl. o.V. (2010b) S.8, vgl. http://www.bmvbs.de/DE/VerkehrUnd Mobilitaet/Zukunftstechnologien/zukunftstechnologien_node.html, Zugriff am 22.9.2010.

155 Vgl. Kopfer, H.; Kok, A. L., et al. (2010), S.442–454.

156 Vgl. Haasis, H.-D.; Barwig, K., et al. (2011), S.71.

157 Vgl. Spielmann, M.; Faltenbacher, M., et al. (2010), S.21ff., vgl. o.V. (2008b), S.16.

158 Zu Elektromobilität Vgl. http://www.bmvbs.de/DE/VerkehrUndMobilitaet/ Zukunftstechnologien/Elektromobilitaet/elektromobilitaet_node.html, Zugriff am 03.02.2011.

159 Expertengespräch 27.01.2010, Herr Peters, Geschäftsführer STUTE Verkehrs-GmbH.

2.3.1.4.2 Leistungseffizienz steigern

Hinsichtlich der Leistungsziele sind die wachsenden Ansprüche der Kunden hinsichtlich Anzahl, Vielfalt, Veränderung und Bestimmbarkeit der Dienstleistung zu berücksichtigen.[160] Durch diese Entwicklung der Kundenansprüche an die logistische Dienstleistung steigt auch die Komplexität der Durchführung.[161] Auf diese Anforderungen wird zunehmend mit Spezialisierungen reagiert, um eine Konzentration auf einzelne Dienstleistungen zu ermöglichen. Diese Spezialisierungen führen verstärkt zur Fremdvergabe und somit zu mehr Akteuren in der Logistikkette und damit zu immer komplexer werdenden logistischen Netzwerken.[162]

Die Bildung von Kooperationen zwischen den Akteuren lindert die beschriebene Atomisierung der Dienstleistungserbringung. City Hubs oder die Zunahme von gemeinschaftlichen Nutzungsformen, wie Flottensharing, um die Auslastung des Spezialequipments zu steigern, sind beispielhafte Maßnahmen, die bereits heute zum Einsatz kommen.[163]

Abstimmungen innerhalb der Kooperation auf Mesoebene müssen sehr koordiniert ablaufen, um die bestmögliche Zielerreichung mit hoher Effektivität zu realisieren.[164] Kooperationen sind insbesondere in engen Beziehungsnetzwerken mit autonomen Entscheidungsträgern konfliktträchtig. Umso wichtiger sind der frühzeitige Abbau von Kooperationshemmnissen und die Konfliktbewältigung.[165] Dies trifft insbesondere auf Selbststeuerungssysteme zu, die zur Überwindung der Hemmnisse und Konflikte Geschäftsregeln aufstellen und umsetzen, nach denen die Beteiligten agieren.[166]

---

160 Vgl. Ackermann, J. (2007), S.61f.

161 Zum Begriff der Komplexität vgl. Kapitel 2.1.2.2.

162 Vgl. Spengler, T. (2004), S.179.

163 Vgl. Stiegeler, J. (2007), S.71ff.

164 Vgl. Göpfert, I. (2009), S.62f., zu Mesoebene vgl. Kapitel 2.2.3.1.

165 Vgl. Kopfer, H.; Krajewska, M. A., et al. (2007), S.31–33.

166 Zu Geschäftsregeln vgl. Kapitel 3.4.4.

Die Logistikleistung kann ebenfalls durch die Konfiguration[167] und Verteilung[168] von Logistikstandorten gesteigert werden.[169] Unternehmen, die beispielsweise deutschlandweit einen 24-h-Lieferservice ab Auftragseingang anbieten, werden mehrere Standorte in Deutschland betreiben. Entsprechend müssen einstufige oder mehrstufige Netzwerkstrukturen aufgebaut werden.[170]

2.3.2 Einsatz und Grenzen heutiger Planungs- und Steuerungssysteme zur Komplexitätsbewältigung

Im Kapitel 2.3.1 wurden wesentliche Treiber der Komplexitätszunahme und Auszüge heutiger Maßnahmen geschildert. So mannigfaltig, wie die Quellen, Treiber und Einflussfaktoren sind, so vielfältig sind auch die heutigen Maßnahmen zur Bewältigung dieser Entwicklung. Modernen Planungs- und Steuerungssystemen wird bei der Lösung der zukünftigen Herausforderungen eine wesentliche Bedeutung zugeordnet.[171] Deshalb steht im Rahmen dieser Arbeit insbesondere die Informationstechnologie hinsichtlich der Komplexitätsbewältigung im Vordergrund.

Planungs- und Steuerungssysteme sollen die schwer zu quantifizierenden Eigenschaften und Anforderungen, etwa von Transportgütern, Transportmitteln, Einsatzplanungen oder Serviceaktivitäten, berücksichtigen.[172] So sollen sie beispielsweise die Herausforderungen hinsichtlich des steigenden Datenvolumens[173], der Zunahme von Informations- und

---

167 Die Konfiguration solcher Betriebsstätten beschreibt dabei die Ausgestaltung des Standorts, beispielsweise als reine Abholstation, Servicepoint oder Vollsortimenter.

168 Die Verteilung der Logistikstandorte bezieht sich auf die räumliche Konzentration und Streuung der Betriebsstätten.

169 Vgl. Kasper, H.; van Helsdingen, P., et al. (1999), S.610-611, vgl. Heise, B. (2007), S.22. und S.38ff., vgl. Göpfert, I. (2009), S.63.

170 Zu Netzwerkstrukturen vgl. Kapitel 2.1.2.2.

171 Vgl. Hune, M. (2010), S.58f.

172 Vgl. o.V. (2008a), S.24ff., vgl. Martin, H. (2009), S.122-123.

173 Das Volumen an Daten und Informationen in der Automobilindustrie hat sich in den letzten 20 Jahren um das 7-Fache gesteigert. vgl. Baumgarten, H. (2001), S.252, vgl. Fleisch, E.; Mattern, F. (2005), S.3f, vgl. Straube, F.; Pfohl, H.-C. (2008), S.38.

Wissensbedarfen über den aktuellen Sendungsstatus in Echtzeit[174], der Zunahme des Versandhandels und Onlineshoppings[175] und der steigenden Anzahl technischer und organisatorischer Schnittstellen durch Zunahme der Vernetzung[176] lösen.

Die heutigen zentralen Planungs- und Steuerungssysteme stoßen jedoch an ihre Grenzen.[177] Die Grenze besteht darin, dass trotz zeitintensiver Rechenoperationen die Geschwindigkeit der Entscheidungsfindung nicht ausreicht, um alle Planungsalternativen und deren dynamische Veränderungen in angemessener Zeit durchspielen und berücksichtigen zu können. Mit steigender Variantenvielfalt nehmen die möglichen Planungsalternativen überproportional zu. Die Ergebnisse sind aufgrund geänderter Ausgangsbedingungen während des Rechenprozesses oft nicht mehr gültig. Die Lösung der Rechengeschwindigkeit liegt jedoch nicht nur in der Nutzung noch schnellerer IT-Hardwarekomponenten oder heuristischer Methoden, sondern auch in der Organisationsform der Lösung.[178] Diese Entwicklungen soll die folgende Abbildung 15 noch einmal verdeutlichen.

Der Abbildung 15 folgend, ist festzustellen, dass in komplexer werdenden Umwelten neue Organisations- und Steuerungsformen benötigt werden. Die daraus abgeleitete wesentliche Anforderung an zukünftige Planungs- und Steuerungssysteme ist die Vereinfachung der Planungsaufgabe durch komplexitätsreduzierende Konzepte.[179] Derartige Konzepte finden sich beispielsweise in Selbststeuerungsansätzen wieder.[180]

Um die Funktionsweise dieses Planungs- und Steuerungsansatz besser in den Kontext der Arbeit einzubinden, wird dieser im folgendem Kapitel 2.4 detailliert betrachtet.

---

174 Vgl. ,, H. (2001), S.31.

175 Vgl. Janz, O.; Ihde, G. B. (2003), S.30, vgl. Göpfert, I. (2009), S.229ff., vgl. Wimmer, T. (2009), S.543f.

176 Vgl. Cuadrado-Roura, J. R.; Rubalcaba-Bermejo, L., et al. (2002), S.67-69.

177 Vgl. Arnold, D. (2008), S.599f., vgl. Nissen, V.; Petsch, M. (2006), S.40ff.

178 Vgl. Nyhuis, P. (2008), S.351ff., vgl. Ahlemeyer, H. W. (1998), S.23.

179 Vgl. Falk, J. (1995), S.127-128.

180 Vgl. Wimmer, T. (2009), S.563, vgl. Kapitel 2.3.

Abbildung 15: Paradigmenwechsel in der Logistik

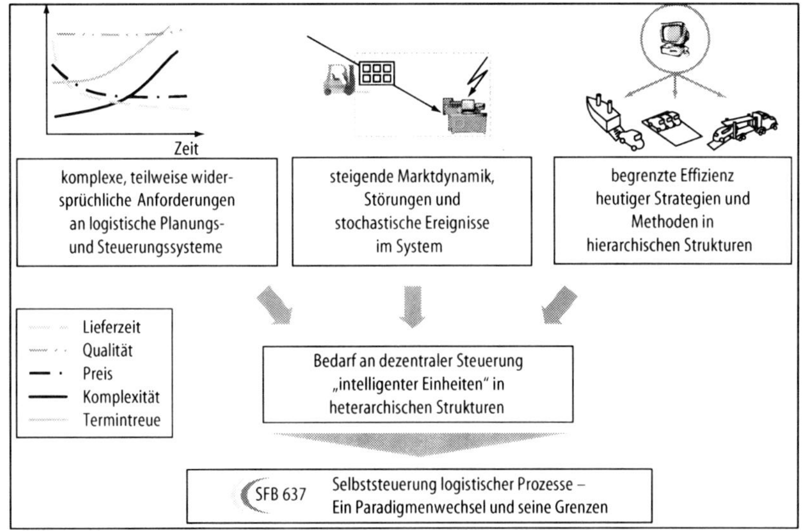

Quelle: Arnold, D. (2008), S.600.

2.4 Stand der Wissenschaft hinsichtlich der Selbststeuerung

Nachdem in den vorangegangenen Kapiteln 2.1, 2.2 und 2.3 die Transportlogistik hinsichtlich ihrer strukturellen Merkmale und zukünftigen Herausforderungen beschrieben wurde, wird in diesem Kapitel nunmehr der Stand der Wissenschaft hinsichtlich existierender Selbststeuerungssysteme skizziert, um die Anforderungen an die Implementierung derartiger Konzepte in die Transportlogistik herauszuarbeiten.

Dabei werden zunächst die Definition und Einordung des Begriffs der Selbststeuerung vorgenommen sowie die Eignung für komplexe Umwelten herausgearbeitet. Anhand aktueller Forschungsergebnisse[181] wird

181 Vgl. o.V. (2010e), S.9ff.

das DLRP-Selbststeuerungsverfahren den herkömmlichen Planungsverfahren gegenübergestellt, um die Auswahl der Selbststeuerung zur Komplexitätsbewältigung wissenschaftlich zu bestätigen. Abschließend werden wesentliche Selbststeuerungssysteme und ihre Herkunft kurz beschrieben, um das MAS, welches im weiteren Verlauf der Arbeit hinsichtlich des Selbststeuerungssystemes fokussiert wird, in den Kontext der Selbststeuerung einzubetten.

2.4.1 Definition und Einordnung des Begriffs der Selbststeuerung

In der Literatur existieren die Begriffe Selbstmanagement, Selbstorganisation und Selbststeuerung teilweise als Synonyme und teilweise mit unterschiedlichen Definitionen.[182] Die Gemeinsamkeit liegt in ihrer Zuordnung zur Organisations- und Managementlehre und damit zur Betriebswirtschaftslehre. Die Organisations- und Managementlehre unterteilt sich in die Aufbau und Ablauforganisation, d.h. die Schaffung von Strukturen und Ordnung von Prozessen innerhalb der Struktur.[183] Somit befassen sich die drei Begriffe grundsätzlich mit der Entstehung von Ordnung. Das Wort *selbst* deutet darauf hin, dass die Entstehung der Ordnung autonom[184], autogen[185], spezifisch oder individuell sein soll.

In Selbststeuerungssystemen wird die Planung der Abläufe dezentral vorgenommen.[186] Diese Verlagerung der Entscheidung auf mehrere dezentrale Akteure trägt gegenüber zentralen Planungssystemen zur Geschwindigkeitserhöhung des Informations- und Wissensaustausches durch direkte Kommunikationsmöglichkeit und Datentransparenz und somit zur Verbesserung der Planungs- und Steuerungsergebnisse bei.

---

182 Vgl. Wycisk, C. (2009), S.102, 104.

183 Vgl. Wöhe, G.; Döring, U. (2008), S.129f., weitere Erläuterungen zu Ablauforganisation vgl. Kapitel 3.3.1.3, weitere Erläuterungen zu Aufbauorganisation vgl. Kapitel 3.4.1.

184 Autonom bedeutet „selbstständig, unabhängig“, vgl. Grebe, P.; Drosdowski, G. (c1963 [ersch] 1974), S.43.

185 Autogen bedeutet „von selbst entstehend, selbst hervorbringend“, vgl. Grebe, P.; Drosdowski, G. (c1963 [ersch] 1974), S.42.

186 Vgl. Kolditz, J. (2009), S.17.

Ebenso führt die Dezentralisierung zu einer Reduzierung der in dem Planungsausschnitt zu berücksichtigenden agierenden logistischen Objekte und Einflüsse. Dies hat zur Folge, dass weniger Alternativen berechnet werden müssen und folglich weniger Zeit für die Entscheidungsfindung benötigt wird.[187] Für die Praxis würde dieses Konzept vereinfacht bedeuten, dass es beispielsweise den LKW-Fahrern überlassen wird, Fahraufträge anzunehmen oder abzulehnen, anstelle die Aufträge zentral vom Disponenten zuordnen zu lassen. Der Fahrer kennt aufgrund des eingegrenzten, überschaubaren Umfelds seine Ressourcen und Kapazität sehr genau und kann zügig entscheiden, ob er den Auftrag noch fahren kann oder nicht.

Die direkte horizontale Kommunikation, z.B. zwischen den Fahrern, wird bedeutsamer als der vertikale Informationsfluss, etwa zwischen Disponent und Fahrer.[188] Die aktuellen Umweltveränderungen und das Know-how aller beteiligten Akteure in der Logistikkette können so in den Planungsprozess interaktiv mit einfließen, auf Veränderungen kann flexibler reagiert, die Komplexität durch Teilung der Aufgabe reduziert werden. Es ändern sich funktionale, vertikale Organisationen hin zu prozessorientierten, horizontalen Organisationen.[189]

Die Zergliederung der Planungsaufgabe kann mit einer Dezentralisierung gleichgesetzt werden, da viele überschaubare Planungsaufgaben parallel, nebeneinander und gleichgestellt gelöst werden können. Diese Organisationsform entspricht einer heterarchischen Struktur.[190] Der Entscheidungsfindungsprozess in heterarchischen Organisationsformen wird als Selbststeuerung bezeichnet.[191]

187 Vgl. Haasis, H.-D.; Kreowski, H.-J. (2008), S.260-261, vgl. Nyhuis, P. (2008), S.352.

188 Vgl. Warnecke, H.-J. (1992), S.228f., zu Akteuren im Logistiksystem vgl. Kapitel 2.1.2.1.

189 Vgl. Windt, K.; Hülsmann, M. (2007), S.73ff., vgl. Warnecke, H.-J. (1992), S.229.

190 Vgl. Haasis, H.-D.; Kreowski, H.-J. (2008), S.6-7.

191 Vgl. Nyhuis, P. (2008), S.128f., vgl. Schuh, G. (2006), S.749.

2.4.2 Selbststeuerung als geeignete Organisationsform für komplexe Umwelten

Die Eignung der Selbststeuerung als Organisationsform in komplexen Umwelten kann beispielsweise über den Komplexitätsgrad eines Systems eingeordnet werden. In Kapitel 2.1.2.3 wurde herausgearbeitet, dass der Komplexitätsgrad durch die Anzahl, Vielfalt, Veränderung und Bestimmbarkeit ihrer Elemente beeinflusst wird. In

Tabelle 4 wird in Anlehnung an komplexe soziale Systeme die Zuordnung von Steuerungsformen zu Komplexitätsgraden präsentiert.[192]

Tabelle 4: Systemkomplexität und Steuerungsform

		Systemexterne (Umwelt-)Komplexität	
		Niedrig	Hoch
System-interne Komple-xität	Niedrig	Unterdrückte oder keine Steuerung	Zentrale Steuerung
	Hoch	Dezentrale Steuerung (Selbststeuerung)	Kontextsteuerung

Quelle: Eigene Darstellung in Anlehnung an Gavirey, S. (2007), S.48

Sind die systeminternen und -externen Komplexitäten niedrig[193], so ist keine oder nur eine geringfügige Steuerung notwendig. Für die Praxis würde diese Steuerungsform u.a. bei einem schienengebundenen Shuttleverkehr zwischen zwei Terminals vorkommen können. Extern sind kaum Störungen oder systemwirkende Einflussfaktoren vorhanden. Der Shuttle pendelt gemäß einem festgelegten Fahrplan. Hier wird kaum ein Disponent eingreifen müssen.

---

192 Zum Begriff der Komplexität vgl. Kapitel 2.1.2.

193 Zu Abgrenzung von inneren und äußeren Systemen über Systemgrenzen vgl. Kapitel 2.1.2.

Steigen dagegen die äußeren Umwelteinflüsse in ihrer Dynamik und Vielfalt, werden zentrale Steuerungskonzepte angewandt. Dabei werden zentrale Entscheidungen hierarchisch im Transportlogistiksystem weitergeleitet.[194] Dies kann beispielsweise für ein kleines Transportunternehmen mit 5 Mitarbeitern gelten. Die äußere Umwelt , z.B. staatlicher Einschränkungen, wie Fahrverbote, Kundenwünsche bezüglich Be- und Entladezeiten oder Bankenforderungen für die Abzahlung des Fuhrparks, kann vielseitig und dynamisch auf das Unternehmen wirken. Innerhalb des Unternehmens jedoch sind die Akteure und deren Beziehungen untereinander überschaubar.

Dezentrale Steuerungskonzepte kommen bei hoher innerer und niedriger äußerer Komplexität zum Einsatz. Es handelt sich dabei nahezu um den umgekehrten Fall der zentralen Steuerung. Die Komplexität spiegelt sich im Unternehmen wider, indem beispielswiese ein großer Fuhrpark zu bewirtschaften ist und viele Aufträge den Fahrzeugen zeitnah zugeordnet werden müssen. Nach außen hin arbeitet das Unternehmen jedoch nur im Nahverkehr für einen Kunden.

Sind beide Komplexitäten hoch ausgeprägt, so wird das Konzept der Kontextsteuerung eingesetzt. Dabei kombiniert dieses Konzept die zentrale und die dezentrale Steuerung, indem es ein zielgerichtetes Einwirken vorsieht. Es werden die Regelstrukturen und Ressourcenausstattungen bewusst beeinflusst. Damit wird versucht, das Dilemma der Selbststeuerung zu umgehen, das im Grunde darin besteht, dass durch die autonomen Entscheidungen nicht gewährleistet ist, dass alle getroffenen Entscheidungen auch im Unternehmensinteresse sind und dem Unternehmensziel dienen.[195] Es kommt gewissermaßen zu einer Einschränkung der Autonomie durch fremdgestaltete zentrale Verhaltensregeln, Ressourcenzuteilung und Detailoperationen.[196] Diese äußeren und inneren Eingriffe werden jedoch durch handelnde Personen vorgenommen und nicht durch eine Applikation. So bleibt eine soziale Komponente in der Entscheidung erhalten.[197]

---

194 Vgl. Kapitel 2.1.1.2.

195 Vgl. Müller-Christ, G. (2007), S.220, vgl. Buchholz, P. (2009), S.212-213.

196 Vgl. Gomez, P.; Zimmermann, T. (1993), S.115-116.

197 Vgl. Neuberger, O. (2002), S.632f.

Die mögliche Eignung der Selbststeuerung für komplexe Umwelten wird auch durch das Mehrkomponenten Evaluierungssystem von Windt bekräftigt.[198] Das System besteht aus den Komponenten Mess- und Regelsystem zur Festlegung der Zielerreichung, Komplexitätswürfel zur Feststellung der Komplexität sowie Kriterienkatalog zur Feststellung des Selbststeuerungsgrades. Die Abbildung 16 beschreibt das Potenzial der Selbststeuerung als Ergebnis der Zusammenführung dieser Komponenten im Rahmen eines 3-D-Diagramms. Es wird der Zusammenhang zwischen logistischer Zielerreichung, Komplexität des Systems und Grad der Selbststeuerung abgebildet. Auf zwei Linien sind die Grenzen der Selbststeuerung abgetragen. Innerhalb dieses Bereichs können durch Selbststeuerungssysteme die logistischen Zielerreichungen erhöht werden.

Dem Kurvenverlauf ist zu entnehmen, dass mit Zunahme der Komplexität des logistischen Systems und gegebenem niedrigen Selbststeuerungsgrad die Erfüllung der Dienstleistungsziele, wie Pünktlichkeit oder Kapazitätsauslastung, abnimmt.[199] Anderenfalls kann bei gegebener hoher Komplexität durch Erhöhung des Selbststeuerungsgrades die logistische Zielerreichung gesteigert werden. Jedoch fällt die Zielerreichung wieder, wenn die Grenzen der Selbststeuerung durch den Grad der Selbststeuerungs überschritten wird.

Um die unterschiedlichen Planungs- und Steuerungssysteme konkreter zu vergleichen und die Eignung der Selbststeuerung für komplexe Umwelten wissenschaftlich zu untermauern, wird im nun folgenden Kapitel die Gegenüberstellung dieser Systeme vorgenommen.

---

198 Vgl. Nyhuis, P. (2008), S.355ff.

199 Zu Logistikzielen vgl. Kapitel 2.2.4.

Abbildung 16: Potenzial der Selbststeuerung

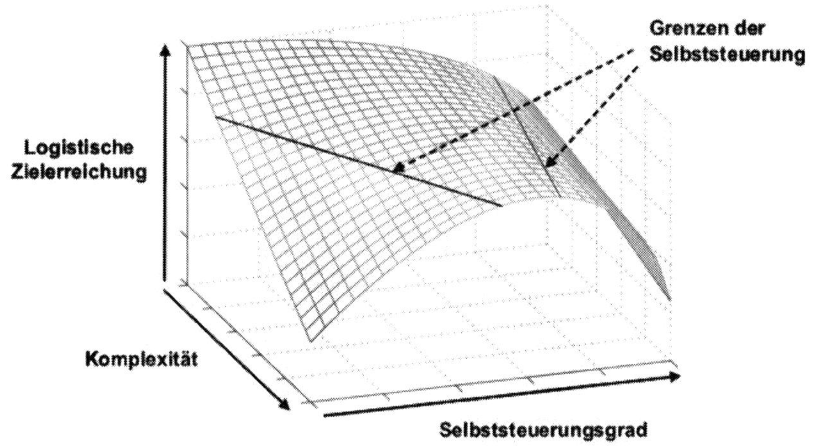

Quelle: Nyhuis, P. (2008), S.355

2.4.3 Gegenüberstellung der Selbststeuerung zu herkömmlichen Planungsverfahren

Im vorangegangenen Kapitel 2.4.2 wurde erläutert, dass die Selbststeuerung als Organisationsform eine hohe innere und niedrige äußere Systemkomplexität voraussetzt. Diese Aussage wird durch empirische Untersuchungen gestützt, etwa durch Forschungsergebnisse im Rahmen des Sonderforschungsbereichs (SFB 637) „Selbststeuerung logistischer Prozesse – Ein Paradigmenwechsel und seine Grenzen".

Aufgrund der vorliegenden Forschungsergebnisse des SFB 637 konnte abgeleitet werden, dass Selbststeuerung ab einer bestimmten Systemkomplexität vorteilhafter gegenüber herkömmlichen Planungsverfahren ist. Dabei wird die Komplexität mit der Zunahme der Anzahl von

Stückgütern abgebildet.[200] Abbildung 17 veranschaulicht ausgewählte Ergebnisse der Untersuchungen im SFB 637 hinsichtlich des Vergleichs von Routenplanungsergebnissen.[201]

Abbildung 17: Vergleich von Routenplanungsergebnissen

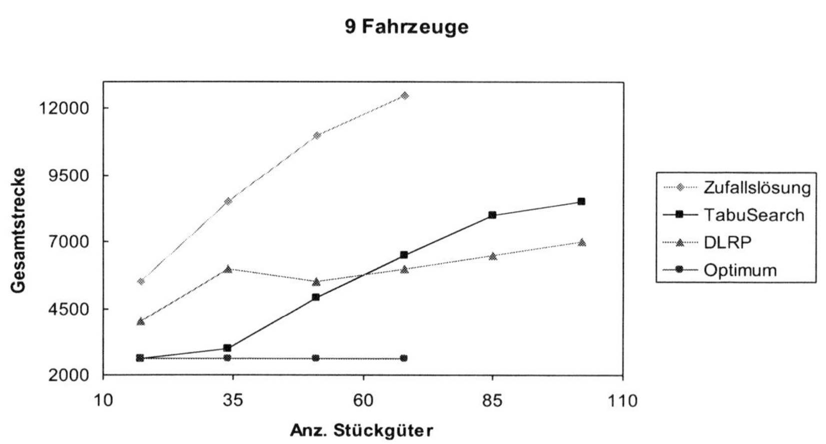

Quelle: o.V. (2010e), S.9

Die in Abbildung 17 präsentierte Zufallslösung beschreibt eine Routenplanung nach dem Zufallsprinzip ohne Optimierungen. Mit steigender Anzahl der Stückgüter bzw. Aufträge steigt nahezu linear die Gesamtstrecke.

Das Optimum beschreibt eine unter Laborbedingungen erstellte optimale Lösung und kann als Referenz für alle anderen Lösungen durch andere Verfahren dienen.

Tabu-Seach ist ein iteratives[202] metaheuristisches[203] Verfahren zur Lösung oder Annäherung von komplexen Problemen. Anders als bei ge-

200 Zu Komplexitätsfaktoren vgl. Kapitel 2.1.2.2.

201 Vgl. http://www.sfb637.uni-bremen.de/sfb637.html, Zugriff am 16.12.2010.

netischen Algorithmen[204] geht man beim klassischen Tabu Search in jedem Iterationsschritt von nur einer Lösung aus.[205] Das Ergebnis in Abbildung 17 verdeutlicht ebenfalls eine Zunahme der Gesamtstrecke bei steigender Anzahl Stückgüter, jedoch ist der Kurvenverlauf näher am Optimum als die Zufallslösung.

Die Abkürzung DLRP steht für Distributed Logistics Routing Protocol und ist ein Framework[206] zum Austausch von Routeninformationen. Es wurde entwickelt und wird genutzt für Lösungen von Transportproblemen auf Basis der Selbststeuerung.[207] Die DLRP-Spezifikation widmet sich dabei insbesondere den wechselseitigen Abhängigkeiten der Routenentscheidungen in Transportnetzwerken zwischen transportierten Gütern und Fahrzeugen. Dabei werden die Transportbedarfe der zu transportierenden Güter und der Transportfahrzeuge ständig über Abfragen gesammelt und aktualisiert. Damit wird die Voraussetzung geschaffen, Routenentscheidungen auf Basis aktueller Umwelteinflüsse zu treffen bzw. neu zu verändern. [208] Das Ergebnis in Abbildung 17 zeigt ebenfalls eine Zunahme der Gesamtstrecke bei steigender Anzahl an Stückgütern, jedoch ist der Kurvenverlauf zunächst näher an der Zufallslösung und mit steigender Anzahl Pakete näher am Optimum. Die Kurve schneidet die Tabu-Search-Kurve bei 68 und läuft unterhalb dieser Kurve weiter.

Das bedeutet, dass DLRP in dieser Untersuchung bessere Ergebnisse geliefert hat als das herkömmliche Planungsverfahren mit Tabu-Search. Letztlich wird auch gezeigt, je komplexer das innere System

---

202 Iterativ bzw. Iteration bedeutet: Nährungsverfahren durch dessen ständige Wiederholung. vgl. Fischer, P.; Hofer, P. (2008), S.427.

203 Metaheuristik ist ein Algorithmus zur Lösung eines kombinatorischen Optimierungsproblems. vgl. Fischer, P.; Hofer, P. (2008), S.521f.

204 Zu genetischen Algorithmen vgl. Kopfer, H.; Pankratz, G., et al. (1994), S.21–31.

205 Vgl. Scheuerer, S. (2004), S.88ff. Zur Einordnung des Optimierungsalgorithmus siehe auch Brodersen, O. B. (2008), S.10.

206 Unter einem Framework ist ein vorgefertigtes Rahmenwerk zu verstehen, welches zur Problemlösung führen kann. vgl. Heinrich, L. J.; Heinzl, A., et al. (2004), S.266.

207 Zur Definition der Selbststeuerung vgl. Kapitel 2.4.1.

208 Vgl. Wenning, B.-L. (2010), S.38ff., vgl. o.V. (2010e), S.9., vgl. o.V. (2011a), S.30–34.

wird, desto besser werden die Selbststeuerungslösungen gegenüber den anderen Verfahren.

Weitere Untersuchungen zum DLRP stützen diese beispielhafte Darstellung,[209] sodass die in Kapitel 2.4.2 getroffene Aussage hinsichtlich der Eignung von Selbststeuerungssystemen für komplexe Umwelten weiter gestärkt werden kann. Darüber hinaus konnten im Forschungsprojekt AMATRAK mit der Entwicklung eines MAS der praktische Beweis mittels eines Demonstrators erbracht werden, dass Selbststeuerungssysteme Verbesserungen in der Planung erzielen können.[210]

Um einen Einblick in bestehende Selbststeuerungsansätze zu vermitteln, werden im folgenden Kapitel wesentliche Ansätze vorgestellt. Es dient gleichzeitig der Einordnung des softwarebasierten MAS aus dem Bereich der verteilten künstlichen Intelligenz.

2.4.4 Vorstellung wesentlicher Selbststeuerungsansätze

Bisher wurden durch die Ergebnisse der vorangegangenen Kapitel 2.4.2 und 2.4.3 bestätigt, dass Selbststeuerungsansätze für komplexe Umwelten geeignet erscheinen. In diesem Kapitel sollen nunmehr konkrete Ansätze beschrieben werden, um den praktischen Bezug zu Selbststeuerungssystemen herzustellen.[211] Dabei wird insbesondere das MAS vorgestellt, da es im weiteren Verlauf der Arbeit als Grundlage für die Übertragung und Anwendung eines Selbststeuerungsansatzes in der Transportlogistik dient.

Die vorgenommene Einteilung nach der Herkunft der Ansätze lehnt sich an die Einteilung der Systeme in künstliche, natürliche und soziale Systeme an, wobei jeweils bewusst nur ein Konzept genannt werden wird.[212]

---

209 Vgl. Scholz-Reiter, B.; Rekersbrink, H., et al. (2008), S.4ff.

210 Vgl. Lützen, S. (2011), S.8.

211 Vgl. Warnecke, H.-J. (1992), S.122ff., vgl. Wycisk, C. (2009), S.109ff., vgl. Gierth, A. (2009), S.39ff., vgl. Gavirey, S. (2007), S.72ff., vgl. Blecker, T.; Kaluza, B. (2004), S.6ff., o.V. (2009d), S.20–24.

212 Vgl. Malik, F. (2009), S.257.

2.4.4.1 Herkunft: Natürliche Systeme – Ansatz: Schwarmintelligenz

Der Ansatz stammt ursprünglich aus der Biologie und hat zum Ziel, das Verhalten von Tierschwärmen und staatenbildenden Insekten[213], welches dadurch gekennzeichnet ist, dass sich die Schwärme ohne vorherige Planung sehr schnell und effizient an veränderte Umweltbedingungen anpassen können, zu adaptieren.[214] Dabei wird versucht, sich mit dem Forschungsgebiet der künstlichen Intelligenz dieser hochentwickelten Form der Selbstorganisation zu nähern.[215]

2.4.4.2 Herkunft: Soziale Systeme – Ansatz: Holonic Manufacturing

Der Ansatz beruht auf Erkenntnissen der Sozialforschung und hält bereits in Produktionsnetzwerken Einzug.[216] Bezogen auf die Selbststeuerung, ist hiermit gemeint, dass ein Ganzes wieder Teil eines anderen Ganzen sein kann und damit eine Sub-Ganzheit abbilden kann. Holone[217] sind autonome Einheiten und können sich mit anderen Holonen zu Holarchien zusammenschließen und so Kooperationen bilden, wobei sie sich damit unterordnen und die Ziele der Holarchie verfolgen. Sofern die Interessen der Holonen und der Holarchie nicht aneinander angeglichen sind, entsteht eine Instabilität der Organisation.[218]

---

213 Das Verhalten von Schwärmen kann als emergentes Verhalten beschrieben werden. Es bedeutet, dass ein Verhalten von dem Einzelnen nicht bewusst beabsichtigt ist. vgl. Paetz, J. (2006), S.316., vgl. Hillmann, K.-H.; Hartfiel, G. (2007), S.179.

214 Vgl. Brodersen, O. B. (2008), S.7f., vgl. Wöhrle, T. (2011), S.9, vgl. o.V. (2010f), S.7.

215 Vgl. Engelbrecht, A. P. (2007), S.9, vgl. Gierth, A. (2009), S.41, Bonabeau, E. (2010), S.2081–2083. Zu Anwendungsbeispielen siehe o.V. (2010a), S.47., kritische Auseinandersetzung dazu siehe o.V. (2010c).

216 Vgl. o.V. (2009d), S.20–24, vgl. Reiss, M.; Ehrenmann, F. (2011), S.949-954.

217 Das Wort Holone stammt von dem griechischen Wort holos ab und bedeutet „Ganz, das Ganze, ganzes Seiendes". vgl. Grebe, P.; Drosdowski, G. (c1963 [ersch] 1974), S.271.

218 Vgl. Koestler, A.; Schoppmeier, I. (1972), S.122ff.

2.4.4.3 Herkunft: Künstliche Systeme – Ansatz: Multiagentensystem (MAS)

Selbststeuerungssysteme mittels MAS können nicht nur auf produktionslogistische Problemstellungen, sondern auch auf transportlogistische Systeme angewendet werden.[219] Hierbei werden logistische Objekte, beispielsweise Zugmaschinen, Auflieger oder Waren, mittels Informations- und Kommunikationstechnologien verbunden, sodass ein Austausch an Informationen zu Ereignissen und Zuständen und ein Verhandeln möglich werden.[220] Im Rahmen des Forschungsprojekts AMATRAK konnten mittels eines MAS deutliche Verbesserungen im Bereich der Auslastungsoptimierung und Leerkilometerreduzierung erzielt werden.[221]

MAS sind eines der drei großen Hauptgebiete der Forschung im Bereich der verteilten künstlichen Intelligenz (VKI)[222]. Unter einem Agent ist ein geschlossenes Computersystem zu verstehen, welches mittels Sensoren seine Umwelt wahrnimmt und flexibel und autonom Aktionen durchführt.[223] Dem Agent ist das Ziel seines Handelns bekannt, sodass er seinen eigenen Handlungsplan zum Erreichen des Ziels konstruieren kann.[224] Eine mögliche grobe Architektur für den Einsatz eines MAS könnte wie folgt aussehen[225]:

---

219 Vgl. Haasis, H.-D.; Kramer, H., et al. (2010), S.127-142, vgl. Specht, D.; Braunisch, D. (2010), S.860-864.

220 Vgl. Pfohl, H.-C.; Wimmer, T. (2006), S.55ff., vgl. Wycisk, C. (2009), S.111f., vgl. o.V. (2007b), S.179ff., als Anwendungsbeispiel Containerterminal, vgl. Meier, L. H. (2008), S.157ff.

221 Das Forschungsprojekt wird ausführlich in Kapitel 2.5 vorgestellt.

222 Die anderen beiden Gebiete sind „Verteiltes Problemlösen“ und „Parallele künstliche Intelligenz“. vgl. Zapf, M. (2002), S.14., zur Definition von künstlicher Intelligenz siehe auch Russell, S.; Norvig, P. (2004), S.18.

223 Vgl. Russell, S.; Norvig, P. (2004), S.55., vgl. Weiß, G.; Jakob, R. (2005), S.4.

224 Vgl. Wooldridge, M. (2009), S.15f., vgl. Zapf, M. (2002), S.13f.

225 Vgl. Koschke, R.; Herzog, O., et al. (2007), S.53ff., vgl. Dignum, V. (2009), S.21ff.

Abbildung 18: Elemente und Interdependenzen eines agentenbasierten Konzepts

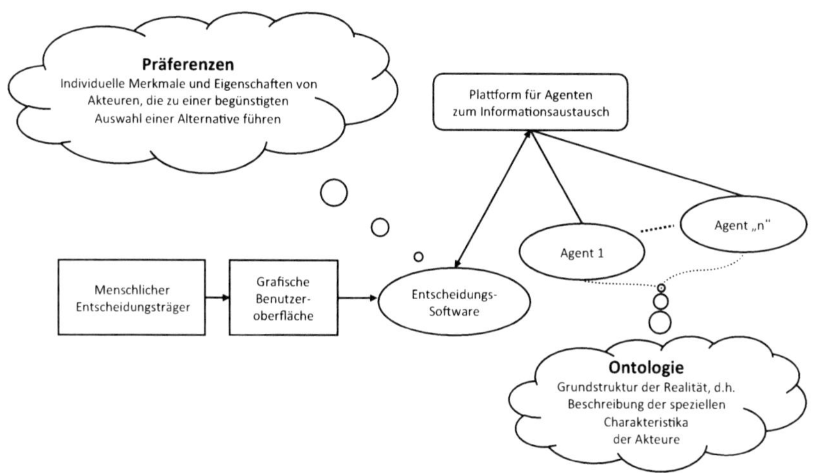

Quelle: Eigene Darstellung übersetzt und erweitert in Anlehnung Koschke, R.; Herzog, O., et al. (2007), S.54

Die Funktionsweise des in Abbildung 18 dargestellten MAS kann wie folgt beschrieben werden: Die Softwareagenten, beispielsweise Disponent, Fahrzeug oder Fahrer, sind mit einer Grundstruktur der Umwelt und eigenen Charakteristika, wie Auslastungsziele, Leerkilometervorgaben, Laderaumgrößen, Nutzlasten, Führerscheinklassen oder Lenkzeit, ausgestattet.[226] Dadurch werden sie in die Lage versetzt, autonom zu handeln. Über eine IT-Plattform können die Agenten Informationen austauschen. Die Entscheidungssoftware unterstützt diesen Austauschprozess, indem sie die notwendigen Daten für den Informationsaustausch bereithält. Mittels einer grafischen Benutzeroberfläche kann die Mensch-Maschine-Schnittstelle abgebildet werden. Hierdurch kann sogar dem Disponenten ermöglicht werden, bewusst steuernd im Sinne der Kontextsteuerung in die Planungsergebnisse einzugreifen.[227] Die wesentli-

226 Zum Aufbau des Agentensystems bei AMATRAK vgl. Kapitel 4.2.3.6.3.

227 Zur Kontextsteuerung siehe auch Kapitel 2.4.2, vgl. Zapf, M. (2002), S.21.

chen Eigenschaften, die ein Agent in einem MAS besitzen kann, werden in Tabelle 5 erläutert.[228]

Ein wesentlicher Mehrwert des MAS scheint ebenfalls in der Robustheit des dezentral agierenden Planungs- und Steuerungssystems zu liegen, da die Agenten in ihrer Funktion und Leistungsfähigkeit leicht austauschbar und anpassungsfähig sind.[229] Hierdurch wird ein Selbstheilungseffekt in den Prozessketten generiert und eine höhere Flexibilität erreicht.[230] Auf die Praxis bezogen, bedeutet dies, dass bei Störung eines Fahrzeugagenten nicht das komplette System ausfällt, sondern vielmehr die proaktive Meldung des Ausfalls als sofortige Aktion verstanden wird, beispielsweise ausschließlich die Aufträge des ausgefallenen Fahrzeugagenten neu zu disponieren.

Tabelle 5: Eigenschaften von Agenten

Eigenschaft	Beschreibung	Beispiel
Autonomie	Entscheidungsspielraum, in dem der Agent autonom handeln darf.	Der Fahrzeugagent darf aufgrund seiner Nutzlastbeschränkung entscheiden, ob er einen Auftrag mit 2 to Ladungsgewicht annimmt.
Zielorientiertes Handeln	Ziele, nach denen der Agent sein Handeln ausrichtet, insbesondere lokale Optimierungsziele.	Der Disponentenagent hat zum Ziel, Leerkilometer zu reduzieren und Lieferzuverlässigkeit zu optimieren.
Reaktivität	Umweltereignisse und Nachrichten anderer Agenten, auf die der Agent gerichtet reagieren soll.	Der Fahrzeugagent reagiert auf Staumeldungen und passt die Ankunftszeit an.

228 Vgl. Ickerott, I. (2007), S.16ff., vgl. Nissen, V.; Petsch, M. (2006), S.44f.
229 Vgl. Beer, C. d. (2008), S.36.
230 Vgl. Windt, K.; Hülsmann, M. (2007), S.8, vgl. Wycisk, C. (2009), S.121

Eigenschaft	Beschreibung	Beispiel
Gleichgewicht zwischen zielgeleitetem und reaktivem Handeln	Widerspruchsfreiheit bei Entscheidungen.	Der Disponentenagent muss entscheiden, ob der Stau ohne zusätzliche Leerkilometer umfahren werden soll. Dabei darf die Lieferzuverlässigkeit nicht gefährdet werden.
Proaktives Handeln	Grad der selbstständigen Optimierung.	Der Fahreragent meldet proaktiv Stammdatenänderungen etwa bei geänderten Öffnungszeiten beim Empfänger.
Interaktionsfähigkeit	„Soziales Handeln“ zwischen Agenten.	Die Fahrzeugagenten sind miteinander horizontal verbunden und können in Verhandlung treten.
Lernfähigkeit / Verhaltensanpassung	Festlegung der Art und Weise sowie des Grades der Lernfähigkeit der Agenten, um ihr proaktives und reaktives Verhalten zur Laufzeit selbständig zu verbessern.	Der Fahrzeugagent lernt, seine vorgegebenen Durchschnittsgeschwindigkeiten an die Gegebenheiten anzupassen.

Quelle: Eigene Darstellung, erweitert um Beispiele, in Anlehnung an Ickerott, I. (2007), S.16 ff. , Nissen, V.; Petsch, M. (2006), S.44f.

2.5 Praktische Eignungsprüfung von Selbststeuerungssystemen

Im vorangegangenen Kapitel 2.4 wurde kurz der Stand der Wissenschaft hinsichtlich der Eignung und Anwendung von Selbststeuerungssystemen dargelegt und insbesondere auf den Einsatz von MAS fokussiert. In diesem Kapitel soll nunmehr eine praktische Eignungsprüfung von Selbststeuerungssystemen vorgenommen werden. Diese Überprüfung findet exemplarisch anhand eines erfolgreich parallel zu dieser Arbeit durchgeführten Forschungs- und Transferprojektes statt.

Im Rahmen des Forschungsprojekts AMATRAK[231] wurde eigens für eine definierte Problemstellung ein MAS entwickelt und als Demonstrator beim Praxispartner STUTE implementiert und getestet. Die Inhalte des Forschungsprojekts stehen somit im direkten Zusammenhang zu dieser Arbeit hinsichtlich Übertragung und Anwendung von Selbststeuerungssystemen in der Transportlogistik. Die Funktion des Autors[232] innerhalb des Forschungsprojekts war die der inhaltlichen und fachlichen Projektleitung. Dies betraf insbesondere die Entwicklung und Implementierung der neuen Aufbau- und Ablauforganisation sowie die inhaltliche Durchführung der Tests des MAS-Demonstrators. Die nun folgende inhaltliche Darlegung des Forschungsprojekts soll eine Klammer zwischen der wissenschaftlichen Betrachtung und der praktischen Eignung bilden und dadurch den Transfer von der Wissenschaft in die Wirtschaft darlegen und ermöglichen. Die folgenden Kapitel sind inhaltlich den Projektantragsunterlagen entnommen worden. Aufgrund der Mitgestaltung bei der Erstellung der Unterlagen wird auf eine Zitierung verzichtet.

---

231 Die Abkürzung AMATRAK bedeutet „Autonome MultiAgenten TRansport Koordination".

232 Kai Barwig (Autor dieser Arbeit) ist seit 01.09.1997 bei der STUTE Verkehrs-GmbH beschäftigt, seit 01.01.2011 ist er Mitglied der Geschäftsleitung und verantwortet in dieser Funktion den Geschäftsbereich Transportlogistik.

2.5.1 Einordnung des Forschungsprojekts

Das Bundesministerium für Wirtschaft und Technologie (BMWi) hat am 15.09.2006 mit seiner Ausschreibung zum Forschungsschwerpunkt „Intelligente Logistik im Güter- und Wirtschaftsverkehr" einen wichtigen Impuls für die logistikorientierte Wirtschaft gegeben. Über 100 Projektskizzen wurden eingereicht, von denen 21 Projektideen für eine Förderung vorgesehen wurden. Das Forschungsprojekt AMATRAK ist eines der Förderprojekte im Cluster „Innovative Prozesse".[233] Es wurde in der Zeit vom 01.01.2008 bis 31.03.2011 durchgeführt.

2.5.2 Zielsetzung, Inhalte und Vorgehen des Forschungsprojekts AMATRAK

Der Straßengüterverkehr hat einen erheblichen Anteil an dem Verkehrsaufkommen in der Bundesrepublik Deutschland.[234] Zugleich reduzieren Unternehmen im Zuge des Lean-Managements ihre Lager, in der Absicht, Kosten zu sparen und innerbetriebliches Handling von Lagergut zu vermeiden. Daher lassen sie ihren Komponentenbedarf just in time anliefern. Dadurch steigt die Zahl der Transporte und der Unternehmen. Versender wie Empfänger von Warenlieferungen haben ein Interesse an der Optimierung der Transportprozesse, um zusätzliche Kosten durch mehr Warenlieferungen und ein komplexeres Transporthandling zu vermeiden.

Der Praxispartner STUTE Verkehrs-GmbH und das Institut für Seeverkehrswirtschaft und Logistik greifen diese Ausgangslage im vom Bundesministerium für Wirtschaft und Technologie (BMWi) geförderten Projekt AMATRAK im Rahmen des BMWi- Förderschwerpunkts „Intelligente Logistik im Güter- und Wirtschaftsverkehr" auf. Das Verbundvorhaben AMATRAK hatte das Ziel, den Güterverkehr durch intelligente Steuerung zu reduzieren und Fahrzeuge in der Beschaffungs- und Distributionslogistik effizienter auszulasten. Auf Basis einer Multiagenten-Technologie, die auch exemplarisch mit einer Frachtenbörse verknüpft werden konnte, wurden erstmals im betrieblichen Umfeld mithilfe einer

233 Vgl. http://www.intelligente-logistik.org, Zugriff am 10.11.2010.

234 Vgl. Kapitel 2.3.1.1.

intelligenten Tourenplanung und Disposition die gefahrenen Kilometer verringert und gleichzeitig die durchschnittliche LKW-Auslastung durch eine Versandbündelung erhöht.

Zunächst wurde auf Grundlage von Methoden der verteilten künstlichen Intelligenz ein softwarebasiertes, selbststeuerndes MAS entwickelt. Bei AMATRAK ist das MAS in der Lage, die Routenplanung und Fahrzeugbelegung in Echtzeit dezentral zu planen. Dabei werden sich ändernde Kundenauftragsdaten und Fahrzeugzustände dynamisch mit einbezogen. Im Testbetrieb bei STUTE konnten bereits deutliche Optimierungs- potentiale hinsichtlich Kilometereinsparungen und durchschnittlicher Fahrzeugauslastung nachgewiesen werden.

Zusammengefasst leistet AMATRAK einen Beitrag zur flexiblen, kosteneffizienten und verkehrsvermeidenden Optimierung der Tourenplanung bei Speditionen und Logistikdienstleistern und ist damit ein wichtiger Schritt in Richtung einer nachhaltigeren Logistik durch intelligente Verkehrskonzepte.

2.5.3 Vorstellung der Projektpartner

Das folgende Kapitel skizziert kurz die beiden Projektpartner, das Institut für Seeverkehrswirtschaft und Logistik und die STUTE Verkehrs-GmbH, um ein besseres Verständnis für die stattgefundene inhaltliche Arbeitsteilung bei den Arbeitspaketen zu erreichen und um die Ausgangslage für die Anwendung und Implementierung des MAS herzustellen.

2.5.3.1 Kurzportrait Institut für Seeverkehrswirtschaft und Logistik

Das Institut für Seeverkehrswirtschaft und Logistik (ISL) ist seit 50 Jahren eines der führenden europäischen maritimen Forschungs- und Beratungsinstitute. Es bietet an der Schnittstelle von Forschung und Anwendung ein breites Spektrum an FuE- Dienstleistungen und wissenschaftlichem Consulting an. In drei Abteilungen - Logistische Systeme, Maritime Wirtschaft und Verkehr, sowie Informationslogistik - arbeiten an den

Standorten Bremen und Bremerhaven mehr als 50 Spezialisten in interdisziplinären Projektteams an praxisnahen Vorhaben. Projektpartner sind Unternehmen der maritimen Wirtschaft, Handels-, Produktions- und Logistikunternehmen ebenso wie EU, Bund, Länder und Kommunen. Die Kernkompetenzen liegen hinsichtlich des Projekts AMATRAK insbesondere in der Konfiguration synergetischer Netzwerke, etwa für logistische Netzwerke und Supply Chains. Diese Schwerpunkte werden auch hinsichtlich eines e/m-Business orientierten Managements von Wertschöpfungsketten und der Bewertung eines ressourceneffizienten Wirtschaftens in der logistischen Kette weiter vertieft. Weiterhin ist das Institut aktiv im Anbieten kompetenter Dienstleistungen, Produkte und innovativer Forschung durch Studien und FuE-Projekte im Bereich der Informations- und Simulationstechnologien in der Transportwirtschaft durch Kombination aus fachspezifischem Wissen um die Geschäftsprozesse in Transport und Logistik, effizientem Projektmanagement und aktuellem Know-how im Bereich der Informationstechnologien. Hierbei liegen die Schwerpunkte insbesondere in der Vernetzung von IT-Systemen entlang der Transportkette auf der Basis von EDI und XML inkl. eBusiness-Funktionalitäten, MAS, IT-Systemen für Auftragsverwaltung, Disposition, Monitoring und Abrechnung für unterschiedliche Verkehrsträger, Web-basierten Anwendungen, z.B. für Tracking & Tracing und Tarifabfragen, Einsatz quantitativer Methoden (OR und Simulation) zur Planungsunterstützung und Optimierung logistischer Prozesse. Ausgewählte Projekte behandeln u.a. die Planung und Überwachung intermodaler Transportketten (z.B. durch ein aktives Event Management, u.a. auf der Basis von MAS, als Wachhund der gesamten Kette). Insbesondere beschäftigt sich das Kompetenzzentrum "Optimierung und Simulation" mit der Entwicklung von Werkzeugen und der Durchführung von Consultingprojekten für die Bereiche Produktionsnetzwerke, Häfen, intermodale Bahnterminals und Umschlaganlagen. Beispiele sind Simulationen von Güterströmen in multimodalen Netzen, Verkehrswege-Simulation zur Engpassvermeidung, Methoden und Werkzeuge zur Kapazitätsplanung von Terminals, Modelle zur Optimierung von Hafenanlaufstrategien sowie die zugehörige mathematische Optimierung und animierte 3D-Visualisierung logistischer Prozesse.

2.5.3.2 Kurzportrait STUTE Verkehrs-GmbH

Die STUTE Verkehrs-GmbH (STUTE) mit Sitz in Deutschland beschäftigt ca. 1.600 eigene Mitarbeiter und wurde 1853 durch J.A.C. STUTE gegründet. Das Traditionsunternehmen agiert in den beiden Geschäftsbereichen Transportlogistik[235] und Kontraktlogistik. Seit 1996 gehört STUTE als 100%-ige Tochter zum weltweit agierenden Logistikdienstleister[236] Kühne+Nagel.

Der Geschäftsbereich Kontraktlogistik beinhaltet schwerpunktmäßig die Bereiche Warehousing, Automotive, Consulting sowie Kühne+Nagel-Logistikprojekte. Die Dienstleistungen in diesen Bereichen erstrecken sich von der reinen Beratung, über die komplette Planung, bis hin zur termin- und budgettreuen Realisierung sowie Bewirtschaftung von kundenspezifisch gestalteten Logistikzentren. Weiterhin werden im Rahmen von Outsourcing-Projekten logistische Dienstleistungsbausteine von Kunden übernommen, optimiert und systematisch weiterentwickelt. So bewirtschaftet STUTE an über 20 Standorten Lager für Kunden in unterschiedlichsten Branchen.[237]

Im Geschäftsbereich Transportlogistik bietet STUTE in über 6 Niederlassungen und 11 Betriebsstätten in Deutschland leistungsfähige Transportsystemlösungen bis hin zur Organisation komplexer, verkehrsträgerübergreifender Transportketten an. STUTE unterhält einen eigenen Fuhrpark mit ca. 150 ziehenden LKW-Einheiten. Darüber hinaus werden alle weiteren Verkehrsträger, wie Bahn, Binnenschiff, See- und Luftverkehr, angeboten und für den Kunden optimal für sein Transportproblem konzipiert.

Im Rahmen der operativen Logistik erfolgen die Durchführung der Beschaffungsprozesse, die Disposition, Qualitätssicherung, Einlagerung, sequenzierte Zuführung in die Produktion sowie die komplette Warenwirtschaft.

---

235 Zur Einordnung des Begriffs Transportlogistik vgl. Kapitel 2.2.3.2.

236 Zur Einordnung des Begriffs Logistikdienstleister vgl. Kapitel 2.2.3.1.

237 http://www.STUTE.de/content/unternehmen/standorte.htm, Zugriff am 04.01.2011.

Sowohl auf die Beschaffung als auch auf die Distribution nimmt STUTE direkten Einfluss, mit dem Ziel der Optimierung der Logistikprozesse hinsichtlich der Durchlaufzeiten und Warenbestände.

Bezugnehmend auf Kapitel 2.2, kann bei STUTE von einem Logistikunternehmen innerhalb der Dienstleistungslogistik gesprochen werden, das sowohl Transportprozesse als auch Lagerprozesse durchführt. Reflektierend auf Kapitel 2.3, findet aufgrund der dargestellten Leistungsangebote und Kundenanforderungen die beschriebene Komplexitätsentwicklung statt. Somit war STUTE als Praxis- und Projektpartner prädestiniert für das Forschungsvorhaben und damit gleichzeitig ein Treiber des Projektes.

2.5.4 Ausgangslage und Anwendungsbereich bei STUTE

Die Ausgangssituation[238] stellt sich wie folgt dar: STUTE wird für Beschaffungs- und Distributionstransporte an mehreren Standorten in Deutschland durch unterschiedliche Kunden verantwortlich eingesetzt.[239] Eine Koordination der unterschiedlichen Verkehre erfolgt derzeit nicht, da die Transparenz zwischen den einzelnen Standorten fehlt. Die Verkehre werden von den Dispositionsstellen auf Basis bereitgestellter Kundenauftragsdaten manuell disponiert und durchgeführt. Die Geschäftstätigkeit unterliegt einer hohen Dynamik, die in erster Linie in der Zunahme unplanbarer externer Einflüsse begründet ist, die zu Improvisationen im Tagesgeschäft führen. Hieraus erwächst eine Komplexität bei der Durchführung der Logistikdienstleistung, die aufgrund nicht ausreichender Planungs- und Steuerungssysteme Einsparungspotenziale birgt, beispielsweise durch:

- ungenutzte Synergieeffekte (z.B. Verbesserung der Fahrzeugauslastung gegenläufiger paralleler Verkehre),
- ineffiziente Transportraumauslastung oder
- unnötige Mehrfahrten im Gesamtsystem.

---

238 Vgl. Haasis, H.-D.; Barwig, K., et al. (2011), S.9-11.

239 Zu Beschaffungs- und Distributionstransporten vgl. Kapitel 2.2.3.2.

Diese Potenziale sollen durch die Implementierung eines intelligenten, selbststeuernden Systems auf Basis autonomer Multiagenten-Technologie ausgeschöpft werden.

Hierfür wurden das STUTE-Unternehmensnetzwerk auf die Anwendungen von selbststeuernden Prozessen hin analysiert, bewertet und der bereits in der Produktionstechnologie bewährte und etablierte MAS-Ansatz in der heutigen IT-Systemumgebung implementiert.

2.5.5 Meilensteinplan und Arbeitspakete im Forschungsprojekt

Für die Aktivitäten und Schritte im Forschungsprojekt AMATRAK wurde ein detaillierter Meilensteinplan entwickelt.

Der Meilensteinplan bei AMATRAK beinhaltete 6 Arbeitspakete, die wiederum in Teilarbeitspakete differenziert wurden. Die folgende Abbildung 19 veranschaulicht die Arbeitspakete und deren Teilarbeitspakete.

Die abgebildeten Arbeitspakete werden in den folgenden Abschnitten erläutert und entstammen nahezu vollständig den Antragsunterlagen zum Forschungsprojekt.[240] Sie werden für die spätere Schrittfolgeentwicklung eines praktikablen Vorgehens bei der Implementierung von Selbststeuerungssystemen als Abgleich dienen.[241]

---

240 Vgl. Haasis, H.-D.; Barwig, K., et al. (2011), S.18ff.
241 Vgl. Kapitel 4.2.3.

Abbildung 19: Meilensteinplan AMATRAK

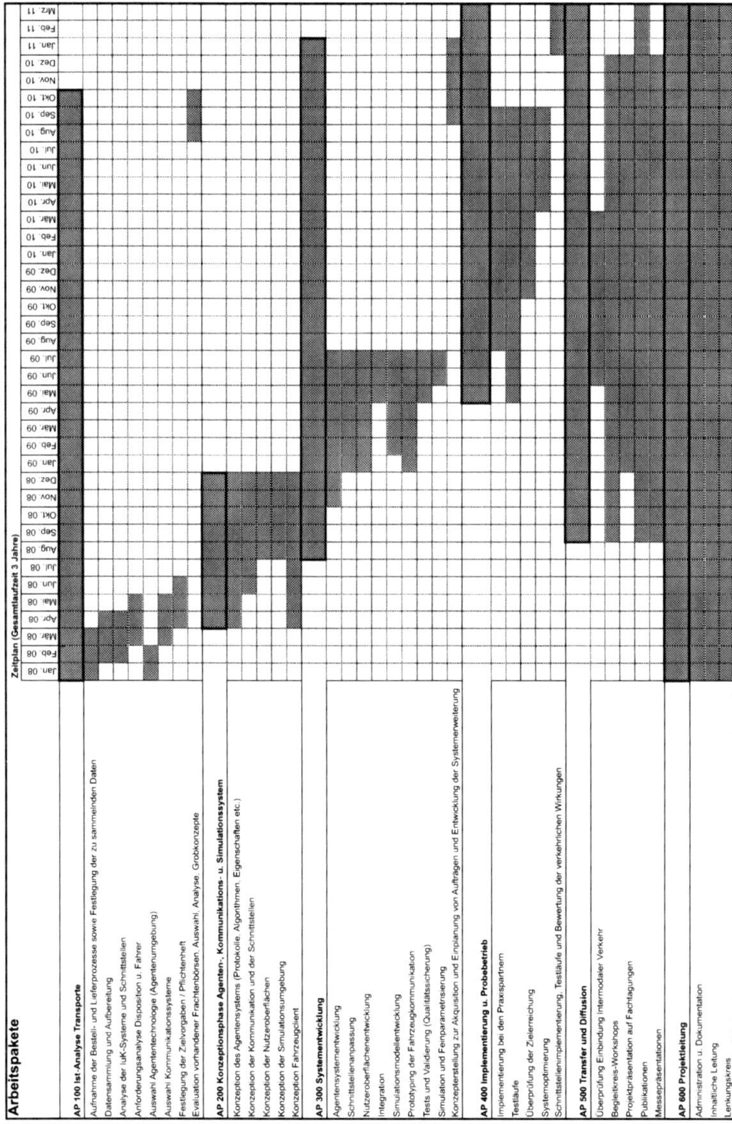

Quelle: Haasis, H.-D.; Barwig, K., et al. (2011), S.12.

2.5.5.1 AP 100 Ist-Analyse der Transporte

Federführer des Arbeitspakets 100 war STUTE. In einem ersten Schritt wurden hier im Rahmen einer Ist-Analyse[242] die Transportvorgänge bei STUTE für ihre unterschiedlichen Speditionsstandorte analysiert. Hierzu wurden detaillierte Prozessanalysen durchgeführt und die derzeit eingesetzten Softwarelösungen, Kommunikationswege sowie die verwendeten Schnittstellen untersucht. Gleichzeitig wurden die Anforderungen der Disponenten und der Fahrer identifiziert sowie geeignete Agentenframeworks und Kommunikationssysteme bzw. Plattformen für das zu entwickelnde MAS ausgewählt. Hierbei wurden Technologien und Konzepte, die zum Teil bereits im Bereich der Selbststeuerung erfolgreich verwendet werden, hinsichtlich ihrer Verwendbarkeit[243] eruiert. Aufbauend auf diesen Vorarbeiten, erfolgte eine genaue Zielvorgabe im Rahmen eines Pflichtenheftes[244] für die (Neu-)Konzeption des Tourenplanungssystems bei STUTE auf Basis einer Selbststeuerung.

Im Weiteren wurde, darauf aufbauend, zeitlich nachgelagert ein Konzept zur Akquisition geeigneter Aufträge aus webbasierten Frachtenbörsen durch das MAS erarbeitet. Für dessen exemplarische Umsetzung erfolgte hierzu in einem ersten Schritt eine Evaluation der durch STUTE genutzten und lizensierten Frachtenbörsen. Ziel hierbei war die Auswahl einer Frachtenbörse, die maximale Funktionalitäten bietet, um eine möglichst optimale Verknüpfung zwischen dem MAS- Demonstrator und der Frachtenbörse zu erzielen. In einem nächsten Schritt erfolgte die Konfiguration erster Grobkonzepte bzgl. des zukünftigen Systemintegrationsgrades zwischen Börse, Speditionssoftware und MAS-Demonstrator.

---

242 Hierzu gehören u. a. die Anzahl der Transporte, die Transportzeiten, die Transportwege, die trans- portierte Ladung, die Kapazitätsauslastung, die hinterlegten Transporttarife und die Disposition/Tourenplanung.

243 Hierzu zählen insbesondere Leistungsfähigkeit, Skalierbarkeit, Implementierungsaufwand etc.

244 Zur Definition und Einordnung des Begriffs Pflichtenheft siehe Willmer, H.; Balzert, H. (1984), S.105ff.

2.5.5.2 AP 200 Konzeptionsphase Agenten-, Kommunikations- u. Simulationssystem

Federführer des Arbeitspakets 200 war das ISL. Anhand der Zielvorgaben und der Ist-Analyse als Ergebnis von Arbeitspaket 100 erfolgte die Konzeption des Gesamtsystems. Im Einzelnen umfasste dies die Konzeption der Agentenumgebung und der Agenten[245], die Konzeption der Kommunikation zwischen den Agenten und den Schnittstellen[246], die Konzeption der Nutzeroberflächen[247] des Systems sowie die Konzeption der Simulationsumgebung.

2.5.5.3 AP 300 Systementwicklung

Federführer des Arbeitspakets 300 war das ISL. Gemäß den Konzeptionsergebnissen in AP 200 wurden hier die Komponenten des Gesamtsystems, deren Kommunikationsschnittstellen sowie die Simulationsumgebung entwickelt bzw. angepasst. Nach der Entwicklung der Nutzeroberflächen wurden diese in den Agentensystem-Demonstrator integriert. Zudem wurde die zu erweiternde Benutzeroberfläche der Speditionssoftware „active-m-ware" als Funktions- und Monitoringoberfläche konfiguriert. Parallel erfolgte die Entwicklung eines Simulationsmodells, in dem der Agentensystem-Demonstrator getestet und skaliert werden konnte. Die Testläufe und die Validierung des System-Demonstrators unterstützten die Qualitätssicherung und erlaubten anhand von Kennzahlenvergleichen eine Überprüfung der Leistungsfähigkeit des MAS-Demonstrators und damit die Quantifizierung der Systemverbesserung hinsichtlich der angestrebten Ziele.

Im Weiteren erfolgten hier die Erstellung eines Konzepts zur Einplanung und Akquisition geeigneter Aufträge aus der ausgewählten Frachtenbörse „Transporeon" durch die Software-Agenten des MAS-Demonstrators.

---

245 Hierzu gehörten Kommunikationsprotokolle, Algorithmen, etc.

246 Dies betraf insbesondere die Schnittstellen zwischen Dispositionssystem und Agentensystem.

247 Insbesondere Dispositionssystem und Agentensystem-Demonstrator.

2.5.5.4 AP 400 Implementierung und Probebetrieb

Federführer des Arbeitspakets 400 war STUTE. Basierend auf den Ergebnissen der Arbeitspakte 100 bis 300, bestand hier das Ziel in der Implementierung des MAS-Demonstrators in die betriebliche Infrastruktur bei STUTE zum Zweck der Erprobung des Demonstrators im laufenden Betrieb. Hierbei mussten die technische Funktionsfähigkeit des Systems, die Kommunikation zwischen den einzelnen Systemen, die Funktionsfähigkeit des Agentensystems sowie die organisatorischen Aspekte, wie die Praktikabilität der Tourenplanungsvorschläge und deren Annahme durch die Disponenten, getestet und überprüft werden. Im Rahmen der Erforschung des Konzepts zur Akquisition geeigneter Aufträge aus webbasierten Frachtenbörsen und dessen exemplarischer Umsetzung erfolgte in diesem Zusammenhang auch die exemplarische Systemintegration durch Schnittstellenimplementierung zwischen MAS-Demonstrator, active-m-ware und der ausgewählten Frachtenbörse Transporeon. Zeitlich parallel und iterativ rückgekoppelt, schlossen sich Testläufe an und es erfolgte die Bewertung der technischen Funktionalität des Gesamtsystems einschließlich Nachbesserungen.

2.5.5.5 AP 500 Transfer und Diffusion

Federführer des Arbeitspakets 500 war das ISL. Ergänzend zur Implementierung der Pilotanwendung beim Praxispartner wurden die Möglichkeiten zur Einbindung intermodaler Verkehre zur Versorgung bundesweiter Produktionsverbünde und Zulieferparks am Beispiel der Supply Networks bei STUTE überprüft und die Übertragbarkeit der gefundenen Lösungsansätze auf weitere Beschaffungsnetzwerke der Automobilzulieferindustrie untersucht. Des Weiteren wurde im Rahmen von Begleitkreis-Workshops und Präsentationen zeitlich parallel zum Vorhaben das Ziel verfolgt, das System weiteren Logistikdienstleistern innerhalb der Bundesrepublik Deutschland vorzustellen und die Lösung damit zu transferieren. Zudem wurde der MAS-Demonstrator durch die Projektpartner auf Fachtagungen präsentiert und in Fach- sowie Branchenzeitschriften publiziert, um weitere potenzielle Anwender auf die Projektergebnisse und auf das entwickelte System aufmerksam zu machen.

2.5.5.6 AP 600 Projektleitung

Federführer des Arbeitspakets 600 war STUTE. Während der gesamten Projektlaufzeit wurden hier die Projektfortschritte anhand eines Meilensteinplans überprüft sowie die Ergebnisse dokumentiert, um die Nachhaltigkeit der Projekterfahrung und die Weiterentwicklungsfähigkeit bzw. Verbreitung des Systems zu gewährleisten. Zur Abstimmung des Projektverlaufs fanden in regelmäßigen Abständen Lenkungskreistreffen statt, bei denen die Unterarbeitspaketverantwortlichen sowie die Federführer der Hauptarbeitspakete den Projektleitern der Verbundpartner über den Projektfortschritt berichteten. Zu den weiteren Aufgaben des AP 600 gehörten zudem die Erfüllung der administrativen Aufgaben, wie die Projektabrechnung, die Überprüfung der Auflagen seitens der Projektträger und des Bundesministeriums sowie die ordentliche Erfüllung der Berichtspflichten.

2.6 Zwischenfazit

Um erfolgreich Selbststeuerungssysteme implementieren und anwenden zu können, ist ein Grundverständnis hinsichtlich der Definition von Prozess, System und Modell unerlässlich. Die Prozesskategorien sowie deren Funktionen und Ebenen sind näher zu spezifizieren. Geschäftsprozesse, welche durch die Implementierung von Selbststeuerungssystemen dem Kunden einen Mehrwert generieren, können so identifiziert werden. Um diese Geschäftsprozesse zu strukturieren, sind die Prozesse, die zwischen den Systemelementen stattfinden, zu beschreiben. Systeme treten in vielfältiger Weise in Erscheinung, etwa in Form von Transportlogistiksystemen. Je mehr Elemente und Beziehungen in einem System vorhanden sind und je dynamischer das Verhalten der Elemente in ihren Beziehungen ist, desto komplexer kann ein System werden. Um die Komplexität beherrschbar zu gestalten, werden Systeme als Modelle abgebildet. Dabei können Modelle in Form von Modellierungssprachen grafisch abgebildet werden, beispielsweise mithilfe von UML-Diagrammen (vgl. Kapitel 2.1).

Die vermittelten Grundlagen werden zur Einordnung und Charakterisierung der Transportlogistik angewendet. Dabei werden die vorkommenden Umwelten und Akteure der Transportlogistiknetzwerke beschrieben. Anschließend wird der Transportlogistikbegriff näher spezifiziert und gegenüber den allgemeinen logistischen Systemen abgegrenzt. Wesentliche Ziele der Transportlogistik werden für die spätere Ableitung der Veränderungsnotwendigkeiten betrachtet (vgl. Kapitel 2.2).

Die stetig höheren Ziele und steigenden Ansprüche der Kunden führen zu komplexer werdenden Transportsystemen. Zukünftige Entwicklungen gehen von deutlich steigenden Verkehrsleistungen, höheren Umweltbelastungen und Ressourcenverbräuchen, steigenden Altersdurchschnitten und Fachkräftemangel sowie schnelleren Informationsbedarfen und steigenden Datenvolumina aus. Es ist davon auszugehen, dass die heutigen Planungs- und Steuerungssysteme an ihre Grenzen stoßen werden. Dabei ist die zunehmende Komplexität der Leistungserstellung eines der Hauptprobleme. Eine Lösung für die Transportlogistik kann in der Entwicklung komplexitätsreduzierender Konzepte liegen (vgl. Kapitel 2.3).

Im Bereich der Wissenschaft sind derartige komplexitätsreduzierende Konzepte u.a. auch unter dem Begriff der Selbststeuerungssysteme bekannt. Dabei bezeichnet die Selbststeuerung den Prozess der dezentralen Entscheidungsfindung in heterarchischen Organisationsformen. Hierbei wird ein eigenständiges Problemlösen der Akteure, die als Ziel die gemeinschaftliche Zufriedenheit des Gesamtsystems verfolgen, unterstellt. Die Herkunft solcher Organisationsformen ist weit gefächert. Sie existieren in natürlichen Systemen, in Form von genetischen Algorhythmen, z.B. Schwarmintelligenzen, sozialen Systemen, z.B. Holonen, oder in Form von künstlichen Systemen, z.B. MAS. Beim MAS handelt sich um Softwareprogramme aus dem Bereich der verteilten künstlichen Intelligenz, welches mittels Sensoren die Umwelt wahrnimmt und flexibel und autonom Aktionen durchführt. Dieses künstliche System soll auf die Problemstellung der Transportlogistik übertragen und implementiert werden. Für eine wirkungsvolle Problemlösung im Gegensatz zu den herkömmlichen Planungs- und Steuerungssystemen, allen voran den zentralen Steuerungssystemen, ist eine Grundsystemkomplexität Voraussetzung, d.h. es bedarf der Bestimmung eines angemessenen Komplexitätsgrades (vgl. Kapitel 2.4).

Im Kontext der Problemstellung dieser Arbeit steht das Forschungsprojekt AMATRAK, welches im Rahmen „Intelligente Logistik im Güter- und Wirtschaftsverkehr" durch das Bundesministerium für Wirtschaft (BMWi) in der Zeit von 2007 bis 2010 gefördert wurde. Das Ziel des Forschungsprojekts liegt in der Verkehrsvermeidung und effizienteren Fahrzeugauslastung in der Beschaffungs- und Distributionslogistik auf Basis des Einsatzes von MAS. Der Logistikdienstleister STUTE ist als Transferpartner in das Forschungsprojekt eingebunden. Für die Durchführung des Projekts wurde ein Meilensteinplan aufgestellt. Dieser dient der strukturierten Herangehensweise bei der Ist-Aufnahme, Konzipierung des Soll-Zustands sowie der Systementwicklung, den Tests und der Implementierung. Der Meilensteinplan wird im weiteren Verlauf der Arbeit hinsichtlich der Entwicklung eines ganzheitlichen Business Engineering-Ansatzes erneut herangezogen (vgl. Kapitel 2.5).

Das nun folgende dritte Kapitel analysiert diejenigen wissenschaftlichen Ansätze, die für die Übertragung und Anwendung von Selbststeuerungssystemen in der Transportlogistik geeignet sind, und eruiert die Anpassungsbedarfe für eine erfolgreiche Implementierung dieser Selbststeuerungssysteme. Die Anpassungen werden in Form einer Forschungslücke zusammengefasst. Konkrete Maßnahmen zur Schließung der Lücken werden im vierten Kapitel entwickelt.

3 Analyse bestehender Business Engineering-Ansätze

Im zweiten Kapitel wurde herausgearbeitet, dass die zukünftigen Entwicklungen in der Transportlogistik u.a. durch komplexitätsreduzierende Konzepte in Form von verbesserten Planungs- und Steuerungssystemen bewältigt werden können.[248] Um derartige Konzepte in der Praxis zu implementieren, bedarf es eines ganzheitlichen Übertragungsansatzes, da alle Unternehmensebenen[249] tangiert werden. Dabei ist unter einem Übertragungsansatz eine Sammlung von Modellen[250] und Methoden[251] zu verstehen, das, zusammengefasst angewendet, das Vorhaben methodisch unterstützt und zur Umsetzung bringen kann. Dementsprechend ist der BAST in den folgenden Kapiteln als Übertragungsansatz zu verstehen. Das nun folgende dritte Kapitel ist der Sondierung möglicher Übertragungsansätze gewidmet.

Um systematisch einen BAST für die Anwendung von Selbststeuerungssystemen zu entwickeln, wird zunächst der Methodenbegriff in Kapitel 3.1 erläutert, um, darauf aufbauend, einen allgemeingültigen Anforderungskatalog für geeignete Übertragungsmethoden zu erstellen.

Das Business Engineering (BE)[252] als methoden- und modellbasierte Konstruktionslehre stellt bereits unterschiedliche Ansätze für derartige Umformungsprozesse bereit.[253] Dabei baut das BE grundlegend auf den Begriffen Prozess, System und Modell auf. Die Definitionen und Grund-

---

248 Vgl. Kapitel 2.3, vgl. Kapitel 2.4.

249 Zu der Definition der Unternehmensebene Strategie, Prozess und System vgl. Kapitel 3.2.

250 Zur Definition von Modellen vgl. Kapitel 2.1.3.

251 Das Wort Methode stammt von dem griechisch- spätlateinischen Wort methodos ab und bedeutet etwa „Weg oder Gang einer Untersuchung, nach festen Regeln oder Grundsätzen geordnetes Verfahren". vgl. Grebe, P.; Drosdowski, G. (c1963 [ersch] 1974), S.438.

252 Das aus dem Englischen stammende Wort Business steht für Unternehmen. vgl. Schäfer, W.; Schäfer, M. (2004), Band1 S.124. Das Wort Engineering ist von dem englischen Wort engineer abgeleitet und bedeutet Ingenieur. vgl. Schäfer, W.; Schäfer, M. (2004), Band1 S.321.

253 Vgl. Baumöl, U.; Österle, H., et al. (2005), S.2.

lagen zu diesen Begriffen wurden eingehend im zweiten Kapitel gelegt.[254] Das BE wird im Kapitel 3.2 vorgestellt sowie deren Merkmale mit der transportlogistischen Problemstellung hinsichtlich der zukünftigen Entwicklungen abgeglichen, um die Auswahl und Eignung dieser Disziplin zu verdeutlichen.

Im Speziellen werden der St. Galler Ansatz im Kapitel 3.3 und der ARIS HOBE Ansatz im Kapitel 3.4 als die beiden einzigen ganzheitlichen Business Engineering-Ansätze detaillierter erläutert und mit dem aufgestellten Anforderungskatalog an einen geeigneten Übertragungsansatz gemäß Kapitel 3.1.2 abgeglichen. Anpassungsbedarfe werden dabei als Forschungslücken in Kapitel 3.5 herausgearbeitet und Tabelle 8 final zusammengestellt. Damit kommt ein wesentliches Ergebnisdokument zustande, welches im weiteren Verlauf der Arbeit, insbesondere im vierten Kapitel, referenziert werden wird.

3.1 Grundlagen und Anforderungen an geeignete Übertragungsansätze

In diesem Kapitel werden die Merkmale und Komponenten eines ganzheitlichen Übertragungsansatzes kurz erläutert. Darauf aufbauend, werden die inhaltlichen Anforderungen herausgearbeitet und aufgelistet, die ein geeigneter Übertragungsansatz zur Übertragung und Anwendung von Selbststeuerungssystemen in der Transportlogistik erfüllen sollte.

3.1.1 Komponenten eines ganzheitlichen Übertragungsansatzes

Um ein zielgerichtetes, systematisches und nachvollziehbares Vorgehen bei der Übertragung und Anwendung von Selbststeuerungssystemen in der Transportlogistik zu erreichen, bedarf es eines geeigneten Übertragungsansatzes. Das Metamodell und das Vorgehensmodell bilden dabei die zentralen Komponenten der Methodenkonstruktion ab und werden

---

254 Vgl. Kapitel 2.1.

durch ein auf die Modelle abgestimmtes Methodenset unterstützt.[255] Die Abbildung 20 verdeutlicht den Zusammenhang zwischen den Komponenten eines Übertragungsansatzes, wobei das Konstrukt den Grundsätzen des Method Engineerings entspricht.[256]

Abbildung 20: Komponenten und deren Elemente eines ganzheitlichen Übertragungsansatzes

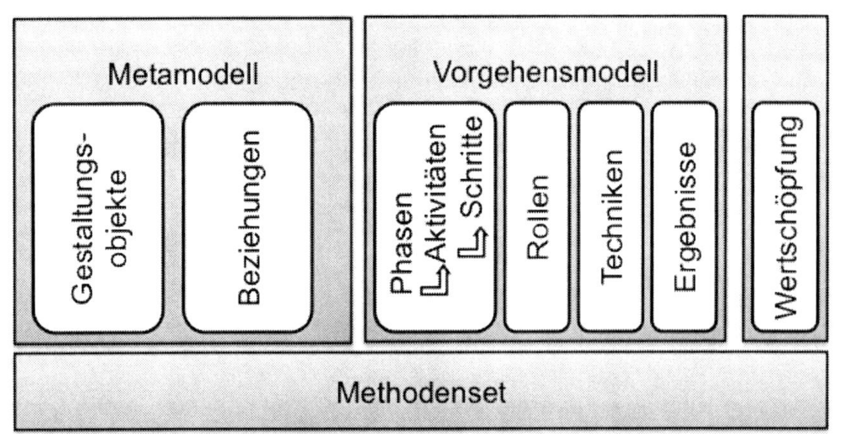

Quelle: Eigene Darstellung

Das *Metamodell* als erste Komponente ist die abstrakte, formale Beschreibung mittels eines Modells, in dem einzelne Gestaltungsobjekte[257] und deren Beziehungen zueinander abgebildet werden.[258] Aus praxisorientierter Sicht liefert ein Metamodell einen strukturierten Überblick, aus dem hervorgeht, wie die zu gestaltenden strategischen, prozessualen

255 Vgl. Höning, F. (2009), S.15.

256 Vgl. Gutzwiller, T. A. (1994), S.11ff., vgl. Thiesse, F. (2001), S.36.

257 Gestaltungsobjekte sind Elemente, die durch Ergebnisdokumente beschrieben werden. Es sind beeinflussbare Elemente innerhalb einer Aktivität, beispielsweise Markt, Leistung, Kunde oder Lieferant.

258 Vgl. Ferstl, O. K.; Sinz, E. J. (2008), S.131, vgl. Krallmann, H. (2007), S.85, vgl. Dignum, V. (2009), S.24, vgl. Kapitel 2.1.2, vgl. Kapitel 2.1.3.

und systemischen Objekte zueinander in Beziehung stehen. Dabei sind Objekte etwa der Transportmarkt Deutschland, die Transportleistung Ganzladungsverkehre oder das IT-System Speditionssoftware.

Das *Vorgehensmodell*[259] bildet die Hauptkomponente des Übertragungsansatzes. Es bringt Aktivitäten in eine sachlogische, zeitliche und phasenweise Reihenfolge und regelt die ablauforganisatorischen Inhalte. Aktivitäten sind Bündelungen von Schritten, durch die Ergebnisse generiert werden.[260] Die Methoden-Elemente Aktivität, Rolle[261], Technik[262] und Ergebnis[263] werden unter dem Begriff Vorgehensmodell subsumiert.[264]

Im Forschungsprojekt AMATRAK ist das Vorgehensmodell mit dem Meilensteinplan gleichzusetzen.[265] So wurde beispielsweise im Arbeitspaket 100 die Ist-Analyse durchgeführt.[266] STUTE übernahm dabei die Rolle der Federführung und war somit für die Durchführung der Ist-Analyse verantwortlich. Zur Beschreibung der Ist-Abläufe wurde die Technik der UML-Klassendiagramme[267] angewendet. Als Ergebnis sind Prozesslandkarten entstanden, welche u.a. die Dispositionsabläufe widerspiegeln.

---

259 Ein Vorgehensmodell organisiert einen Prozess in verschiedene, strukturierte Phasen. Deshalb wird in der Literatur auch von Phasenmodellen gesprochen. vgl. Stein, T. (1996), S.68ff., vgl. Stahlknecht, P.; Hasenkamp, U. (2005), S.214-222.

260 Vgl. Gnatz, M. (2005), S.39, vgl. Krallmann, H. (2007), S.135f.

261 Zusammenfassung von Aktivitäten aus Sicht des Aufgabenträgers. vgl. Gutzwiller, T. A. (1994), S.12-13.

262 Detaillierte Handlungsanweisungen für die Erstellung der Ergebnisdokumente. vgl. Höning, F. (2009), S.121ff., vgl. Schmidt, G. (2000), S.23.

263 Im Sinne von Ergebnisdokumenten.

264 Vgl. Schmidt, G. (2000), S.33., S. 65ff., S.89.

265 Zum Meilensteinplan AMATRAK vgl. Kapitel 2.5.5.

266 Weitere Details zum Arbeitspaket 100 vgl. Kapitel 2.5.5.1.

267 Weitere Details zu UML vgl. Kapitel 2.1.3.3.3.

Die Komponente *Wertschöpfung* bzw. der Stakeholder Value[268] ist ein wesentlicher Bestandteil einer jeden Geschäftslösung. Nur dann, wenn durch die angebotene Geschäftslösung der Kunde einen Nutzen erkennt, wird diese Lösung von ihm auch angenommen. Mögliche Zusatznutzen oder Wertschöpfungen können z.B. Flexibilität, Skaleneffekte oder Prozessverbesserungen sein.[269]

Das *Methodenset* bildet als letzte Komponente das Fundament für die Modellierung des Übertragungsansatzes. Zudem subsummiert es unterschiedliche Werkzeuge zur Umsetzung des Übertragungsansatzes und vereint somit alle Methoden der Methodenkonstruktion, die das Metamodell und das Vorgehensmodell bei der Erstellung und Realisierung unterstützen. Hierzu zählen beispielsweise das Projektmanagement, die Simulationen, das Supply-Chain-Management oder das Wissensmanagement.[270]

Auf Basis dieser Grundlagen sind nunmehr die inhaltlichen Anforderungen an den ganzheitlichen Übertragungsansatz herauszuarbeiten, wobei sich die Konzentration auf die zentralen *Komponenten Metamodell, Vorgehensmodell und Methodenset* richtet. Die darüber hinaus genannten *Elemente Gestaltungsobjekte, Beziehungen, Aktivitäten, Rollen, Techniken und Ergebnisdokumente* sind untergeordnete Komponenten des Meta- und Vorgehensmodells und werden im Rahmen der jeweiligen Komponente behandelt. Der Zusatznutzen im Sinne der Wertschöpfung wurde bereits bei den Zielen der Transportlogistik ausführlich behandelt.[271] Das Methodenset wird bei der anstehenden Analyse und Weiterentwicklung ebenfalls eine untergeordnete Rolle spielen, da ein umfangreicher Fundus an Instrumenten und Werkzeugen zur Verfügung steht, der vielmehr auf das Vorhaben reduziert und fokussiert werden wird.

---

268 Unter Stakeholder ist in diesem Kontext der Kunde zu verstehen, für den Geschäftslösungen etabliert werden. vgl. Cooke, S.; Slack, N. (1984), S.56. Unter Value sind der Nutzen bzw. der Mehrwert zu verstehen. Frei übersetzt, kann somit beim Stakeholder Value vom Kundennutzen, von der Wertschöpfung oder vom Mehrwert gesprochen werden.

269 Hinsichtlich weiterer Zusatznutzen vgl. Kapitel 2.2.4.

270 Zu weiteren Methoden vgl. Kapitel 3.3.3 und 3.4.3.

271 Vgl. Kapitel 2.2.4.

3.1.2 Anforderungen an einen geeigneten BAST

Im vorangegangenen Kapitel 3.1.1 wurde herausgearbeitet, aus welchen Bestandteilen ein ganzheitlicher Übertragungsansatz bestehen kann und wie die dazugehörigen Komponenten in einer Methodenkonstruktion zusammenwirken. In diesem Kapitel sollen nun die wesentlichsten Anforderungen eruiert werden, die Übertragungsansätze erfüllen sollten, um speziell für die Übertragung und Anwendung von Selbststeuerungssystemen in der Transportlogistik eingesetzt werden zu können. In den vorangegangenen Kapiteln 2.3 bis 2.5 wurden hierzu bereits Aussagen zu den zentralen Merkmalen von Selbststeuerungssystemen getroffen, die stichpunktartig im Folgenden aufgeführt werden:

- Selbststeuerungssysteme können als strategische Maßnahme verstanden werden, mit der komplexe Probleme gelöst werden können.[272]
- Selbststeuerungssysteme zergliedern die Planungsaufgabe in überschaubare Teilaufgaben, die dezentral gelöst werden, sodass Prozesse angepasst werden müssen.[273]
- In Selbststeuerungssystemen wird die Organisation durch Geschäftsregeln legitimiert und reguliert.[274]
- Selbststeuerungssysteme werden durch den Einsatz von Informationssystemen, beispielsweise durch den Einsatz von MAS, implementiert.[275] Dabei werden MAS in vorhandene IT-Umwelten bei den Logistikdienstleistern implementiert.[276]
- Selbststeuerungssysteme setzen eine bestimmte Komplexität voraus bzw. liefern ab einer bestimmten Komplexität bessere Planungsergebnisse als herkömmliche Planungs- und Steuerungssysteme.[277]

---

272 Vgl. Kapitel 2.3.2.
273 Vgl. Kapitel 2.4.1.
274 Vgl. Kapitel 2.4.2.
275 Vgl. Kapitel 2.3.1.4.1.
276 Vgl. Kapitel 2.5.5.3.
277 Vgl. Kapitel 2.4.2 und Kapitel 2.4.3.

Diese Merkmale werden nun in konkrete *Anforderungen an einen geeigneten BAST (AnfoBAST)* überführt und nachfolgend begründet. Im weiteren Verlauf der Arbeit werden im Kapitel 3.2 ausgewählte vorhandene Übertragungsansätze auf ihren Erfüllungsgrad hinsichtlich der aufgestellten Anforderungen hin überprüft.

AnfoBAST 1 - Strategische Ebenen im Unternehmen mit einbeziehen

Wie bereits in Kapitel 2.3.2 erläutert, stoßen die heutigen Planungs- und Steuerungssysteme an ihre Grenzen. Neue innovative Steuerungskonzepte können zur Reduzierung der Komplexitätsbewältigung eingesetzt werden. Für das Unternehmen bedeutet diese Entwicklung etwa mögliche Anpassungsbedarfe hinsichtlich vorhandener Geschäftsszenarien. Es müssen Untersuchungen durchgeführt werden, wie sich die Geschäftsfelder aufgrund der veränderten Umweltbedingungen des Unternehmens entwickeln und wie deren zukünftige Ausrichtungen zu gestalten sind.

Diese Überlegungen finden auf den strategischen Ebenen im Unternehmen statt, sodass der BAST die Strategieebene einbeziehen muss.

AnfoBAST 2 - Geschäftsprozesse anpassen

Selbststeuerungssysteme üben einen direkten Einfluss auf stattfindende Abläufe aus und kreieren Prozessveränderungen. Für eine Selbststeuerung sind Prozesse geeignet, die einer entsprechenden Wiederholungsrate unterliegen.[278] Es ist somit zu eruieren, welche Prozesse unter diese Kategorie fallen. Dabei sollte eine Harmonisierung der Kunden- und Dienstleisterprozesse erfolgen, um eine gezielte Verzahnung der Abläufe zu realisieren. Als Ergebnis werden Prozesse mit hohem Kundenvorteil implementiert, die Blindleistungen aus nicht abgestimmten Vorgängen minimieren.[279]

---

278 Vgl. Kapitel 2.1.1.
279 Vgl. Töpfer, A. (2008), S.209.

Der BAST muss demnach dazu geeignet sein, prozessuale Veränderungen zu erkennen, sie zu konzipieren und zu implementieren.

AnfoBAST 3 - Geschäftsregeln etablieren

Wie in Kapitel 2.4 beschrieben, ist die Selbststeuerung durch die dezentrale Entscheidungsfindung geprägt. Dies wird durch die untergeordnete Ebene der Subsysteme[280] möglich, da auf dieser Ebene durch Selbstregelungsmechanismen die Entscheidungsfindungen stattfinden und als gültiges Gesamtergebnis an die Systemebene gemeldet werden. Dabei wird die Selbstregelung innerhalb bestimmter Richtlinien, Vorgaben und Regeln realisiert. Innerhalb dieses Rahmens finden partielle Selbstregelungen statt, die in einem entsprechenden Regelwerk abgebildet werden müssen und so für geordnete Abläufe sorgen.[281]

Für die Praxis bedeutet die Einführung der Geschäftsregeln, dass beispielsweise das Wissen und Vorgehen des Disponenten bei der Zuordnung der Aufträge zu Fahrzeugen als Regelwerk abgebildet werden ´müssen. Regelungsbeispiele hierzu wären:[282]

- Welcher Fahrer darf welche Fahrzeuge fahren?
- Welche Zugmaschine passt zu welchem Auflieger?
- Dürfen Subunternehmer eingesetzt werden?

Der BAST muss im Rahmen der Prozessausarbeitung ein Regelwerk bereitstellen, nach dem die Abläufe und Entscheidungen koordiniert werden.

---

280 Zum Begriff Subsystem vgl. Kapitel 2.1.2.1.

281 Vgl. Wycisk, C. (2009), S.108-109, vgl. Malik, F. (2009), S.127ff, S.147ff., vgl. Strukelj, F. (2009), S.79ff., vgl. Endl, R. (2004), S.10ff., vgl. Klaus, O. (2005), S.10.

282 Vgl. Haasis, H.-D.; Barwig, K., et al. (2011), S.61.

AnfoBAST 4 - MAS als Informations- und Kommunikationssystem einsetzen

Durch das Forschungsprojekt AMATRAK[283] wurde nachgewiesen, dass durch den Einsatz von computergestützten Informations- und Kommunikationssystemen Selbststeuerungssysteme wertschöpfend in die Transportlogistik implementiert werden können. Der Selbststeuerungsansatz wurde dabei mittels Multiagenten-Technologien umgesetzt.

Deshalb muss der BAST die Konzeption und Entwicklung eines Agentensystems beinhalten, welches in der Lage ist, Prozesse selbststeuernd in bestehenden Umwelten zu integrieren.

AnfoBAST 5 - Vorhandene IT-Umwelten berücksichtigen

Die Berücksichtigung der vorhandenen IT-Umgebungen, bestehenden Strukturen und unterstützenden Systeme bildet eine Grundvoraussetzung für die Weiterentwicklung und den Anknüpfungspunkt für Veränderungen in der IT-Umwelt.[284]

Bezogen auf die Praxis, sollte demnach der Übertragungsansatz berücksichtigen, dass bei den Kunden und Logistikdienstleistern bereits IT-Umwelten vorhanden sind und somit eingebunden werden müssen. Das MAS ist mittels IT-Schnittstellen in diese Umgebung zu integrieren. Diese Notwendigkeit ist in einer Ist-Analyse und Soll-Konzeption im BAST aufzunehmen.

AnfoBAST 6 - Wirtschaftlichkeit steigern

Selbststeuerungssysteme greifen erst ab einer bestimmten Komplexitätsstufe, d.h. nicht alle logistischen Herausforderungen können mit Selbststeuerungssystemen wertschöpfend verbessert werden.

283 Zu AMATRAK vgl. Kapitel 2.5.

284 Vgl. Bender, K. (2005), S.21f.

Im BAST ist eine Methodik vorzusehen, die den Grad der Selbststeuerung bzw. den Grad der Komplexität feststellt. Es sind Aussagen zu tätigen, inwieweit durch die Implementierung von Selbststeuerungssystemen die Wirtschaftlichkeit[285] verbessert werden kann.[286]

AnfoBAST 7 - Projektmanagement anwenden

Die Projektierung von Selbststeuerungssystemen ist ein Vorgang, der sich über sämtliche Unternehmensebenen und Fachabteilungen erstreckt. So müssen etwa strategische Entscheidungen zur Einführung getroffen sowie Geschäftsprozesse umgestaltet werden. Die Fachabteilungen für Informatik, die operativen Bereiche sowie die Geschäftsführung müssen in den Prozess involviert werden, um das Projekt erfolgreich umsetzen zu können. Dies erfordert eine ganzheitliche Koordination, welche nur über ein durchgängiges Projektmanagement gewährleistet werden kann. Hierbei sind insbesondere die Aufgaben, Verantwortlichkeiten, benötigten Sachmittel, Informationen und Ressourcen detailliert zu planen.[287] Das Projektmanagement ist als Methode im BAST unerlässlich.

Die folgende Tabelle 6 fasst noch einmal die aufgestellten AnfoBAST zusammen und gibt in Kurzform den Inhalt der Anforderung wieder. Die dargestellten AnfoBAST verdeutlichen, dass nicht nur technologische Aspekte, wie das MAS, berücksichtigt werden müssen, sondern auch strategische und organisatorische Gesichtspunkte, beispielsweise Prozessveränderungen, Geschäftsregeln oder Unternehmensorganisation, in den BAST mit einfließen. Die nun folgenden Kapitel werden die Übertragungsansätze hinsichtlich ihrer Eignung für die Übertragung und Anwendung von Selbststeuerungssystemen in der Transportlogistik prüfen. Dabei übernehmen die aufgestellten AnfoBAST in Tabelle 6 eine wesentliche Rolle, da durch den Abgleich dieser Anforderungen mit den

---

285 Unter der Wirtschaftlichkeit soll in diesem Zusammenhang in erster Linie die Verbesserung des finanziellen Resultats des Unternehmen durch eine verbesserte Tourenplanung und eine damit einhergehende Auslastung- und Streckenoptimierung verstanden werden.

286 Vgl. Beer, C. d. (2008), S.120f.

287 Vgl. Schmidt, G. (2000), S.125ff.

Komponenten der BE-Ansätze festgestellt werden kann, inwieweit Lücken für eine ganzheitliche Umsetzung vorhanden sind. Diese Lücken gilt es mit geeigneten Maßnahmen zu schließen.

Tabelle 6: Übersicht über die AnfoBAST

Anforderung	Kurzerläuterung
AnfoBAST 1 Strategische Ebene im Unternehmen einbeziehen	Selbststeuerungssysteme führen zu neuen oder angepassten Geschäftsszenarien, die auf strategischen Unternehmensebenen entwickelt werden.
AnfoBAST 2 Geschäftsprozesse anpassen	Selbststeuerung wird maßgeblich die heutigen Geschäftsprozesse im Unternehmen verändern.
AnfoBAST 3 Geschäftsregeln etablieren	Selbststeuerung funktioniert nur mit Richtlinien, Vorgaben und Regeln.
AnfoBAST 4 MAS als IuK-Systeme einsetzen	Selbststeuerung wird mittels einer Applikation, z.B. mittels eines MAS, umgesetzt.
AnfoBAST 5 Vorhandene IT-Umwelten berücksichtigen	Das MAS als neue Applikation muss in vorhandene IT-Umwelten eingebettet werden.
AnfoBAST 6 Wirtschaftlichkeit steigern	Selbststeuerung wirkt nur ab einem bestimmten Komplexitätsgrad wirtschaftlicher als herkömmliche Planungs- und Steuerungssysteme.
AnfoBAST 7 Projektmanagement einführen	Die Einführung von Selbststeuerungssystemen ist sehr umfangreich und bedarf eines strukturierten Vorgehens im Sinne eines durchgängigen Projektmanagements.

Quelle: Eigene Darstellung

3.2 Eingrenzung geeigneter Übertragungsansätze

In dem nun folgenden Kapitel wird das Business Engineering (BE) zunächst definiert und in die repräsentativen Lehren der Ingenieur- und Wirtschaftswissenschaften eingeordnet. Hierzu werden insbesondere die Merkmale des Bes betrachtet, da das Wissen über die Herkunft, den Aufbau und die Methodik des BEs essenziell für die Ableitung eines neuen Übertragungsansatzes ist. Die Merkmale des BEs werden den AnfoBAST zugeordnet, um die grundsätzliche Eignung des BEs zu überprüfen.

Anschließend werden die in der Literatur vorkommenden BE-Ansätze auf die ganzheitlichen Ansätze St. Galler-Ansatz und ARIS HOBE eingegrenzt. Diese beiden Ansätze werden detailliert vorgestellt und auf Basis der Komponenten und Elemente des Übertragungsansatzes mit den AnfoBASTs abgeglichen.[288] Mögliche Anpassungen und Erweiterungen werden im Rahmen einer Forschungslücke zusammengefasst.

3.2.1 Definition und Einordnung des BEs

Unter dem BE ist „...die methoden- und modellbasierte Konstruktionslehre für Unternehmen...“[289] zu verstehen, die ihre stattfindenden Geschäftsprozess-veränderungen aufgrund IT-Innovationen ingenieurmäßig erschließen und umsetzen wollen. Das BE sorgt bei diesem Transformationsvorhaben für ein strukturiertes, prozessorientiertes und ingenieurmäßiges Vorgehen.[290]

Das BE beinhaltet bewährte Management- und Systementwicklungskonzepte und vereint so die Management- und Organisationslehre, das

---

288 Zu den Komponenten und Elemente eines ganzheitlichen Übertragungsansatzes vgl. Kapitel 3.1.1.

289 Vgl. Österle, H.; Winter, R. (2000), S.7f.

290 Vgl. Österle, H. (1995), S.14. Der Begriff Transformation wird im Rahmen des Business Engineerings verwendet und beschreibt die Phase der Veränderung des Unternehmens vom Industriezeitalter zum Informationszeitalter.

Controlling, das Qualitätsmanagement, das System- und das Software-Engineering in einem gemeinsamen interdisziplinären Ansatz.[291]

Abbildung 21: Inhaltliche Einordnung des BEs zwischen Informatik und BWL

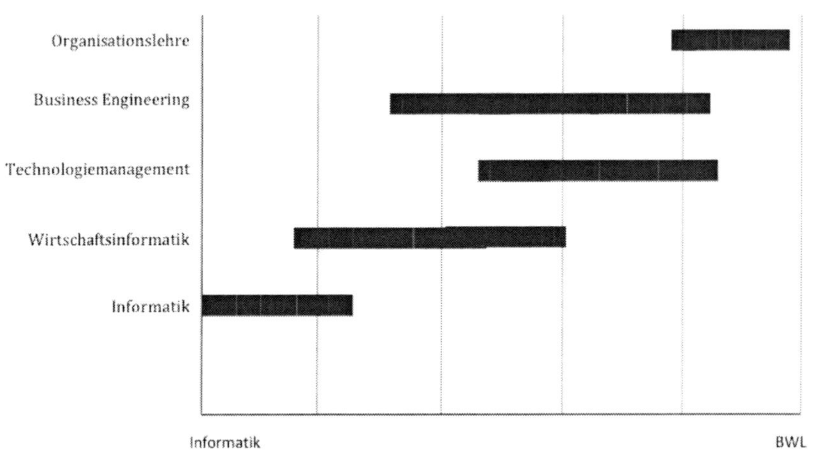

Quelle: Eigene Darstellung nach Österle, H.; Winter, R. (2000), S.14

Abbildung 21 präsentiert die grafische Einordnung der fünf repräsentativen Lehren der Ingenieur- und Wirtschaftswissenschaften, zu denen das BE ebenfalls zählt. Dabei widmet sich die Organisationslehre sehr stark der betriebswirtschaftlichen Komponente und vernachlässigt die technische Umsetzung. Die Informatik stellt den extremen Gegenpol dar. Sie widmet sich nahezu ausschließlich der technischen Umsetzung. Die Wirtschaftsinformatik und das Technologiemanagement hingegen sind zwei Disziplinen, die sich von den Extrempositionen entfernen und die jeweils anderen Ausprägungen in überschaubaren Bereichen stärker einschließen.[292] Der Spagat zwischen zu informatiklastigen und zu organisatorisch geprägten Disziplinen wird durch das BE besonders gut ab-

291 Vgl. Österle, H. (1995), S.27-28, vgl. Kapitel 3.2.1.

292 Vgl. Mertens, P. (1998), S.5-6.

gedeckt, da es die beiden wichtigen Fächer Informatik und Betriebswirtschaftslehre in einer Disziplin nahezu vereint.[293]

Ein weiterer wesentlicher Faktor für die Anwendung des BEs ist die Einbindung der verschiedenen Gestaltungsebenen in einem Unternehmen, d.h. das BE wirkt auf strategischer, prozessualer und systemischer Ebene. In der Literatur werden stets drei Ebenen des BEs klassifiziert, die in Abbildung 22 dargestellt sind:

Abbildung 22: Ebenen des Business Engineerings (BEs)

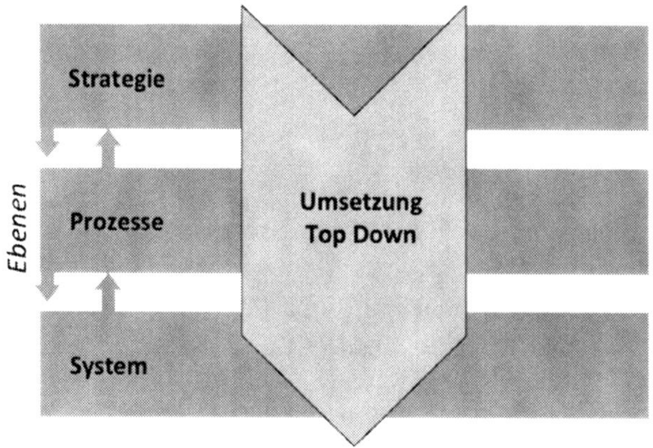

Quelle: Österle, H.; Blessing, D.(2000), S.1

Die Schwerpunktebene bildet die Geschäftsprozessebene, da die ablauforganisatorischen Änderungen am stärksten auf dieser Ebene wirken und von den strategischen und systemischen Entwicklungen und Vorgaben unterstützt und geleitet werden. Die Prozessebene wirkt somit als Bindeglied zwischen Strategie- und Systemebene.[294]

---

293 Vgl. Österle, H.; Winter, R. (2000), S.13-15.

294 Vgl. Österle, H. (1995), S.21. Hinsichtlich weiterer Beschreibungen der Gestaltungsebenen vgl. Österle, H.; Winter, R. (2000), S.12., vgl. Österle, H. (1995), S.16.

3.2.2 Merkmale des BEs und Übertragung auf die AnfoBAST

In diesem Kapitel erfolgt der Abgleich der BE-Merkmale gemäß den Ausführungen von Österle mit den AnfoBAST, um das BE als geeignete Disziplin zu überprüfen.[295]

Die Implementierung von Selbststeuerungssystemen beeinflusst sämtliche Ebenen des Unternehmens.[296] Es werden strategische Veränderungen durch Markt- und Kundenanforderungen notwendig. Des Weiteren sind umfangreiche prozessuale Veränderungen aufgrund neuer Ablauforganisationen vorzunehmen sowie informationstechnische Veränderungen aufgrund neuer Applikationen zu implementieren. Dieser ebenenübergreifende Transformationsprozess muss ganzheitlich methodisch unterstützt werden.

Das BE verbindet Elemente aus Management- und Systementwicklungskonzepten, die durch ein ingenieurmäßiges Vorgehen angewendet werden. Dies ist eine wichtige Eigenschaft für den beschriebenen Transformationsprozess. Die wesentlichen Quellen, aus denen sich das BE bedient sind die Strategieentwicklung, strategische Informationssysteme, Total Quality Management, System- und Software Engineering, Organisationsmethodik, Controlling und Innovationsmanagement.[297] Diese Methodiken prägen das BE in seinen Merkmalen. Sie sind in Abbildung 23 komprimiert dargestellt und werden hinsichtlich ihrer Anwendbarkeit auf die Übertragung und Anwendung von Selbststeuerungskonzepten hin überprüft und zugeordnet.

---

295 Vgl. Österle, H. (1995), S.30-31.

296 Siehe hierzu die gestellten Anforderungen an einen Übertragungsansatz für Selbststeuerungssysteme im Kapitel 3.1.2.

297 Vgl. Österle, H. (1995), S.27-28.

Abbildung 23: Gegenüberstellung BE-Merkmale und AnfoBAST

Wesentliche Merkmale des BEs	AnfoBAST 1 Strategische Ebene im Unternehmen einbeziehen	AnfoBAST 2 Geschäftsprozesse anpassen	AnfoBAST 3 Geschäftsregeln etablieren	AnfoBAST 4 MAS als IuK-Systeme einsetzen	AnfoBAST 5 Vorhandene IT-Umwelten berücksichtigen	AnfoBAST 6 Wirtschaftlichkeit steigern	AnfoBAST 7 Projektmanagement einführen	Begründung der Zuordnung
Prozess als Schlüssel zur Veränderung		X						Die Einführung von Selbststeuerungskonzepten wird maßgeblich die heutigen Abläufe verändern.
Informationstechnik als Enabler[1] der Innovation				X				Selbststeuerung durch den Einsatz von Multiagentensystemen in Kombination mit neuen Planungssystemen und Algorithmen zur Tourenplanung in Anlehnung an AMATRAK[2]
Verbindung von Strategie, Prozess und Informationssystem	X	X	X	X	X			Alle Ebenen des Unternehmens werden durch die Implementierung eines Selbststeuerungskonzeptes berührt.
Fokussierung auf wettbewerbsentscheidende Prozesse		X						Transportprozesse gehören zu den Kernkompetenzen von Transportunternehmen in Logistiknetzwerken. Durch diese Kompetenz können sich die Unternehmen von ihrem Wettbewerb abgrenzen. Somit sind diese Prozesse wettbewerbsentscheidende Prozesse.[3]
Ausrichtung der Prozesse auf den Kundennutzen	X	X			X	X		Eine intensivere Verflechtung der Kundenprozesse mit den unternehmerischen Geschäftsprozessen ist notwendig, um Selbststeuerungskonzepte zu implementieren, da Selbststeuerung mehr Informationstransparenz benötigt. Diese Transparenz ist durch engere Kundenbindung möglich.[4]
Vernetzte Organisation selbstständiger Einheiten				X				Selbststeuerungskonzepte haben dieses Merkmal als Basisvoraussetzung. Die zu beherrschende Komplexität und Dynamik entsteht durch stärkere Vernetzung der Beteiligten, die dezentral Entscheidungen treffen.

[1] Unter Enabler ist übersetzt der „Ermöglicher" zu verstehen. Erst durch den Einsatz Informationstechnik ist es möglich, die Innovation umzusetzen.
[2] Zu AMATRAK vgl. Kapitel 2.5.
[3] Zu Prozessen vgl. Kapitel 2.1.1.1.
[4] Vgl. Kapitel 2.4.1.

Quelle: Erweiterte Darstellung um AnfoBAST und Begründung; Merkmale nach Österle, H. (1995), S.30-31.

Durch den erfolgten Abgleich in Abbildung 23 kann konstatiert werden, dass das BE mit seinen Merkmalen überwiegend die AnfoBAST tangieren, wobei AnfoBAST 7 – „Projektmanagement einführen" nicht berücksichtigt wird. Die dargestellten Quellen, insbesondere die Organisationsmethodik, lassen jedoch den Rückschluss zu, dass die diese Anforderung durch Anpassungen und Erweiterungen des BEs erfüllt werden kann. Die Übereinstimmungen in den anderen Positionen ist deutlich erkennbar, sodass das BE für die Auswahl eines geeigneten Übertragungsansatzes angewendet wird.[298]

3.2.3 Eingrenzung geeigneter BE-Ansätze

In diesem Kapitel werden die Vielzahl der in der Literatur vorkommenden BE-Ansätze eingegrenzt sowie eine Auswahl der näher zu untersuchenden Ansätze vorgenommen. Die gewonnenen Erkenntnisse hinsichtlich des Aufbaus der BE-Ansätze unterstützen dabei den Auswahlprozess sowie die spätere Weiterentwicklung eines BAST.

Der BAST sollte, wie bereits in Kapitel 3.1 dargelegt, ganzheitlich auf die Unternehmensorganisation wirken, d.h. es sollten sowohl die strategischen Ebenen als auch die operativen und informationstechnischen Ebenen eingebunden werden.[299] Ganzheitlich bedeutet in diesem Zusammenhang weiterhin, dass nicht nur alle Gestaltungsebenen umfassend und durchgängig miteinander verknüpft sind, sondern auch, dass die Komponenten des Übertragungsansatzes vollständig ausgeprägt und anwendbar sind.

In der Literatur finden sich lediglich zwei ganzheitliche Forschungsansätze mit der Bezeichnung „Business Engineering".[300] Zum einen ist es das Forschungsprogramm „St. Galler Ansatz des Business Engineering", insbesondere vertreten durch die Arbeiten von Österle am Institut für Wirtschaftsinformatik in St. Gallen.[301] Zum anderen existiert der von Scheer entwickelte Ansatz „Architektur integrierter Informationssysteme"

298 Vgl. Knopp, E. (2004), S.74.
299 Vgl. Reitbauer, S. F. (2009), S.170.
300 Vgl. Österle, H.; Blessing, D. (2004), S.7–17.
301 Vgl. Österle, H.; Winter, R. (2000), S.7f.

(ARIS), welcher durch die fortwährenden Weiterentwicklungen zum „House of Business Engineering" (HOBE) migrierte und sich in der ganzen Breite unter ARIS HOBE durchgesetzt hat.[302]

Neben den beiden genannten Ansätzen ist eine Reihe weiterer Architektur- und Modellierungsansätzen in der Literatur zu finden, die unter die methoden- und modellbasierte Konstruktionslehre fallen. Höning hat in seiner Arbeit über zuvor definierte Kriterien[303] neun weitere Ansätze identifiziert und die Ganzheitlichkeit der Gestaltungsebenen sowie die Vollständigkeit hinsichtlich der Komponenten eines Übertragungsansatzes untersucht.[304] Alle genannten Ansätze weisen jedoch Lücken hinsichtlich der Komponenten Metamodell, Vorgehensmodell und Methodenset auf. Er leitet jedoch im Rahmen seiner Arbeit aus diesen Ansätzen ein Kernmethodenset ab, welches für den weiteren Verlauf dieser Arbeit übernommen wird und unter dem St. Galler Ansatz dargestellt wird.[305]

Damit richten sich die fortfolgenden Kapitel auf die Überprüfung der BE-Ansätze St. Gallen und ARIS HOBE hinsichtlich ihrer Eignung zur Übertragung und Anwendung von Selbststeuerungssystemen in der Transportlogistik. Dabei werden die Überprüfungsschwerpunkte auf das Metamodell, das Vorgehensmodell und das Methodenset gelegt, da diese drei Komponenten die Kernelemente eines Übertragungsansatzes darstellen, wobei der Fokus auf dem Vorgehensmodell als Hauptbestandteil des Übertragungsansatzes liegen wird.[306] Ein Abgleich dieser Kernelemente zu den AnfoBAST, die in Kapitel 3.1.2 eingehend beschrieben werden, führt abschließend zur Ableitung einer Forschungslücke, die im Kapitel 3.5 erfolgt.

---

302 Vgl. Scheer, A.-W. (1998), S.3.

303 Die Kriterien sind: a) Die Ansätze müssen in der Literatur ausreichend aufgenommen sein, b) Sie müssen sowohl wissenschaftlich als auch praktisch angewendet oder beachtet worden sein, c) Vorhandensein der drei Gestaltungsebenen Strategie, Prozess und System, d) Reifegrad von mind. 2 nach der dreiteiligen Klassifizierung von Henderson-Sellers/Edwards. vgl. Höning, F. (2009), S.18.

304 Bei der Beurteilung orientiert sich Höning an den Merkmalen des Methoden-Engineerings sowie an den Gestaltungsebenen des BEs. vgl. Kapitel 3.1.

305 Vgl. Höning, F. (2009), S.36.

306 Zur Erläuterung der Komponenten vgl. Kapitel 3.1.1.

3.3 St. Galler Ansatz des BEs

Dieses Kapitel legt die Grundlagen hinsichtlich des Verständnisses des St. Galler Ansatzes.[307] Es wird zunächst das Metamodell mit seinen Gestaltungsobjekten erläutert. Dabei wird einerseits erkennbar, welche Objekte überhaupt gestalterisch beeinflussbar sind, andererseits, welche Objekte notwendig sind, um ebenenübergreifende Prozesse in einem Unternehmen implementieren zu können. Zum besseren Verständnis werden Beispiele zu den Gestaltungsobjekten skizziert, die den praktischen Bezug zur Implementierung von Selbststeuerungssystemen in der Transportlogistik herstellen sollen. Daran anschließend wird das Vorgehensmodell mit seinen Aktivitäten vorgestellt. Abschließend werden die unterschiedlichen Instrumente des Methodensets erläutert, welche für die Umsetzung des Vorgehensmodells benötigt werden. Die einzelnen Elemente[308] werden stets mit den aufgestellten AnfoBAST verprobt, um festzustellen, inwieweit die Anforderung durch das Element tangiert und damit für die weitere Entwicklung benötigt wird.

3.3.1 Metamodell

In diesem Kapitel wird das Metamodell der St. Galler Ansatzes dargestellt. Aus Gründen der Übersichtlichkeit wird sich hierbei auf das vereinfachte Modell nach Österle beschränkt.[309] Es werden insgesamt 12 Gestaltungsobjekte auf den drei Unternehmensebenen präsentiert.

---

307 Der Grundstein des St. Galler Ansatzes des Business Engineerings wurde Mitte der 1990er Jahre in Zusammenarbeit zwischen der Universität St. Gallen und der Unternehmensberatung The Information Management Group (IMG) gelegt. Die IMG wurde in 2007 vom österreichischen IT-Dienstleister S&T AG gekauft. vgl. http://www.computerwoche.de/management/it-services/586268/, Zugriff am 28.07.2010.

308 Zur Unterscheidung der Komponenten und deren Elemente vgl. Kapitel 3.1.1.

309 Vgl. Abbildung 24.

Abbildung 24: Vereinfachtes Metamodell St. Gallen

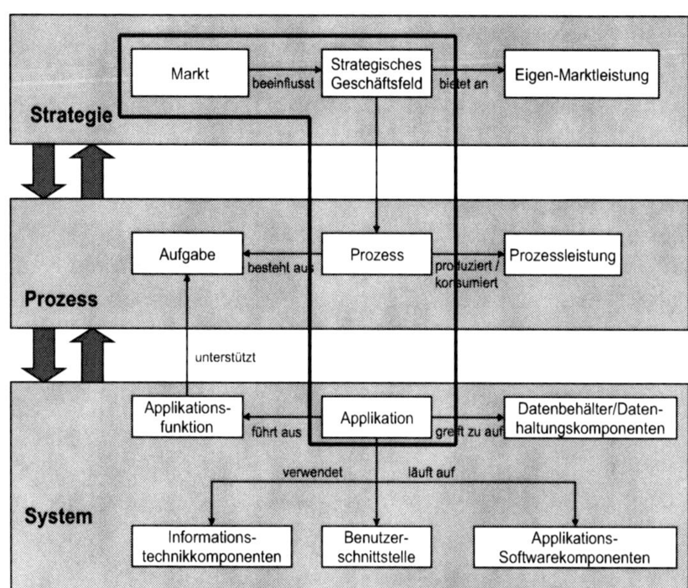

Quelle: Eigene Darstellung, ergänzt nach Österle, H.; Winter, R. (2000), S.1

Die Kerngestaltungsobjekte des Metamodells sind Markt, strategisches Geschäftsfeld, Geschäftsprozess und Applikation, da sie nicht weiter aggregiert werden. Sie sind schwarz umrandet. Alle anderen Elemente sind Unterelemente der genannten Kernelemente.[310]

Fortfolgend werden nun alle Gestaltungsobjekte gemäß Abbildung 24 näher betrachtet und erläutert, wobei die Kapitel gemäß den vier Kerngestaltungsobjekten benannt sind.

310 Das Kernmodell enthält 46 Gestaltungsobjekte und entspricht der Detaillierung des aggregierten Modells. vgl. Österle, H.; Winter, R., et al. (2007), S.192.

3.3.1.1 Markt

Das Gestaltungsobjekt Markt besteht aus den weiteren Gestaltungsobjekten Geschäftspartner und Fremd-Marktleistung, die aufgrund der vereinfachten Darstellung hier nicht abgebildet sind. Das Gestaltungsobjekt Geschäftspartner kann weiter in die Akteure[311] Kunde, Mitbewerber und Lieferant differenziert werden, die wiederum alle ihre eigenen Geschäftspartnerprozesse ausführen und so entsprechende Geschäftsbeziehungen eingehen können.[312] Die Fremd-Marktleistung wird durch die Prozesse der Akteure produziert oder konsumiert.[313] Bei der Leistungsherstellung ist die optimale Fertigungstiefe zu bestimmen, d.h. es ist abzuleiten, welche Teilleistungen das Unternehmen selbst erbringt (Eigen-Marktleistung) und welche fremd vergeben werden (Fremd-Marktleistung).[314]

Auf dem Transportlogistikmarkt übertragen, sind die angesprochenen Geschäftspartner etwa der Kunde als Auftraggeber oder der Dienstleister als Spediteur. Die Fremd-Marktleistung aus Sicht des Kunden ist beispielsweise der Transport vom Absender zum Empfänger.

Durch die Einführung des Selbststeuerungssystems können die Fremd-Marktleistungen beeinflusst werden, da die zugrundeliegenden Prozesse durch die Selbststeuerungssysteme verändert werden. Die Marktleistung „Transportdurchführung" kann durch den Einsatz eines MAS verbessert werden,[315] da auf unvorhersehbare Einflüsse, wie Wartezeiten oder Auftragsverschiebungen, optimal reagiert werden kann.

Aus den obigen Erkenntnissen kann abgeleitet werden, dass das Gestaltungsobjekt Markt für die weitere Fortschreibung des Metamodells notwendig ist, da es für die strategische Ausrichtung des Unternehmens benötigt wird und somit AnfoBAST 1 – „Strategische Ebene im Unternehmen einbeziehen" berücksichtigt.

---

311 Vgl. Kapitel 2.2.2.

312 Die Phasen sind Pre-Sale, Execution und After Sale. vgl. Suter, A. (2004), S.161.

313 Vgl. Winter, R. (2011), S.17.

314 Vgl. Porter, M. E. (1989), S.310-313.

315 Vgl. Haasis, H.-D.; Barwig, K., et al. (2011), S.71.

3.3.1.2 Strategisches Geschäftsfeld

Als Geschäftsfeld wird eine Produkt-Markt-Relation bezeichnet, für die ein Markt vorhanden ist bzw. entwickelt werden kann.[316] Im letzteren Fall spricht man vom strategischen Geschäftsfeld (SGF).[317] Das Gestaltungsobjekt Geschäftsfeld zergliedert sich in die Objekte Eigen-Marktleistung[318], Kundensegment[319] und Kooperationskanal[320], wobei die Marktleistung über den Kooperationskanal ausgetauscht und in Geschäftsprozessen verwendet wird.

Ein Produkt bei STUTE in der Transportlogistik ist beispielsweise die Durchführung von Komplettladungsverkehren.[321] Der Markt, in dem STUTE dieses Produkt anbietet, ist u.a. die Stahlbranche. Daraus ergibt sich das Geschäftsfeld Stahltransporte. Die Eigen-Marktleistung besteht in der Durchführung der Transporte mit eigenem Fuhrpark, wobei das Kundensegment die produzierenden und weiterverarbeitenden Industrien umfasst. Der Vertrieb der Marktleistung findet größtenteils telefonisch, bei größeren Aufträgen sogar im persönlichen Gespräch vor Ort statt.

Damit ist das Gestaltungsobjekt Geschäftsfeld das Fundament für die Anwendung von Selbststeuerungssystemen. In Geschäftsfeldern wirken derartige Konzepte und können ihren Nutzen stiften. Durch den Einsatz eines MAS können in der Praxis die steigenden Kundenbedürfnisse, beispielsweise nach Transparenz in der Leistungserstellung oder der Transportkostenreduzierung, befriedigt und dadurch die Kundenzufriedenheit verbessert werden.[322]

---

316 Vgl. Schulte-Zurhausen, M. (2010), S.84-85.

317 Vgl. Wöhe, G.; Döring, U. (2008), S.94.

318 Vgl. Porter, M. E. (1989), S.310-313.

319 Endabnehmer der Marktleistung. vgl. Müller-Stewens, G.; Lechner, C. (2005), S.160ff.

320 Vertriebskanäle, durch welche die anzubietende Marktleistung den Kunden erreicht. vgl. Porter, M. E. (1989), S.317-318

321 Vgl. Kapitel 2.5.3.2.

322 Vgl. Ergebnisse des Forschungsprojektes AMATRAK in Kapitel 2.5.

Das Gestaltungsobjekt Geschäftsfeld wird ebenfalls zur strategischen Ausrichtung des Unternehmens benötigt, da es zur Definition beiträgt, welche Geschäftsfelder mit dem Einsatz eines MAS erschlossen werden können. AnfoBAST 1 wird hierdurch ebenfalls berücksichtigt.

3.3.1.3 Geschäftsprozess

Die drei Gestaltungsobjekte Aufgabe, (Geschäfts-)Prozess und Prozessleistung bilden wesentliche Elemente der Ablauforganisation[323] ab, wobei Prozesse[324] aus Aufgaben bestehen und das Ergebnis des Prozesses die Prozessleistung ist. Gerade im Hinblick auf die Unterstützung bei der Durchführung von Aufgaben ist eine wesentliche Schnittstelle zu den Informationssystemen zu erkennen, da die Aufgabendurchführung durch Software unterstützt werden kann.

Ein Praxisbeispiel dazu: Der Geschäftsprozess „Disposition einer LKW-Tour“ besteht u.a. aus den Aufgaben „Auftrag erfassen“, „Tour planen“ und „Tour auf LKW disponieren“. Die daraus folgende Prozessleistung als Output des Geschäftsprozesses ist die Tour, die der LKW anschließend physisch durchführt. Dies ist ebenfalls die Eigen-Marktleistung, wenn die Tour mit dem eigenen Fuhrpark durchgeführt wird, oder die Fremd-Marktleistung, wenn die Tour fremd vergeben wird.[325]

Die oben genannten Gestaltungsobjekte werden durch die Implementierung von Selbststeuerungssystemen wesentlich beeinflusst und sind somit in das zukünftige Metamodell aufzunehmen. Es werden insbesondere AnfoBAST 2 – „Geschäftsprozesse anpassen“ hierdurch berücksichigt.

---

323 Vgl. Picot, A.; Dietl, H., et al. (2005), S.25f., vgl. Bea, F. X.; Göbel, E. (2006), S.343f.

324 Zur Prozessdefinition vgl. Kapitel 2.1.1.

325 Zur vollständigen Aufgabenkette vgl. Kapitel 2.1.3.3.2.

3.3.1.4 Applikation

Das Gestaltungsobjekt Applikation stellt die Anwendungssoftware[326] dar. Die Applikationsfunktion beschreibt dabei die Funktionen der Software, die bei der Durchführung von Transaktionen notwendig sind, etwa Stammdatenverwaltung, Auftragserfassung oder Abrechnung.[327] Übertragen auf das Selbststeuerungssystem, ist das MAS als eine Applikation bzw. ein Teil einer Applikation zu bezeichnen.[328]

Die Applikation verwendet Informationstechnik-Komponenten, welche die Infrastruktur, wie Hardware[329] und Netzwerk[330], repräsentieren. Weiterhin benötigt die Applikation eine Datenhaltungskomponente, welche mittels Datenbanksystemen Informationen speichert.[331]

Angewendet auf die Praxis, bedeutet dies, dass die MAS-Software auf einem Server installiert und die PCs der Disponenten via hausinternem Netzwerk mit dem Server verbunden werden. Auf separaten Festplatten werden die angelegten Fahraufträge gespeichert und archiviert.

Die Applikationssoftwarekomponenten operieren auf Datenelementen, beispielsweise Auftragserfassungsmodule oder Dispositionsmodule, und unterstützen somit die Aktivitäten der Geschäftsprozesse.

Unter Benutzerschnittstellen sind Dateneingabemedien und -ausgabemedien definiert, u.a. Tastatur, Bildschirm, Drucker oder mobile

326 Die Anwendungssoftware gliedert sich weiter auf in Individual- und Standardsoftware, wobei die Standardsoftware in funktionsübergreifende, funktionsbezogene oder Branchen-Software unterteilt wird. vgl. Mertens, P. (1998), S.13.

327 Vgl. Österle, H. (1995), S.286., S.306.

328 Vgl. Kapitel 2.4.4.3.

329 „Hardware ist der Oberbegriff für alle materiellen Komponenten eines Computersystems." vgl. Gumm, H.-P.; Sommer, M., et al. (2006), S.31.

330 Die wichtigsten Komponenten eines Netzwerkes sind ein netzwerkfähiger Rechner mit netzwerkfähigem Betriebssystem, Datenleitungen im Sinne von Datenfernübertragungswegen (DFÜ) und Protokolle im Sinne eines definierten Datenaustausches zwischen den Rechnern. vgl. Mertens, P. (1998), S.34-36.

331 Vgl. Elmasri, R. A.; Navathe, S. B., et al. (2009), S.18.

Datenterminals, also Hilfsmittel zur Kommunikation zwischen Software und Anwender.[332]

Insbesondere die Ebene System und deren Gestaltungsobjekte sind intensiv von der Implementierung eines Selbststeuerungssystemes betroffen, da nahezu alle genannten Elemente von der Implementierung des MAS betroffen sein werden. Insofern sind auch diese Gestaltungsobjekte weiter aufzunehmen. Sie decken insbesondere AnfoBAST 4 – „MAS als IuK-Systeme einsetzen“ und AnfoBAST 5 – „Vorhandene IT-Umwelten berücksichtigen“ ab.[333]

Abschließend ist zum Metamodell St. Gallen festzuhalten, dass alle vorgestellten Gestaltungsobjekte des vereinfachten Modells übernommen und fortgeführt werden. Das Metamodell ist jedoch zu ergänzen, da es keine Gestaltungsobjekte zu AnfoBAST 3 – „Geschäftsregeln etablieren“ und AnfoBAST 6 – „Wirtschaftlichkeit steigern“ enthält. AnfoBAST 7 – „Projektmanagement einführen“ gehört nicht zu den beeinflussbaren Gestaltungsobjekten eines Metamodells und kann deshalb in dieser Komponente des Übertragungsansatzes nicht berücksichtigt werden.

3.3.2 Vorgehensmodell

Nahezu jeder BE-Ansatz hat eigene Vorgehensmodelle.[334] Das übergreifende Vorgehensmodell für den St. Galler Ansatz wird in Abbildung 25 präsentiert. Es entspricht dem Vorgehensmodell des Methodenkerns des Business Engineerings.[335]

Dieses Vorgehensmodell besteht aus 4 Phasen, wobei die Phase 1 der strategischen Ebene, die Phase 2 der prozessualen Ebene und die Phasen 3 und 4 der systemischen Ebene zugeordnet sind. Die Phasen werden im Folgenden kurz veranschaulicht.

---

332 Vgl. Österle, H. (1995), S.318., vgl. Mertens, P. (1998), S.10-11.

333 Zu den Inhalten der genannten Anforderungen 4 und 5 vgl. Kapitel 3.1.2.

334 Vgl. Kapitel 3.1.1.

335 Vgl. Höning, F. (2009), S.94f.

Abbildung 25: Vorgehensmodell St. Galler Ansatz

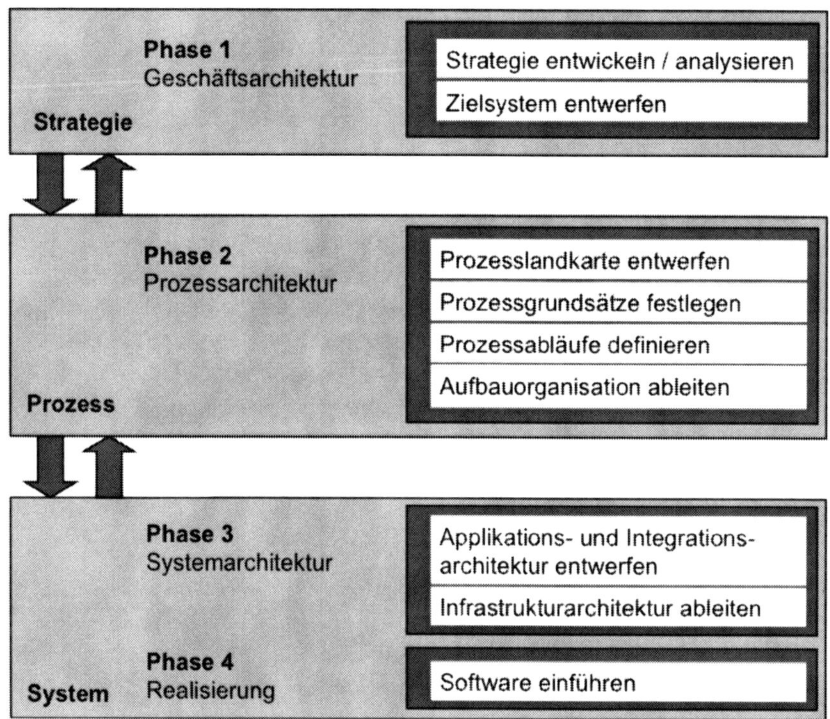

Quelle: Eigene Darstellung in Anlehnung an Höning, F. (2009), S.117

Phase 1 – Geschäftsarchitektur

Die Phase1 Geschäftsarchitektur ist der Ebene Strategie zugeordnet und bildet den Ausgangspunkt des Vorgehens, in dem die Position, Leistung, Strategie und Ziele des Unternehmens entwickelt und analysiert werden.

Aus dem Strategieentwurf[336] ergeben sich als Ergebnisse die Definition der strategischen Geschäftsfelder, in denen das Unternehmen zukünftig tätig werden möchte, sowie die Abbildung des Geschäftsnetzwerks mit seinen Marktteilnehmern und deren Marktleistungen.[337]

Die Motivation zur Implementierung eines Selbststeuerungssystems ergibt sich u.a. aus der steigenden Komplexität in Transportlogistiknetzwerken. In dieser Phase sollte geprüft werden, inwieweit für die vorhandenen Geschäftsfelder neue Planungs- und Steuerungssysteme eingeführt werden müssten, welche Akteure betroffen wären und welche Ziele durch diese Innovation erreicht werden sollten. Weiterhin kann in dieser Phase geprüft werden, ob neue, strategische Geschäftsfelder hinzugewonnen werden können, wenn beispielsweise ein MAS eingeführt werden würde. Diese Elemente sind Bestandteile von AnfoBAST 1 und AnfoBAST 6, da sie strategisch und wertschöpfend ausgelegt sind.[338]

Phase 2 – Prozessarchitektur

Die Phase 2 Prozessarchitektur ist der Ebene Prozess zugeordnet. Die genannten Aktivitäten definieren jegliche Form von Geschäftsprozessen im Rahmen der Ablauforganisation und sorgen für die korrekte Ressourcen- und Kapazitätsplanung im Rahmen der Aufbauorganisation. [339]

Prozesslandkarten liefern einen grafischen Überblick über die wesentlichen Unternehmensprozesse und vermitteln Auskünfte zu den entscheidenden Geschäftspartnerprozessen und deren Leistungsaustausch.[340] Der Geschäftsprozess wird durch die Implementierung von

336 Vgl. Kapitel 3.3.3, vgl. Höning, F. (2009), S.134ff., vgl. Müller-Stewens, G.; Lechner, C. (2005), S.708ff.

337 Der Strategieentwurf dient als Input für das Führungs- bzw. Zielsystem und wird als Ergebnis in Form der Balanced Scorecard abgebildet. vgl. Müller-Stewens, G.; Lechner, C. (2005), S.159, vgl. Höning, F. (2009), S.123-124, vgl. Kapitel 3.3.1.

338 Zu den Inhalten der genannten Anforderungen vgl. Kapitel 3.1.2.

339 Vgl. Schmidt, G. (2000), S.338ff.

340 Vgl. Schmelzer, H. J.; Sesselmann, W., et al. (2010), S.82ff., Abbildung 3, vgl. Abbildung 4.

Selbststeuerungssystemen stark beeinflusst werden, sodass neue Prozesslandkarten erstellt werden müssen.[341]

Prozessgrundsätze legen im Sinne eines Grundsatzes die Rahmenbedingungen fest, unter denen Geschäftsprozesse ablaufen. Die Gestaltung der Prozessabläufe muss sich nach diesen Spielregeln richten.[342] Unter dem Gesichtspunkt der Selbststeuerung sind derartige Spielregeln von höchster Wichtigkeit, da ohne ein festes Regelwerk eine uneingeschränkte Autonomie vorliegen würde, die nicht sicherstellen kann, dass alle Entscheidungen auch im Unternehmensinteresse liegen und gefällt werden.[343] Rationelle Entscheidungen in der Auftragsdisposition werden zukünftig durch den Einsatz eines MAS durchgeführt. Dieses System braucht klare Regeln. Dies ist in AnfoBAST 3 hinsichtlich Eignung eines Übertragungsansatzes ebenfalls manifestiert worden.[344]

Als weitere Ergebnisse werden in dieser Phase die Prozessabläufe im Sinne der Ablauforganisation, beispielsweise in Form von Aufgabenkettendiagrammen,[345] sowie der Aufbauorganisation im Rahmen von Stellenbeschreibungen und Organigrammen definiert und abgeleitet.[346]

Die Phase 2 entspricht in ihren wesentlichen Zügen den Arbeitspaketen 100 und 200 des Forschungsprojekts AMARTRAK.[347] Sie berücksichtigt AnfoBAST 2, da in dieser Phase die Anpassung von Geschäftsprozessen vorgenommen wird.[348]

Phase 3 – Systemarchitektur

Die Phase 3 Systemarchitektur ist der Ebene System zugeordnet. Die ausgewiesenen Aktivitäten tragen zur Vorbereitung der IT-technischen

341 Vgl. Kapitel 3.1.2.
342 Vgl. Höning, F. (2009), S.174-178.
343 Vgl. Kapitel 2.4.2.
344 Vgl. Kapitel 3.1.2.
345 Beispiel und Definition eines Aufgabenkettendiagramms vgl. Kapitel 2.1.3.3.2.
346 Vgl. Müller-Stewens, G.; Lechner, C. (2005), S.444ff., vgl. Höning, F. (2009), S.178-191, vgl. Kapitel 2.1.3.3.2.
347 Vgl. Kapitel 2.5.5.1 und Kapitel 2.5.5.2.
348 Zu den Inhalten der genannten Anforderungen vgl. Kapitel 3.1.2.

Realisierung und zur Implementierung der zuvor geplanten Prozesse bei. Als Ergebnisse dieser Aktivität werden Entwürfe der Applikations-, Integrations- und Infrastrukturarchitektur ausgearbeitet.[349]

AnfoBAST 4 und AnfoBAST 5 werden in dieser Phase berüksichtigt, da in dieser Phase die Konzeption und Systementwicklung des MAS vorgenommen werden.[350]

Das MAS wird mithilfe der Aktivitäten dieser Phase für die Realisierung und Implementierung vorbereitet. Vergleichbare Inhalte sind in den Arbeitspaketen 200 und 300 des Forschungsprojekts AMATRAK enthalten, die sich intensiv der Konzeption und Entwicklung des Systems widmen.[351]

Phase 4 – Realisierung

Die Phase 4 ist ebenfalls der Ebene System zugeordnet. Das Ziel ist die technische und organisatorische Implementierung der Prozesse. Im Ergebnis liefert die beschriebene Aktivität Aufgabenbeschreibungen und Programmiervorgaben zur Umsetzung der Prozesse in eine Softwarelösung.[352]

Inhaltlich kann die Phase 4 mit den Arbeitspaketen 300 und 400 des Forschungsprojekts AMATRAK verglichen werden.[353] Hinsichtlich der aufgestellten Anforderungen wird insbesondere AnfoBAST 5 berücksichtigt, da das MAS in die bestehende IT-Umwelt implementiert werden muss.

Abschließend ist festzuhalten, dass AnfoBAST 7 – „Projektmanagement einführen" nicht im Vorgehensmodell berücksichtigt wird. Es ist entsprechend zu erweitern.

---

349 Vgl. Höning, F. (2009), S.121-123.

350 Zu den Inhalten der genannten Anforderungen vgl. Kapitel 3.1.2.

351 Vgl. Meilensteinplan AMATRAK, Kapitel 2.5.5.

352 Vgl. Höning, F. (2009), S.208-215, vgl. Anforderung 5 hinsichtlich Eignung eines Übertragungsansatzes im Kapitel 3.1.2.

353 Vgl. Kapitel 2.5.5.3 und Kapitel 2.5.5.4.

3.3.3 Methodenset

Nachdem in den vorangegangenen Kapiteln 3.3.1 und 3.3.2 das Metamodell und das Vorgehensmodell hinsichtlich ihres Aufbaus und Inhalts erläutert wurden, werden nun die Methoden vorgestellt, mit deren Hilfe die beeinflussbaren Gestaltungsobjekte innerhalb einer Aktivität geformt werden können.

In Abbildung 26 werden die derzeitigen Methoden des St. Galler Ansatzes des Business Engineerings präsentiert und den Gestaltungsebenen zugeordnet, wobei die Aufzählung keine feststehende Reihenfolge bildet und zementiert.

Abbildung 26: Methodenset des St. Galler Ansatzes

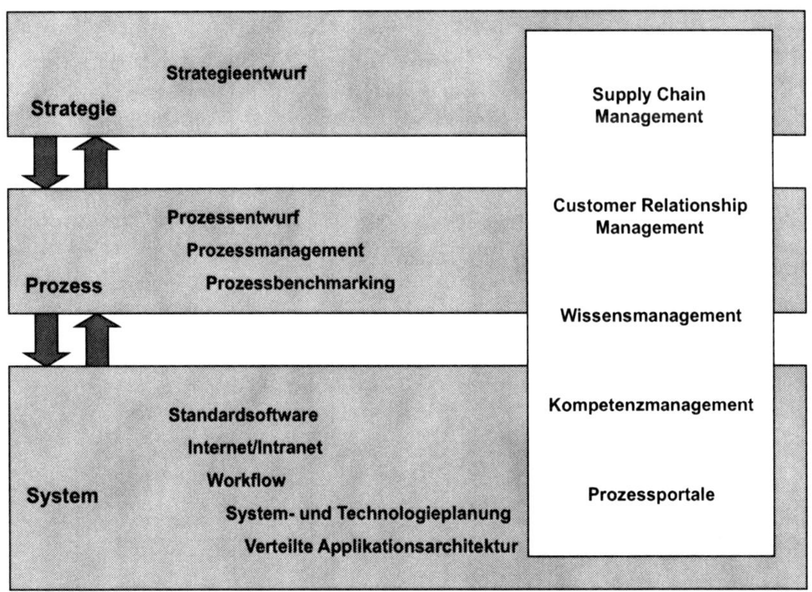

Quelle: Höning, F. (2009), S.9

Bestimmte Methoden können konkreten Ebenen zugewiesen werden. Andere Methoden, beispielsweise das Wissensmanagement, sind ebenenübergreifend einsetzbar und verbinden diese. Um ein besseres Verständnis für die genannten Methoden und ihre Wirkung zu generieren, werden in der Abbildung 27 die Methoden kurz erläutert und mit den aufgestellten AnfoBAST abgeglichen.

Die Zuordnung wurde aufgrund des Abgleichs der Beschreibungen der Anforderungen gemäß Kapitel 3.1.2 mit den inhaltlichen Erläuterungen der Methoden vorgenommen. Beispielsweise wird die Methode Prozessentwurf im Rahmen der Entwicklung der Phase 2 – Prozessarchitektur bei der Identifikation, Entwicklung und Umsetzung von Geschäftsprozessen und Geschäftsregeln benötigt. Gleiches gilt etwa für die Methode System- und Technologieplanung. Sie wird im Rahmen der Phase 3 – Systemarchitektur benötigt, um die Konzeption und Entwicklung des MAS voranzutreiben und dabei vorhandene IT-Umwelten zu berücksichtigen.[354]

Anhand des AnfoBAST-Abgleichs kann festgestellt werden, dass alle Methoden sinnvoll bei der Implementierung von Selbststeuerungssystemen eingesetzt werden können. Die Anforderungen hinsichtlich Geschäftsregeln etablieren (AnfoBAST 3), Wirtschaftlichkeit steigern (AnfoBAST 6) sowie Projektmanagement (AnfoBAST 7) einführen werden nicht berücksichtigt. Sie sind im weiteren Verlauf der Arbeit zu ergänzen.

354 Vgl. Abbildung 25 und Abbildung 26.

Abbildung 27: Erläuterung Methodenset St. Galler Ansatz und AnfoBAST-Abgleich

Methode	Erläuterung	AnfoBAST 1	AnfoBAST 2	AnfoBAST 3	AnfoBAST 4	AnfoBAST 5	AnfoBAST 6	AnfoBAST 7	Begründung der Zuordnung	Literaturquellen
Strategieentwurf	Aussagen zu Unternehmensentwicklung, möglichen Geschäftsfeldern, strategischen Allianzen oder Wettbewerbspositionierung	X							Neue Geschäftsszenarien sind aufgrund der Einführung von Selbststeuerungssystemen zu entwickeln	Vgl. Österle, H.; Winter, R. (2000), S.12-13, vgl. Rüegg-Stürm, J. (2005), S.39-41, vgl. Höning, F. (2009), S.30, vgl. http://www.img-j.co.jp/upload/Ablage_000350_Methodology_100507_451.pdf, S.3, Zugriff am 28.07.2010.
Prozessentwurf	Identifikation, Entwicklung und Umsetzung von Geschäftsprozessen		X						Vorhandene und neue Geschäftsprozesse, etwa Dispositionsabläufe, sind anzupassen und zu entwickeln	Vgl. Hess, T. (1996), S.9-16, vgl. Höning, F. (2009), S.40.
Prozessmanagement	Ausrichtung der Abläufe, Organisation und IT-Systeme an den Geschäftsprozessen des Unternehmens		X						Aufgrund der angepassten Geschäftsprozesse sind Organisation und IT-Umgebung auf die Veränderungen hin anzupassen	Vgl. Muschter, S. (1999), S.7, vgl. Becker, J. (2008), S.4-8, vgl. Häberle, S. G. (2008) Band N-Z, S.1056-1057, vgl. Höning, F. (2009), S.40.
Prozessbenchmark	Stellt vergleichbare Prozesse einander gegenüber, um so den bestmöglichen Lösungsansatz zu entwickeln		X			X			Unterstützt bei der Architektur der bestmöglichen Prozesse, beispielsweise Soll-Ist-Vergleiche in der Disposition anhand von Leerkilometeranteilen	Vgl. Schäfer, W.; Schäfer, M. (2004), S.95, vgl. Schmelzer, H. J.; Sesselmann, W., et al. (2010), S. 274f., vgl. Häberle, S. G. (2008) Band A-E, S.106, vgl. Höning, F. (2009), S.40.
Standardsoftware	Anwendungssysteme, die in den betriebswirtschaftlichen Ablauf integriert sind und die Geschäftsprozesse unterstützen				X	X			Agenten- oder Kommunikationssysteme können beispielsweise als Standardsoftwarekomponenten in die Abläufe integriert werden	Vgl. Mertens, P. (2005), S.29f., vgl. Scheer, A.-W. (1998), S.93-98.
Internet/Intranet	Medium zur Bereitstellung von Funktionalitäten und Übertragung von Informationen				X	X			Unterstützt etwa bei der Datenübertragung zwischen LKW und Dispositionsstandort	Vgl. Kaiser, T. M. (2000), S.37, S.81-87, vgl. Höning, F. (2009), S.40.
Workflow	Arbeitsflussverwaltung im informationstechnischen Zusammenhang		X						Ist eine Prozessgestaltungshilfe, die prüft, welche Geschäftsprozesse in Abhängigkeit ihrer Komplexität mittels Workflow-Management-Systeme unterstützt werden sollten	Vgl. Schäfer, W.; Schäfer, M. (2004), S.980, zu Workflow-Management-Systemen vgl. Müller, J. (2005), S.8-10, vgl. Derungs, M. (1997), S.19f.
System- und Technologieplanung	Unterstützung bei der Planung von Informationssystemen				X	X			Die technische Einbindung oder Ausgestaltung neuer Komponenten und Applikationen, wie Agentensysteme, Fahrzeugclients oder Schnittstellen, erfordert eine methodische Unterstützung	Vgl. Höning, F. (2009), S.192ff., vgl. http://www.img-j.co.jp/upload/Ablage_000350_Methodology_100507_451.pdf, S.3, Zugriff am 28.07.2010.
Verteilte Applikations-architektur	Gesamtheit aller Regeln, Vorschriften und Konzepte zum Aufbau eines IT-Systems				X	X			Unterstützt beim Entwurf von Applikationsarchitekturen durch Lösungsansätze und Handlungsempfehlungen, etwa bei der Integration des Agentensystems in bestehende IT-Umwelten	Vgl. Schwarze, J. (1998), S.128, zum Verteilungsgrad vgl. Turowski, K.; Becker, J. (1997), S.49-54.
Supply Chain Management (SCM)	Ganzheitliche Planung und Steuerung des Material- und Dienstleistungsflusses		X			X			Unterstützt insbesondere die unternehmensübergreifenden Geschäftsprozesse und deren bessere Verzahnung	Vgl. Grünauer, K. M. (2001), S.17-22.
Customer-Relationship-Management (CRM)	Verwaltung und Dokumentation von Kundenbeziehungen		X			X			Unterstützt bei der Kundenprozessanalyse, um eine bestmögliche Verzahnung mit den Dienstleisterprozessen zu generieren	Vgl. Schulze, J. (2000), S.16, vgl. Häberle, S. G. (2008) Band A-E, S.240ff.
Wissensmanagement	Dokumentation und Speicherung von Wissen entlang des gesamten Geschäftsprozesses		X			X			Methode unterstützt ebenenübergreifend etwa Anpassungen hinsichtlich strategischer Ausrichtung, neuer Organisation oder Veränderungen in der IT-Umgebung	Vgl. Haasis, H.-D. (2008), S.227ff., vgl. Scheer, A.-W. (1998), S.63-65., vgl. Thiesse, F. (2001), S.11-12, vgl. Bea, F. X.; Göbel, E. (2006), S.438, vgl. Haasis, H.-D.; Landwehr, T. (2009), S. 45-49.
Kompetenz-management	Lenken und Gestalten von Kompetenzen sowie Steigerung der Mitarbeiterfähigkeiten und -fertigkeiten		X			X			Die Mitarbeiterfähigkeiten und -fertigkeiten sind auf die neuen Prozesse auszurichten, um die Zufriedenheit und Motivation zu steigern.	Vgl. North, K.; Reinhardt, K. (2005), S.13, vgl. Probst, G.; Mercier, J.-Y. (1993), S.82.
Prozessportale	Personalisierte Zugriff auf Softwareanwendungen und Informationen etwa über das Internet				X	X			Etwa Toureninformationen können Anwenderspezifisch auf unterschiedlichen Endgeräten via Internetprotale bereitgestellt werden	Vgl. Puschmann, T. (2004), S.19-20, vgl. Heinrich, L. J.; Heinzl, A., et al. (2004), S.503.

Quelle: Eigene Darstellung

3.4 ARIS – House of Business Engineering (ARIS HOBE)

In diesem Kapitel wird der zweite ganzheitliche BE-Ansatz vorgestellt, der ARIS – House of Business Engineering (ARIS HOBE) - Ansatz.[355] Ziel von ARIS HOBE ist genau wie beim St. Galler Ansatz eine Komplexitätsreduzierung der Geschäftsprozessbeschreibung. Dies wird durch Aufteilung der Strukturen, Abläufe und Informationssystem in ein Sichtenkonzept[356] erreicht.[357]

Damit steht ARIS HOBE für eine Industriestandardmethodik, die in ihrem Kern Analysen und Entwürfe für Informationssysteme vornimmt.[358]

Zur detaillierten Vorstellung des ganzheitlichen Übertragungsansatzes wird in Anlehnung an Kapitel 3.3 ebenfalls zunächst das Metamodell mit seinen Gestaltungsobjekten erläutert. Daran anschließend werden das Vorgehensmodell mit seinen Aktivitäten sowie das Methodenset präsentiert und charakterisiert. Es erfolgt ebenfalls zu allen Elementen der Abgleich zu den aufgestellten AnfoBAST gemäß Kapitel 3.1.2.

Im ARIS HOBE wurde 2006 eine zusätzliche vierte Ebene in das Metamodell aufgenommen, welche die Geschäftsregeln repräsentiert. In einem separaten Unterkapitel wird dies explizit aufgegriffen, da den Geschäftsregeln für die Anwendung der Selbststeuerungssysteme gemäß AnfoBAST 2 eine wichtige Bedeutung zukommt.

---

355 Die Abkürzung ARIS steht für „Architektur integrierter Informationssysteme“ und wurde erstmals 1991 von Prof. Dr. Dr. h.c. August-Wilhelm Scheer veröffentlicht. Wesentliche Weiterentwicklungen fanden bis Ende der 1990er Jahre statt.

356 Unter Sichten sind Teilmodelle zu verstehen, die nur bestimmte Arten von Elementen, deren Merkmale und Beziehungen als Ausschnitt in einem System betrachten. vgl. Laudon, K. C.; Laudon, J. P., et al. (2010), S.951.

357 Vgl. Scheer, A.-W. (1998a), S.2, vgl. Allweyer, T. (1998), S.62f., vgl. Buchholz, P. (2009), S.213f.

358 Vgl. Laudon, K. C.; Laudon, J. P., et al. (2010), S.962.

3.4.1 Metamodell

In Abbildung 28 wird das Metamodell des ARIS HOBE-Ansatzes mit den wesentlichen Gestaltungsobjekten[359] veranschaulicht. Die Funktion in der Ausprägung des Geschäftsprozesses steht im Mittelpunkt des Metamodells und bildet die Ablauforganisation ab.[360] Die Durchführung von Geschäftsprozessen verfolgt ein konkretes Unternehmensziel und führt zu Ereignissen. Ereignisse wiederum können weitere Geschäftsprozesse auslösen.[361]

Daran schließen sich die Bereiche Aufbauorganisation und Informationssystem an. Die Organisationseinheit repräsentiert die Aufbauorganisation. Sie ist diejenige Einheit, die Geschäftsprozesse ausführt und hierzu Informationsobjekte nutzt oder bereitgestellt bekommt. Informationsobjekte vertreten das Informationssystem.

Es sind Datenelemente[362], die durch Geschäftsprozesse gelesen oder verändert werden können, beispielsweise durch einen Kundenauftrag oder Kundenstamm.

In der nun folgenden Abbildung ist das Metamodell des ARIS HOBE-Ansatz in seiner komprimierten Form noch einmal grafisch dargestellt. In den folgenden Kapiteln werden die drei Kerngestaltungsobjekte Ziel, Geschäftsprozess und Informationsobjekt detailliert skizziert. Sie sind in der Abbildung schwarz umrandet. Alle anderen Elemente sind Unterelemente der genannten Kernelemente. Zur Wahrung der Übersicht sind auch hier die fortfolgenden Kapitelüberschriften nach den Namen der Kerngestaltungsobjekte benannt.

---

359 Gestaltungsobjekte werden in Verbindung mit ARIS auch als Meta-Entitätstypen bezeichnet. vgl. Bach, V. (1997), S.165.

360 Vgl. Bach, V. (1997), S.165f., vgl. Hess, T. (1996), S.91-92.

361 Vgl. Hess, T. (1996), S.91f., vgl. Bea, F. X.; Göbel, E. (2006), S.287f., zu Prozessen vgl. Kapitel 2.1.1.

362 Datenelemente werden auf als Entitätstypen bezeichnet. Entität stammt von dem englischen Wort entity ab und definiert Datenelemente (Objekte), denen Informationen zugeordnet werden. vgl. Hansen, H. R.; Neumann, G. (2009), S.287-288.

Abbildung 28: Aggregiertes Metamodell des ARIS HOBE-Ansatzes und Zuordnung der Gestaltungsobjekte zu den Ebenen

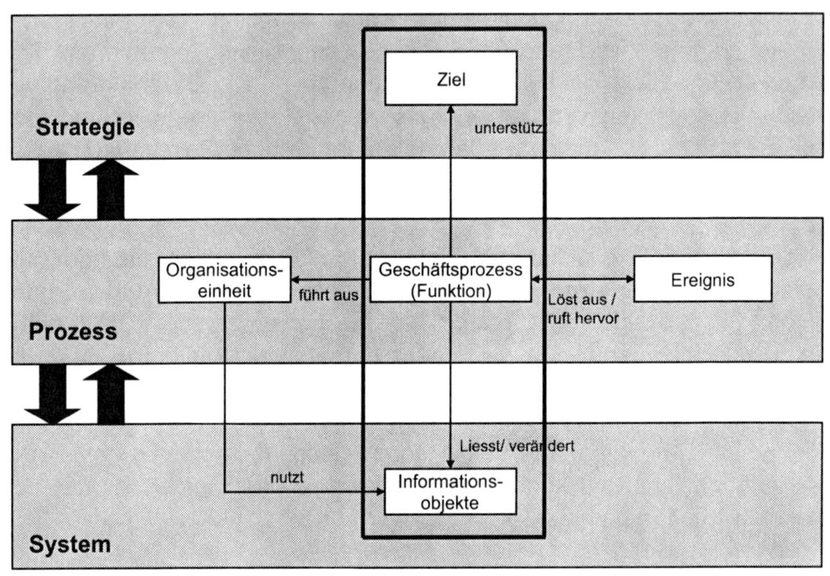

Quelle: Hess, T. (1996), S.91

3.4.1.1 Ziel

Ziele[363] bzw. Zielvorgaben bestehen aus Erfolgsfaktoren, welche die Kennzahlen[364] bestimmen, die zur Messung der Ziele und Zielerreichung benötigt werden. Konkret können die Erfolgsfaktoren eines Unterneh-

363 Ein Ziel ist, allgemein formuliert, ein bewusst angestrebter Zustand. vgl. Häberle, S. G. (2008) Band N-Z, S.1394.

364 „Kennzahlen sind quantitative Daten, die als bewusste Verdichtung der komplexen Realität über zahlenmäßig erfassbare betriebswirtschaftliche Sachverhalte informieren soll." vgl. Weber, J. (2004), S.242.

mens in vier wesentliche Perspektiven differenziert werden. Sie sind in Tabelle 7 dargestellt.

Diese vier Perspektiven sind nicht abschließend.[365] Je nach den Anforderungen an das Zielsystem können weitere Perspektiven gewählt werden.[366] So ist ein weiterer wesentlicher Aspekt einer Unternehmensstrategie das Etablieren von nachhaltigkeitsorientierten Zielen. Nachhaltiges Wirtschaften ist eine wirtschaftliche und gesellschaftliche Notwendigkeit, die bei Nichtbeachtung die Entwicklungsfähigkeit von Unternehmen stark hemmen kann.[367]

Tabelle 7: Erfolgsfaktoren eines Unternehmens

Anforderung	Kurzerläuterung
Finanzperspektive	Kennzahl soll aufzeigen, ob die Prozessveränderung eine Ergebnisverbesserung erzielt hat
Kundenperspektive	Kennzahl, welche die Leistung und Qualität in einem Marktsegment misst
Prozessperspektive	Kennzahl, welche die Verbesserung dieser Prozessabläufe misst
Innovationsperspektive[368]	Kennzahl, die die Zufriedenheit der Mitarbeiter des Unternehmens misst und damit Auskunft über die Befriedigung der Arbeitnehmerbedürfnisse erteilt

Quelle: Eigene Darstellung in Anlehnung an Kaplan, R. S.; Norton, D. P., et al. (1997), S.24 ff., Probst, H.-J. (2007), S.81.

365 Vgl. Kaplan, R. S.; Norton, D. P., et al. (1997), S.33f., vgl. Probst, H.-J. (2007), S.81.

366 Vgl. Probst, H.-J. (2007), S.155ff.

367 Vgl. Haasis, H.-D. (2008), S.31-32.

368 Die Perspektive wird auch alternativ Mitarbeiter-, Lern-, Entwicklungs- oder Wachstumsperspektive genannt.

Das Gestaltungsobjekt Ziel ist somit für die weitere Betrachtung hinsichtlich der Entwicklung eines Übertragungsansatzes zur Anwendung von Selbststeuerungssystemen in der Transportlogistik von großer Bedeutung, um die strategische Zielerreichung messbar zu gestalten. Mit dem Zielsystem ist die Basis zur Messung der Wirtschaftlichkeit gemäß AnfoBAST 6 gelegt. Außerdem werden strategische Anforderungen an die zukünftige Unternehmensstruktur im Zielsystem verankert, sodass auch AnfoBAST 1 tangiert wird.

3.4.1.2 Geschäftsprozess

Im ARIS HOBE werden Geschäftsprozesse als Funktion abgebildet. Sie können Ereignisse auslösen oder durch Ereignisse angestoßen werden. Es besteht somit eine direkte Abhängigkeit zwischen dem Ereignis und der Funktion und damit dem Geschäftsprozess.[369] Die Durchführung von Funktionen unterstützt wiederum die Erfüllung der Ziele.[370]

Das Ereignis „Auftrag angelegt“ führt beispielsweise zur Funktion „LKW-Verfügbarkeit prüfen“. Die Funktion soll demnach den passenden LKW zum Auftrag finden, wobei das Ziel verfolgt werden soll, den Auslastungsgrad der LKW zu erhöhen und die Leerkilometer zu reduzieren.

Der Vorschlag wird der Organisationseinheit „Disponent“ zur Verfügung gestellt, welche die endgültige Zuordnung des Auftrags zum LKW vornimmt.[371]

Die Organisationseinheit besteht im ARIS HOBE aus den Gestaltungsobjekten Stelle, Mitarbeiter, Standort, Gruppe und Organisationseinheitentyp.[372] Sie ist Bestandteil eines Geschäftsnetzwerks.[373]

Organisationseinheiten können sich räumlich aufteilen oder an unterschiedlichen physischen Orten ihre Aufgaben verrichten, sodass das

369 Vgl. Scheer, A.-W. (2002), S.17.

370 Zu dem Begriff Geschäftsprozess vgl. Kapitel 2.1.3.

371 Zur beschriebenen Prozesskette vgl. Kapitel 2.1.3.3.1.

372 Vgl. Bea, F. X.; Göbel, E. (2006), S.284f., vgl. Bach, V. (1997), S.167.

373 Zum Netzwerk siehe Ausführungen zu Begriff System in Kapitel 2.1.2.

Gestaltungsobjekt „Standort" die organisatorische Dimension „Raum" verkörpert.[374] So ist STUTE[375] ebenfalls an unterschiedlichen Standorten im Geschäftsfeld Transportlogistik tätig. Der Geschäftsprozess „LKW-Disposition"[376] wird an den Standorten in unterschiedlicher Form durchgeführt. Bei der standortübergreifenden Einführung eines Selbststeuerungssystems ist dieser Aspekt zu berücksichtigen.

Wie bereits schon im Kapitel 3.3.1.3 festgestellt, wird das Gestaltungsobjekt Geschäftsprozess, im ARIS HOBE ergänzt durch die Elemente Ereignis und Organisationseinheit, wesentlicher Bestandteil des neu zu entwickelnden Metamodells, da Selbststeuerungssysteme durch ihre prozessualen Eingriffe einen erheblichen Einfluss auf dieses Gestaltungsobjekt ausüben. Damit wird AnfoBAST 2 mit diesen Gestaltungsobjekten bedient.

3.4.1.3 Informationsobjekt

Das Informationssystem besteht im ARIS HOBE aus Informationsobjekten, die in Hard- und Softwarekomponenten zergliedert werden.[377]

Die entsprechenden Erläuterungen wurden bereits in Kapitel 3.3.1.4 bei der Beschreibung der Applikation des St. Galler Ansatzes vorgenommen. Herauszustellen ist, dass die System-Ebene ebenfalls vorhanden ist, da auf dieser Ebene das MAS als Applikation installiert und betrieben werden wird. AnfoBAST 4 und AnfoBAST 5 werden durch diese Gestaltungsobjekte berührt.

Abschließend kann zum Metamodell von ARIS HOBE festgehalten werden, dass zu AnfoBAST 3 und AnfoBAST 7 keine Gestaltungsobjekte vorhanden sind, wobei auch hier die Forderung an ein Projektmanagement aus AnfoBAST 7 nicht als fehlend eingestuft werden kann, da es sich nicht um ein beeinflussbares Gestaltungsobjekt eines Metamodells handelt.

---

374 Vgl. Schmidt, G. (2000), S.20f.

375 Weitere Details zur STUTE Verkehrs-GmbH vgl. Kapitel 2.5.3.2.

376 Zum Beispiel „LKW-Disposition" vgl. Kapitel 2.1.3.3.1.

377 Vgl. Bea, F. X.; Göbel, E. (2006), S.286-287.

3.4.2 Vorgehensmodell

ARIS HOBE verfügt nicht über ein allgemeingültiges Vorgehensmodell,[378] jedoch bestehen Gemeinsamkeiten hinsichtlich der Vorgehensweisen, die in ein abstraktes übergeordnetes Vorgehensmodell transferiert werden können.[379] Dieses Modell ist in Abbildung 29 veranschaulicht.

Abbildung 29: Vorgehensmodell ARIS HOBE

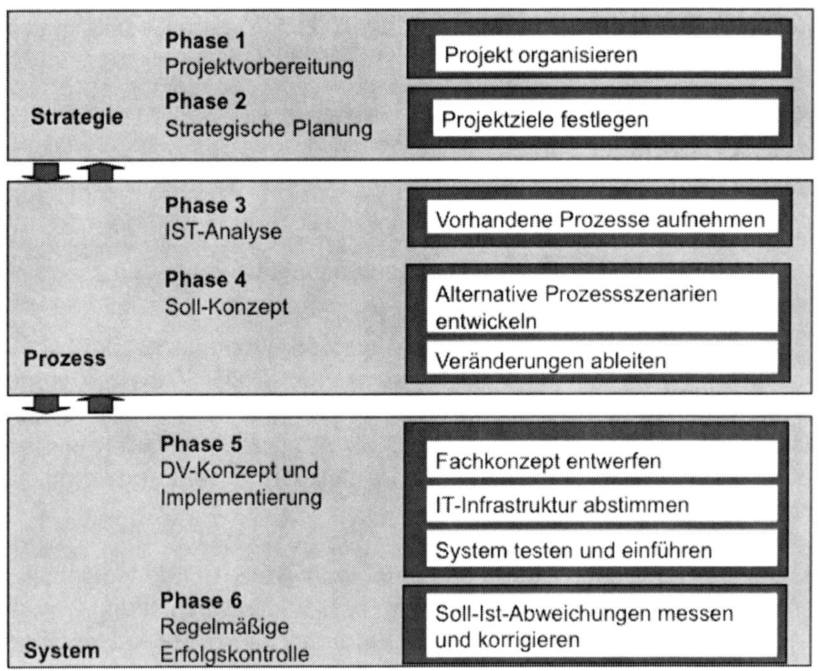

Quelle: Eigene Darstellung in Anlehnung an Scheer, A.-W. (1998), S.147ff., Leist-Galanos, S. (2006), S.180f., Hess, T. (1996), S.92

378 Vgl. Höning, F. (2009), S.21f., vgl. Mehler-Bicher, A. (1996), S.57f., vgl. Leist-Galanos, S. (2006), S.180f.

379 Vgl. Scheer, A.-W. (1998a), S.177-202.

Das Vorgehensmodell besteht aus 6 Phasen, wobei die Phasen 1 und 2 der strategischen Ebene, die Phasen 3 und 4 der prozessualen Ebene und die Phasen 5 und 6 der systemischen Ebene zugeordnet sind. Die Phasen werden im Folgenden kurz erläutert und AnfoBAST zugeordnet.

Phase 1 – Projektvorbereitung

Die Phase 1 dient der organisatorischen Vorbereitung des Projekts. Dazu gehören z.B. Aufgaben, wie Projektteam zusammenstellen, Struktur und Rollenverteilung definieren, Sitzungsintervalle vereinbaren, Dokumentation und Räumlichkeiten festlegen. Klarheit über die Ziele[380], Aufgaben und Rahmenbedingungen verschafft beispielsweise ein Projekthandbuch, das u.a. die organisatorischen Regelungen verbindlich formuliert. Die Projektkosten sind zu ermitteln und in einem Projektbudget zu fixieren.[381]

Diese Phase tangiert AnfoBAST 7, die ein durchgängiges Projektmanagement einfordert.[382]

Phase 2 – strategische Planung

Nachdem in Phase 1 die Projektstruktur beschlossen wurde, können nun Aussagen zur Unternehmensentwicklung getroffen werden. Die Aussagen zu den Produkten, Leistungen, Unternehmenszielen, Geschäftsfeldern, Kunden, der Wertschöpfung und den Erfolgsfaktoren bilden den Rahmen und den Ausgangspunkt für die anschließende Bestandsaufnahme und Optimierung der Geschäftsprozesse.[383]

380 Ziele sollten in ihren Merkmalen spezifisch, messbar, anspruchsvoll, realistisch und terminiert sein. vgl. http://www.psy.lmu.de/soz/studium/downloads_folien/ws_09_10/muf_09_10/muf_schattke_0910.pdf , S.6. Zugriff am 20. Juni 2010.

381 Vgl. Becker, J. (2008), S.23ff.

382 Vgl. Kapitel 3.1.2.

383 Vgl. Scheer, A.-W. (1998), S.150, vgl. Leist-Galanos, S. (2006), S.180.

Die Einbeziehung der strategischen Ebene und der damit verbundenen Aufgabe der strategischen Planung ist in AnfoBAST 1 verankert worden.

Phase 3 – Ist-Analyse

Ziel dieser Phase ist die Analyse der vorhandenen Prozesse. Hierzu wird mithilfe von Wertschöpfungsdiagrammen die Basis für die anschließende Detaillierung der Abläufe mittels ereignisgesteuerter Prozessketten (EPK) gelegt.[384] Darüber hinaus werden Organigramme und unterschiedliche Übersichten zu Produkten, Leistungen, Systemen oder Fachbegriffen angefertigt, um die Bestandsaufnahme zu komplettieren.[385]

Das Abbilden vorhandener Prozesse, Zusammenhänge und Umwelten wurde im Forschungsprojekt AMATRAK im Arbeitspaket 100 durchgeführt.[386] Es ist die Grundvoraussetzung für die anschließende Konzeption und Einbettung neuer Abläufe, die durch ein MAS generiert werden können. Insofern wird durch diese Phase AnfoBAST 2 tangiert, da zur Anpassung der Geschäftsprozesse eine Ist-Analyse erforderlich ist, um Ansatzpunkte für mögliche Veränderungen zu erhalten.[387]

Phase 4 – Soll-Konzept

Ausgangsbasis bildet die abgeschlossene Ist-Analyse der Phase 3. In der Phase 4 werden im Rahmen des Soll-Konzepts alternative Prozessszenarien mithilfe von Simulationswerkzeugen und Prozesskostenrechnungen ausgearbeitet. Anhaltspunkte für Veränderungen in der Soll-Struktur können hierbei Referenzmodelle liefern, die durch entsprechende Veränderungen an die vorgefundene Struktur angeglichen werden können. Bei der Auswahl der optimalen Alternative werden die gesetzten Ziele aus Phase 2 berücksichtigt. Darüber hinaus liefert das Soll-Konzept den Input für Veränderungen in der Aufbauorganisation. Es können bei-

---

384 Vgl. Becker, J. (2008), S.155ff., vgl. Scheer, A.-W. (1998), S.150-151, vgl. Kapitel 2.1.3.3.1.

385 Vgl. Leist-Galanos, S. (2006), S.180.

386 Vgl. Kapitel 2.5.5.1.

387 Vgl. Kapitel 3.1.2.

spielsweise notwendige Kompetenzen, Schulungsbedarfe oder organisatorische Maßnahmen, die zur Umsetzung des Soll-Konzepts notwendig sind, abgeleitet werden.[388]

Diese Phase ist mit dem Arbeitspaket 200 und 300 des Forschungsprojekts AMATRAK zu vergleichen.[389] Sie berücksichtigt ebenfalls AnfoBAST 2, da Geschäftsprozessanpassungen und die Aufstellung von Geschäftsregeln im Soll-Konzept bearbeitet werden.

Phase 5 – DV-Konzept und Implementierung

Unter einem DV-Konzept wird der Systementwurf des Fachkonzepts verstanden. Das Fachkonzept wiederum repräsentiert die Zusammenfassung der fachlichen Aspekte, welche die Nutzer mit deren Interaktionen und Anforderungen betreffen.[390]

Weiterhin wird die IT-Infrastruktur auf die Geschäftsprozesse und Anwendungssysteme abgestimmt und im Rahmen eines DV-Bebauungsplans dokumentiert.[391]

Die Implementierung beschreibt die Einführung des DV-Konzepts und entspricht dem Arbeitspaket 400 des Forschungsprojekts AMATRAK[392]. Zunächst werden die Softwarelösungen entwickelt und getestet. Nach erfolgter Abnahme und Freigabe erfolgen Installation und Roll-out des IT-Systems. Die Phase 5 entspricht damit der operativen Inbetriebnahme des MAS. Es werden in dieser Phase AnfoBAST 4 und AnfoBAST 5 berücksichtigt.

---

388 Vgl. Becker, J. (2008), S.185ff., vgl. Scheer, A.-W. (1998), S.151-152, vgl. Leist-Galanos, S. (2006), S.181.

389 Vgl. Kapitel 2.5.5.2 und Kapitel 2.5.5.3.

390 Vgl. Laudon, K. C.; Laudon, J. P., et al. (2010), S.951.

391 Vgl. Leist-Galanos, S. (2006), S.181.

392 Vgl. Kapitel 2.5.5.4.

Phase 6 – regelmäßige Erfolgskontrolle

Die letzte Phase beinhaltet einen sehr wesentlichen Aspekt. Sie umfasst die regelmäßige nachhaltige Erfolgskontrolle der Prozessveränderungen. Die Kontrolle erfolgt durch IT-Systeme. Eruierte Abweichungen zwischen den Ist- und den Soll-Werten lassen Rückschlüsse auf notwendige Anpassungen und Korrekturen im Ist-Prozess zu. Ziel ist es, eine permanente Prozessverbesserung zu erreichen.[393]

Diese Phase ist die Grundvoraussetzung für die Messung der Wirtschaftlichkeit und den damit verbundenen Nachweis, dass die Einführung eines Selbststeuerungssystemes zu den gewünschten Erfolgen im Sinne der festgelegten Ziele geführt hat. Damit werden AnfoBAST 2 und AnfoBAST 3 tangiert, da Prozesse gegebenenfalls angepasst werden müssen, wenn die Messungen der Ist- und der Soll-Werte voneinander abweichen und ein Regelwerk geschaffen werden muss, um die Abweichungen messbar zu gestalten.[394]

Für das Vorgehensmodell von ARIS HOBE kann zusammenfassend festgestellt werden, dass ausschließlich AnfoBAST 6 – „Wirtschaftlichkeit steigern" nicht berücksichtigt wurde. Hierzu ist das Modell zu ergänzen.

3.4.3 Methodenset

ARIS HOBE wurde für das ganzheitliche Management von unternehmensinternen Geschäftsprozessen entwickelt. Der Geschäftsprozess wird sowohl betriebswirtschaftlich als auch informationstechnisch in seinem Umsetzungsvorhaben betrachtet. Entsprechend existiert ein Methodenset, welches diese Transformationsprozesse in der praktischen Umsetzung begleitet.[395]

---

393 Vgl. Haasis, H.-D. (2007), S.9f., vgl. Scheer, A.-W. (1998), S.152-153.

394 Vgl. Kapitel 3.1.2.

395 Vgl. Laudon, K. C.; Laudon, J. P., et al. (2010), S.3.

In der folgenden Abbildung 30 wird das Methodenset grafisch dargestellt, wobei die Aufzählung der Methoden keine feststehende Reihenfolge bildet.

Abbildung 30: Methodenset ARIS - HOBE

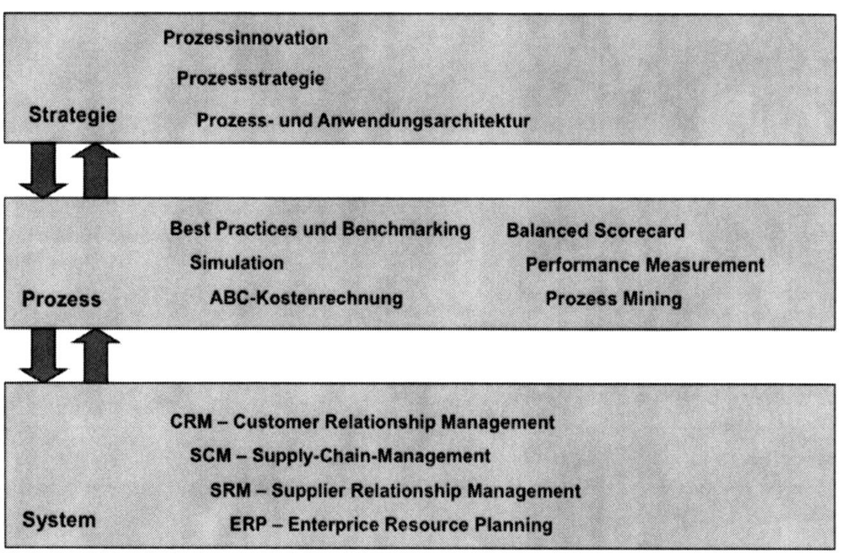

Quelle: Eigene Darstellung in Anlehnung an Scheer, A.-W.; Jost, W., et al. (2005), S.4, Karagiannis, D.; Rieger, B. (2006), S.56

In Anlehnung an die Darstellung des Methodensets des St. Galler Ansatzes werden in der folgenden Tabelle die einzelnen Methoden kurz erläutert und mit AnfoBAST abgeglichen und begründet zugeordnet. Der Abgleich verdeutlicht dabei, dass alle Methoden von ARIS HOBE angewendet werden sollten, um auch zukünftig das Vorgehensmodell nutzen zu können. Es ist jedoch keine Methode genannt, um das Projektmanagement (AnfoBAST 7) durchzuführen, obwohl es im Vorgehensmodell in Phase 1 aufgeführt wurde. Das Methodenset ist dementsprechend zu ergänzen.

Abbildung 31: Erläuterung Methodenset ARIS HOBE-Ansatz und AnfoBAST-Abgleich

Methode	Erläuterung	AnfoBAST 1	AnfoBAST 2	AnfoBAST 3	AnfoBAST 4	AnfoBAST 5	AnfoBAST 6	AnfoBAST 7	Begründung der Zuordnung	Literaturquellen
Prozessinnovation	Entwicklung neuer Produkte und Schaffung neuer Leistung; bedeutende Rolle für den zukünftigen Markterfolg	X							Methode unterstützt bei der Sondierung möglicher neuer Geschäftsszenarien	Vgl. Scheer, A.-W.; Jost, W., et al. (2005), S.5.
Prozessstrategie	Legt fest, welche Produkte und Dienstleistungen am Markt angeboten werden sollen	X							Durch die Implementierung von Selbststeuerungssystemen können sich neue Geschäftsfelder ergeben. Diese neuen Produkt-Markt-Relationen gilt es zu definieren.	Zu Geschäftsprozessen vgl. Kapitel 2.1.1., vgl. Scheer, A.-W. (1998), S.59-61.
Prozess- und Anwendungsarchitektur (Workflowmanagement)	Informationstechnische, einheitliche, automatisierte Unterstützung des Prozessablaufs		X						Durch die Implementierung von Selbststeuerungssystemen werden heutige Abläufe im Unternehmen verändert. Dieser Veränderungsprozess ist methodisch zu begleiten.	Vgl. Köppen, A. (2000), S.12, zu Workflow vgl. Kapitel 3.3.3.
Best Practices und Benchmarking	Bezeichnet die beste Lösung bzw. den besten Lösungsansatz in der betrieblichen Praxis.		X				X		Unterstützt bei der Architektur der bestmöglichen Prozesse, beispielsweise Soll-Ist-Vergleiche in der Disposition anhand von Leerkilometeranteilen	Vgl. Häberle, S. G. (2008) Band A-E, S.118.
Simulation	Experimentieren an Modellen, die der Wirklichkeit nachgebildet sind		X		X				Während der Realisierungsphase werden Simulationen der Abläufe durchgeführt, um zu erkennen, wie das Modell in der Realität wirken würde	Vgl. Stahlknecht, P.; Hasenkamp, U. (2005), S.397f., vgl. Scheer, A.-W. (1998), S.71-72.
ABC-Kostenrechnung	Bewertet mittels der Prozesskostenrechnung die Geschäftsprozesse; Basis für die Messung der Wirtschaftlichkeit		X				X		Gestaltungsmittel und Grundlage, um die Wirtschaftlichkeit der Prozessveränderung durch Selbststeuerungssysteme zu messen	Vgl. Heinrich, L. J.; Heinzl, A., et al. (2004), S.534, vgl. Scheer, A.-W. (1998), S.66-70.
Balanced Scorecard	Ziel- und Kennzahlensystem zur Prozessüberwachung	X					X		Das Monitoring der Prozesse ist notwendig, um im operativen Betrieb Abweichungen festzustellen und Korrekturmaßnahmen einzuleiten	Vgl. Heinrich, L. J.; Heinzl, A., et al. (2004), S.441, vgl. Kapitel 3.3.3.
Performance Measurement	Leistungsmessung: Messung des Unternehmens- bzw. Leistungserfolgs anhand von Kennzahlen	X					X		Neben der ABC-Kostenrechnung und Balanced Scorecard wird diese Methode ebenfalls zur Feststellung der Wirtschaftlichkeitsverbesserung benötigt	Vgl. Cooke, S.; Slack, N. (1984), S.324, vgl. Häberle, S. G. (2008) Band N-Z, S.971, Beispiele für Kennzahlen vgl. Gerloff, E. A. (1985), S.315.
Prozess Mining	Versucht bottom-up über die vorhandenen Prozessinstanzen auf das übergeordnete Prozessmodelle zu schließen		X						Durch die Implementierung von Selbststeuerungssystemen werden vorhandene Geschäftsprozesse verändert. Die Methode unterstützt bei der neuen Prozessmodellierung	Vgl. Russell, S.; Norvig, P. (2004), S.48.
Customer-Relationship-Management (CRM)	Verwaltung und Dokumentation von Kundenbeziehungen		X			X			Unterstützt bei der Kundenprozessanalyse, um eine bestmögliche Verzahnung mit den Dienstleisterprozessen zu generieren	Vgl. Schulze, J. (2000), S.16, vgl. Häberle, S. G. (2008) Band A-E, S.240ff.
Supply Chain Management (SCM)	Ganzheitliche Planung und Steuerung des Material- und Dienstleistungsflusses		X			X			Unterstützt insbesondere die unternehmensübergreifenden Geschäftsprozesse und deren bessere Verzahnung	Vgl. Grünauer, K. M. (2001), S.17-22.
Supplier-Relationship-Management (SRM)	Beinhaltet das Lieferanten-beziehungsmanagement.		X			X			Unterstützt bei der Lieferantenprozessanalyse, um eine bestmögliche Verzahnung mit den Dienstleisterprozessen zu generieren	Vgl. Häberle, S. G. (2008) Band N-Z, S.1.210.
Enterprise Resource Planning (ERP)	Software für die Einsatzplanung vorhandener Ressourcen		X			X			Das ERP-System unterstützt bei der Optimierung von Geschäftsprozessen, vorhandene Ressourcen, etwa Fahrzeuge, Fahrer und Disponenten, möglichst effizient einplant.	Vgl. Häberle, S. G. (2008) Band A-E, S.381ff.

Quelle: Eigene Darstellung

3.4.4 ARIS HOBE und Geschäftsregeln

Im Kapitel 3.1.2 wurde bereits mit AnfoBAST 3 manifestiert, dass die Etablierung von Regeln eine wesentliche Grundvoraussetzung für die Funktionsfähigkeit der Selbststeuerungssysteme darstellt.[396] Dieses Kapitel widmet sich der Weiterentwicklung des AIRS HOBE-Ansatzes hinsichtlich der Einbindung von Geschäftsregeln in den zukünftigen Übertragungsansatz.

Der erweiterte Ansatz trifft Aussagen zum Methodenset für den Entwurf und Kontrolle von Geschäftsregeln. Hinsichtlich der IT-technischen Umsetzung von Geschäftsregeln wird als Gestaltungsobjekt die Business Rule Engine erläutert.

Zunächst wird der Begriff der Geschäftsregel und deren Einordnung in die Gestaltungsebenen erläutert. Anschließend werden die Methodensets zum Geschäftsregelentwurf und Geschäftregelkontrolle vorgestellt. Danach wird der systemische Aufbau der Business Rule Engine kurz erläutert. Abschließend werden diese Elemente qualitativ bewertet und ein weiterer Forschungsbedarf abgeleitet.

3.4.4.1 Definition Geschäftsregel und Einordnung der Gestaltungsebene

Komplexitätsreduzierende Konzepte, beispielsweise Selbststeuerungssysteme, bedienen sich der Separation von Abläufen (Prozesse) und Verhalten.[397] Abläufe werden durch Organisationsstrukturen und Informationssysteme abgebildet, Verhalten hingegen durch Regeln.[398]

---

396 Vgl. Kapitel 2.4.2.

397 Vgl. Buchholz, P. (2009), S.213f., vgl. Adam, D. (1998), S.10, vgl. Scheer, A.-W.; Werth, D., et al. (2004), S.10f.

398 Vgl. Schacher, M.; Grässle, P. (2006), S.124f.

Als Geschäftsregel[399] wird eine konkrete Vorschrift bezeichnet, die bei der Durchführung der Geschäftsprozesse zu beachten ist und die das Verhalten in den Abläufen umfassend beschreibt.[400] Übertragen auf Abläufe in der Transportlogistik besteht beispielsweise die Vorschrift, dass ein Sattelzug maximal 40 to wiegen darf. Somit ist bei der Zusammenstellung der Aufträge in der Disposition darauf zu achten, dass dieses Gesamtgewicht nicht überschritten wird.

Geschäftsregeln gehören zu den wesentlichen Bestandteilen von Unternehmen, da sie über Richtlinien und Einschränkungen vorschreiben, wie die Geschäftsabwicklung zu erfolgen hat. Hieraus begründet sich der Anspruch, Geschäftsregeln als weitere Gestaltungsebene in den ARIS HOBE-Ansatz aufzunehmen. Abbildung 32 veranschaulicht das Ergebnis grafisch.[401]

Abbildung 32: ARIS HOBE erweitert um die Ebene Geschäftsregel

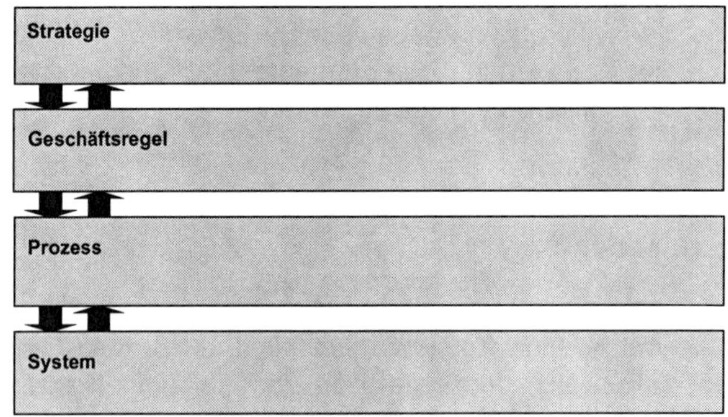

Quelle: Eigene Darstellung, vereinfacht nach Karagiannis, D.; Rieger, B. (2006), S.58

---

399 Als Synonym für das Wort Geschäftsregel wird im weiteren Verlauf der Arbeit ebenfalls die englische Wortgruppe business rule verwendet.

400 Vgl. Scheer, A.-W.; Werth, D., et al. (2004), S.6–13, vgl. Kapitel 3.1.2 AnfoBAST3.

401 Vgl. Klaus, O. (2005), S.102.

Durch die Aufnahme der neuen Ebene werden die Prozesse von den Geschäftsregeln getrennt.[402] Ein Grund für diese Trennung ist, dass Geschäftsregeln nicht zwangsläufig nur einem Prozess zugeordnet sein müssen. Sie können auch eine allgemeine Gültigkeit für andere Aktivitäten besitzen.

Ein Bespiel: Die Geschäftsregel, dass das maximale Gesamtgewicht eines Sattelzuges 40 to nicht überschreiten darf, übt Einfluss auf den Prozess der Auftragszuordnung aus. Auch bei ausreichendem Volumen darf das Gesamtgewicht nicht überschritten werden. Das Gesamtgewicht nimmt aber auch Einfluss auf die Tourenplanung, da beispielsweise zu befahrene Straßen oder Brücken in ihrer Gewichtsbelastung beschränkt sein können. Es werden mit einer Regel in diesem Beispiel 2 Prozesse tangiert, die Prozesse der Auftragszuordnung und Tourenplanung.

In den folgenden Kapiteln wird erläutert, mit welchen Methoden ARIS HOBE Geschäftsregeln entwirft und diese kontrolliert.

3.4.4.2 Erweitertes Methodenset zu Geschäftsregeln

Es werden in der Erweiterung von ARIS HOBE insbesondere Methoden vorgestellt, die zum Entwurf und der nachfolgenden Einhaltung der Geschäftsregeln dienen. Dabei wird das Methodenset in den Abschnitt „Entwurf der Geschäftsregel“ und „Kontrolle der Geschäftsregel“ unterteilt.

3.4.4.2.1 Geschäftsregelentwurf

Zum Entwurf der Geschäftsregel gehören die 5 Methoden Grundsätze der Unternehmensführung, Prozessrestriktionen, Geschäftsregel, Geschäftsprozessentwurf und regelbasierte Maßnahmen. Sie werden in den folgenden Abschnitten kurz erläutert.

---

402 Vgl. Schacher, M.; Grässle, P. (2006), S.25.

Grundsätze der Unternehmensführung

„Policies are broad guides to action and decision making that facilitate attainment of objects.“[403] Die Geschäftsregeln können aus den Grundsätzen der Unternehmensführung abgeleitet werden. Die Grundsätze stammen direkt aus der Unternehmensstrategie und repräsentieren die Leitlinien des Unternehmens. Die Grundsätze der Unternehmensführung sind somit das wesentlichste Instrument der Ebene „Entwurf der Geschäftsregeln“.[404]

Zur Philosophie eines Transportdienstleisters kann etwa die Erbringung einer qualitativ hochwertigen und maßgeschneiderten Transportleistung gehören.[405] Daraus kann der Grundsatz abgeleitet werden, dass auch Subunternehmer diesen Ansprüchen genügen müssen. Diese Geschäftsregel ist beim nachgelagerten Dispositionsprozess zu beachten.

Prozessrestriktionen

Unter Restriktionen sind diejenigen Einschränkungen zu verstehen, unter denen der Prozess durchgeführt wird.[406] Dieses Bedingungssystem gründet ebenfalls auf den Grundsätzen der Unternehmensführung und bildet Verbote und Gebote strukturiert ab.[407]

So existieren bei Transportdienstleistern Vorschriften, die besagen, dass bestimmte Kunden nur mit dem Eigenfuhrpark bedient werden dürfen, um die Versorgungssicherheit in der Transportkette zu erhöhen. Weitere Restriktionen können sich z.B. auf die Zeitvorgaben der Abholung oder die Kombinierbarkeit von Gütern beziehen.[408]

---

403 Vgl. Mescon, M. H.; Albert, M., et al. (1985), S.585.

404 Vgl. Klaus, O. (2005), S.15, vgl. Karagiannis, D.; Rieger, B. (2006), S.56ff.

405 Vgl. http://www.stute.de/content/unternehmen/philosophie.htm, Zugriff am 17.12.2011.

406 Vgl. Schacher, M.; Grässle, P. (2006), S.252f.

407 Vgl. Karagiannis, D.; Rieger, B. (2006), S.56ff.

408 Zu Beispielen weiterer möglicher Restriktionen vgl. Falk, J. (1995), S.15ff.

Geschäftsprozessentwurf

Dispositive Geschäftsprozesse bilden insbesondere die Abläufe Planung, Organisation und Kontrolle durch die Unternehmensführung ab, um die gewünschte Zielsetzung des Unternehmens zu erreichen. Deshalb wird bei dispositiven Faktoren auch vom Management gesprochen.[409]

Bei dem dispositiven Geschäftsprozessentwurf handelt es sich um die Verfeinerung und Operationalisierung der Grundsätze der Unternehmensführung. Sie gehen als operative Geschäftsregeln direkt in die Prozessentwürfe ein. In dieser Entwurfsphase wird das Regelset generiert, mit dessen Hilfe später die Geschäftsprozesse durchgeführt werden.[410]

In der Praxis können Geschäftsprozessentwürfe in Form von „working instruction" durch die Qualitätsmanagement-Abteilung erstellt. Durch die darin enthaltenen Prozessablaufpläne werden die Geschäftsprozesse mit ihren Restriktionen unternehmensgrundsatzgetreu abgebildet.[411]

Regelbasierte Maßnahmen

Unter den regelbasierten Maßnahmen sind diejenigen Tätigkeiten zu verstehen, die nunmehr für die entworfenen Geschäftsprozesse Maßnahmenkataloge entwickeln und Umsetzungspläne erstellen, um diese strategischen Vorhaben operativ durchzuführen.[412]

So ist als Maßnahme der Qualitätssicherung durch den Subunternehmer der Nachweis zu erbringen, dass sein Unternehmen beispielsweise nach ISO 9000[413] zertifiziert ist. Eine Maßnahme zur Kundenvor-

---

409 Vgl. Wöhe, G.; Döring, U. (2008), S.83ff., vgl. Kapitel 2.1.1.

410 Vgl. Karagiannis, D.; Rieger, B. (2006), S.56ff.

411 Expertengespräch mit Marco Hamacher, Mitglied der Geschäftsleitung der STUTE Verkehrs-GmbH und Zentralbereichsgeschäftsleiter am 16.06.2011.

412 Vgl. Klaus, O. (2005), S.20, vgl. Steinle, C.; Daum, A. (2007), S.345.

413 „International Standards Organisation (ISO), Institution mit der Aufgabe, die unterschiedlichen Normung verschiedener Nationen einander anzugleichen und

schrift „Einsatz Eigenfuhrpark“ können etwa die Schulung der Disponenten oder die elektronische Hinterlegung der Information im Kundenstammsatz sein.

3.4.4.2.2 Geschäftsregelcontrolling

Für das Controlling der Geschäftsregeln stehen die vier Methoden ABC-Regel-Analyse, Untersuchung und Bewertung der Schlüsselindikatoren, Kosten der Geschäftsregel sowie Durchführung der Geschäftsregel zur Verfügung. Sie werden im Folgenden kurz erläutert werden.

ABC-Regel-Analyse

Die ABC-Analyse wird zur Klassifizierung von unterschiedlichsten Elementen zur Bestimmung ihrer Werthäufigkeit genutzt.[414] Bezogen auf die ABC-Regel-Analyse, wird die Häufigkeit der angewendeten Regeln analysiert, indem die Anzahl der angewendeten Regeln ins Verhältnis zu ihrer Anwendung gesetzt wird. Als Ergebnis erhält man eine Rangfolge der am häufigsten angewendeten Regeln.[415]

Wird beispielsweise eine neue Regel eingeführt, die vorschreibt, dass das Tanken von LKW nur Notfällen an anderen Tankstellen vorgenommen werden darf als im Regelfall, so können die Anzahl der Ausnahmefälle gezählt werden und ggfls. Maßnahmen eingeleitet werden, das Tankstellenkontingent zu überarbeiten.

---

damit internationale Normen zu schaffen.“ vgl. Sellien, R.; Sellien, H. (1975), Band A-K, S.2210.

414 Vgl. Wöhe, G.; Döring, U. (2008), S.338, vgl. Häberle, S. G. (2008), S.1, vgl. Steinle, C.; Daum, A. (2007), S.697.

415 Vgl. Karagiannis, D.; Rieger, B. (2006), S.56ff.

Untersuchung und Bewertung der Schlüsselleistungsindikatoren

Hierunter sind diejenigen Indikatoren definiert, die zur Messung von wesentlichen Leistungsgrößen eingesetzt werden.[416]

Im Forschungsprojekt AMATRAK wurden als Schlüsselleistungsindikatoren der Fahrzeugkilometer und die durchschnittliche Gewichtsauslastung des LKW definiert. Nachweislich sanken die Fahrzeugkilometer bei gleicher Transportleistung aufgrund geringerer Leerkilometer, was wiederum auf die verbesserte Disposition durch das MAS zurückzuführen ist. Die Fahrzeugauslastung stieg, da mit gleichem Fuhrpark mehr Tonnage bewegt werden konnte.[417]

Kosten der Geschäftsregel

Geschäftsregeln können Geschäftsprozesse hinsichtlich ihrer Umsetzung kostenmindernd und kostensteigernd beeinflussen. Einerseits kann die Geschäftsregel „Belieferung aller Kunden im Umkreis von 100 km binnen 12h" zu höheren Distributionskosten führen, andererseits kann die Geschäftsregel „Wöchentliche Belieferung aller Kunden im Umkreis von 100 km" möglicherweise die Kosten in der Distribution reduzieren, da dadurch höhere Bündelungseffekte im Transport möglich werden. Vor der Umsetzung neuer Geschäftsregeln sind über KPIs die aktuelle Kosten- und Leistungsverhältnisse abzubilden, um nach Einführung der Regel die Messung der Kosten für die Umsetzung der Geschäftsregel durchführen zu können.

Da in jedem IT-System Geschäftsregeln umgesetzt werden,[418] können Änderungen von Geschäftsregeln auch Änderungen von IT-Systemen bedeuten. Bei derartigen IT-Maßnahmen ist zusätzlich eine Wirtschaftlichkeitsrechnung zwingend.[419]

---

416 Vgl. Häberle, S. G. (2008), S.677.
417 Vgl. Haasis, H.-D.; Barwig, K., et al. (2011), S.10.
418 Vgl. Schacher, M.; Grässle, P. (2006), S.18.
419 Vgl. Steinle, C.; Daum, A. (2007), S.841-843.

Durchführung der Geschäftsregel

Dieses Instrument dient zur Messung von Regelübertretungen. Dies setzt voraus, dass konkrete Kennzahlen bzw. KPIs zur Messung entwickelt und die Regelübertretung als Abweichung von der Geschäftsregel definiert werden müssen. Weiterhin gehört zu diesem Instrument die Spezifikation von Mechanismen für Konsequenzen. Es genügt nicht allein der Hinweis, dass die Regel verletzt bzw. übertreten wurde, sondern es sind für diesen Fall Maßnahmen und Mechanismen vorzusehen, die in den unregelmäßigen Ablauf eingreifen.[420]

Insbesondere bei diesem Instrument können Selbststeuerungssysteme aufgrund ihrer Reaktionsautomatismen sehr hilfreich eingesetzt werden.[421] Es unterstützt weiterhin die Phase 6 des ARIS HOBE Vorgehensmodells, in der die regelmäßige Erfolgskontrolle gemessen und korrigierend eingegriffen wird.[422]

3.4.4.3 Business Rule Engine als Gestaltungsobjekt

Nachdem in dem vorangegangenen Kapitel 3.4.4.2 das Methodenset zur Geschäftsregel erläutert wurde, widmet sich dieses Kapitel dem Gestaltungsobjekt „Business Rule Engine".

Die IT-technische Umsetzung der Geschäftsregeln findet nicht auf der Ebene Geschäftsregel statt, sondern auf der Systemebene.[423] Die Durchführung der Geschäftsregeln wird insbesondere durch Softwarekomponenten unterstützt. Hierbei sind unterschiedliche Technologien zu differenzieren.[424] Die Softwarekomponenten zur Unterstützung bei der Ausführung von Geschäftsregeln werden „Business Rule Engine" genannt. Ein allgemeingültiger Aufbau wird in der Abbildung 33 präsentiert.

---

420 Vgl. Karagiannis, D.; Rieger, B. (2006), S.56ff.
421 Vgl. Kapitel 2.4.4.
422 Vgl. Kapitel 3.4.2.
423 Vgl. Abbildung 30.
424 Vgl. Schacher, M.; Grässle, P. (2006), S.214ff.

Abbildung 33: Komponenten einer Business Rule Engine

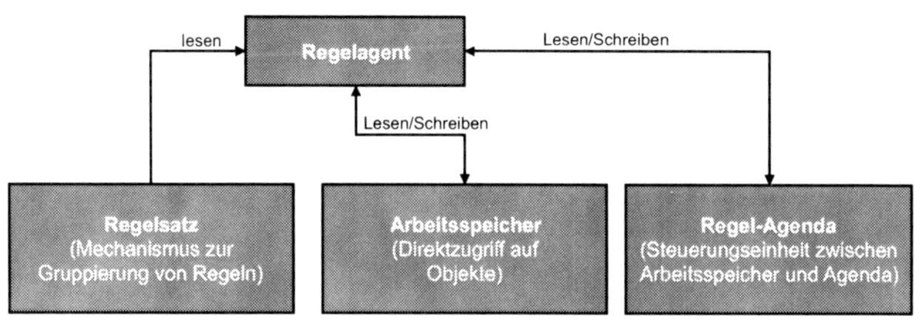

Quelle: Eigene Darstellung in Anlehnung an Klaus, O. (2005), S.47

Der Regelagent liest aus dem Arbeitsspeicher die Objekte aus, die in der Prozesssteuerung geregelt werden müssen. Mittels des Regelsatzes werden für das konkrete Objekt die Gruppen von Regeln bestimmt, die für diesen Anwendungsfall gelten. Dieses Ergebnis wird in die Regel-Agenda geschrieben, um im Anwendungsfall ausgelesen und angewendet zu werden.[425]

3.4.4.4 Qualitative Bewertung des erweiterten ARIS HOBE Ansatzes

Zusammenfassend kann festgehalten werden, dass durch den erweiterten Ansatz von ARIS HOBE die AnfoBAST 3 – „Geschäftsregel etablieren" berücksichtigt wird. Jedoch sind in der Erweiterung lediglich Methoden zum Geschäftsregelentwurf und deren Kontrolle genannt, sowie das Gestaltungsobjekt „Business Rule Engine" berücksichtigt.

Es fehlt eine Abbildung der Geschäftsregel in einem Metamodell. Ebenfalls fehlen konkrete Aktivitäten und Schritte für ein Vorgehensmodell, um Geschäftsregeln aufzustellen und einzubinden. Diese Lücken

425 Vgl. Klaus, O. (2005), S.46ff.

gilt es mit entsprechenden Anpassungen und Erweiterungen der bisherigen BE-Ansätze zu schließen.

3.5 Forschungslücke zum BAST

In diesem Kapitel wird der Abgleich der Elemente[426] der beiden ganzheitlichen BE-Ansätze, die in den vorangegangenen Kapiteln 3.3 und 3.4 erläutert wurden, mit AnfoBAST noch einmal zusammengefasst dargestellt, um bei fehlenden Übereinstimmungen in den Anforderungen eine Forschungslücke ableiten zu können.

Eine Forschungslücke kann sich genau dann ergeben, wenn die AnfoBAST nicht durch die vorhandenen Elemente der beschriebenen BE-Ansätze berücksichtigt werden. Diese Lücken sind mit der Weiterentwicklung der bisherigen Ansätze zu schließen.

Die AnfoBAST-Abgleiche sind in Abbildung 34 für den St. Galler Ansatz und für den ARIS HOBE-Ansatz zusammenfassend veranschaulicht. In den Spaltenüberschriften sind die AnfoBAST wiederzufinden, in den Zeilen die jeweiligen Elemente der beiden untersuchten BE-Ansätze. Die X-Markierung in den Zellen bedeutet, dass die aufgestellte Anforderung durch dieses Element behandelt wurde.[427] Hierzu wurden die Erläuterungen und Beschreibungen in den vorangegangenen Kapiteln 3.3 und 3.4 herangezogen. In diesen Kapiteln wurden bereits die Notwendigkeiten der verschiedenen Elemente hinsichtlich der Entwicklung eines neuen ganzheitlichen Übertragungsansatzes für die Übertragung und Anwendung von Selbststeuerungssystemen in der Transportlogistik detailliert erläutert und begründet, sodass an dieser Stelle auf eine nochmalige Begründung verzichtet werden kann. Die X-Markierung steht für die

426 Die Elemente entsprechen den einzelnen Objekten der drei Kernkomponenten, beispielsweise in der Kernkomponente Metamodell das Element Markt, in der Kernkomponente Vorgehensmodell das Element Phase 1 – Geschäftsarchitektur oder in der Kernkomponente Methodenset das Element Workflow.

427 Behandlung soll in diesem Kontext bedeuten, dass die in der Anforderung thematisierte Problemstellung mit einem Gestaltungsobjekt beschrieben, in einer Aktivität geregelt oder in einer Methodik verwendet wurde. Dabei wurde auf eine Gewichtung hinsichtlich der Intensität und Tiefe der Behandlung verzichtet.

Notwendigkeit, das entsprechenden Element auch im zukünftigen Übertragungsansatz einfließen zu lassen.

Die Gestaltungsobjekte der Metamodelle werden der Einfachheit halber der Ebene der aggregierten Kerngestaltungsobjekte zugeordnet, da die zu den aggregierten Kerngestaltungsobjekten zugehörigen Elemente vollständig übernommen werden. Wird also im St. Galler Ansatz das aggregierte Gestaltungsobjekt Geschäftsprozess AnfoBAST 2 zugeordnet, sind die zugehörigen Elemente Prozessleistung und Aufgabe ebenfalls zugeordnet.[428]

Die Zuordnungen der Aktivitäten der Vorgehensmodelle werden auf der Phasenebene vorgenommen. Damit sind alle Aktivitäten gleichsam der ausgewählten Phase der entsprechenden Anforderung zugeordnet. So findet sich die Anforderung nach einem durchgängigen Projektmanagement gemäß AnfoBAST 7 in der Phase 1 Projektvorbereitung des ARIS HOBE wieder.[429]

Die Methodensets sind in der Reihenfolge ihrer Nennungen und Erläuterungen in den Kapiteln 3.3.3, 3.4.3 und 3.4.4.2 den AnfoBAST zugeordnet worden. So wird AnfoBAST 4 beispielsweise im St. Galler Ansatz in der Methode System- und Technologieplanung berücksichtigt, da diese Methode die Planung von Informationssystemen, etwa die Konzeptionierung und Entwicklung eines MAS, unterstützt.

428 Zum Metamodell St. Gallen vgl. Kapitel 3.3.1., Abbildung 24.
429 Zum angeführten Beispiel Kapitel 3.4.2.

Abbildung 34: Zuordnung Elemente der BE-Ansätze zu AnfoBAST

	Anforderung / Elemente	AnfoBAST 1 Strategische Ebene im Unternehmen einbeziehen	AnfoBAST 2 Geschäftsprozesse anpassen	AnfoBAST 3 Geschäftsregeln etablieren	AnfoBAST 4 MAS als IuK-Systeme einsetzen	AnfoBAST 5 Vorhandene IT-Umwelten berücksichtigen	AnfoBAST 6 Wirtschaftlichkeit steigern	AnfoBAST 7 Projektmanagement einführen
	Metamodell	3	2	1	2	2	1	0
	Vorgehensmodell	2	4	2	2	3	1	1
	Methodenset	5	17	8	6	14	4	0
St. Galler Ansatz	**Metamodell**	**2**	**1**	**0**	**1**	**1**	**0**	**0**
	Markt	X						
	Strategisches Geschäftsfeld	X						
	Geschäftsprozess		X					
	Applikation				X	X		
	Vorgehensmodell	**1**	**1**	**1**	**1**	**2**	**1**	**0**
	Phase 1 - Geschäftsarchitektur	X					X	
	Phase 2 - Prozessarchitekur		X	X				
	Phase 3 - Systemarchitektur				X	X		
	Phase 4 - Realisierung					X		
	Methodenset	**1**	**8**	**0**	**5**	**10**	**0**	**0**
	Strategieentwurf	X						
	Prozessentwurf		X					
	Prozessmanagement		X					
	Prozessbenchmark		X			X		
	Standardsoftware				X	X		
	Internet/Intranet				X	X		
	Workflow		X					
	System- und Technologieplanung				X	X		
	Verteilte Applikationsarchitektur				X	X		
	SCM		X			X		
	CRM		X			X		
	Wissensmanagement		X			X		
	Kompetenzmanagement		X			X		
	Prozessportale				X	X		
ARIS HOBE Ansatz	**Metamodell**	**1**	**1**	**0**	**1**	**1**	**1**	**0**
	Ziel	X					X	
	Geschäftsprozess		X					
	Informationsobjekt				X	X		
	Vorgehensmodell	**1**	**3**	**1**	**1**	**1**	**0**	**1**
	Phase 1 - Projektvorbereitung							X
	Phase 2 - Strategische Planung	X						
	Phase 3 - Ist-Analyse		X					
	Phase 4 - Soll-Konzept		X					
	Phase 5 - DV-Konzept und Implementierung				X	X		
	Phase 6 - Regelmäßige Erfolgskontrolle		X	X				
	Methodenset	**4**	**9**	**0**	**1**	**4**	**4**	**0**
	Prozessinnovation	X						
	Prozessstrategie	X						
	Prozess- und Anwendungsarchitektur		X					
	Best Practices und Benchmark		X				X	
	Simulation		X		X			
	ABC-Kostenrechnung		X				X	
	Balanced Scorecard	X					X	
	Performance Measurement	X					X	
	Prozess Mining		X					
	CRM		X			X		
	SCM		X			X		
	SRM		X			X		
	ERP		X			X		
erweiterter ARIS HOBE Ansatz	**Metamodell**	**0**	**0**	**1**	**0**	**0**	**0**	**0**
	Business Rule Engine			X				
	Vorgehensmodell	**0**	**0**	**0**	**0**	**0**	**0**	**0**
	keine Aktivitäten und Schritte vorhanden							
	Methodenset	**0**	**0**	**8**	**0**	**0**	**0**	**0**
	Grundsätze der Unternehmensführung			X				
	Prozessrestriktion			X				
	Dispositiver Geschäftsprozessentwurf			X				
	Regelbasierter Maßnahmenkatalog			X				
	ABC-Regel-Analyse			X				
	Untersuchung/Bewertung Schlüsselleistungsindikatoren			X				
	Kostenanalyse der Geschäftsregel			X				
	Geschäftsregeldurchführung			X				

Quelle: Eigene Darstellung

Die Abbildung 34 dient der Zusammenfassung der Zuordnung der Elemente der BE-Ansätze zu AnfoBAST, welche in den vorangegangenen Kapiteln 3.3 und 3.4 bereits detailliert erläutert wurden.

Um die Forschungslücke zu quantifizieren, werden nun die Summen der X-Markierungen über beide BE-Ansätze gebildet. Zum Zweck der weiteren Verdichtung und Vereinfachung erfolgt eine Differenzierung in die drei Kernkomponenten Metamodell, Vorgehensmodell und Methodenset. In Abbildung 35 wird das Ergebnis grafisch präsentiert. Die Länge der Balken spiegelt dabei die Häufigkeit der getroffenen Zuordnungen gemäß Abbildung 34 wider und dient als Gradmesser der Anforderungsabdeckung.

Abbildung 35: Berücksichtigung der AnfoBAST durch die Komponenten der untersuchten BE-Ansätze St. Gallen und ARIS HOBE

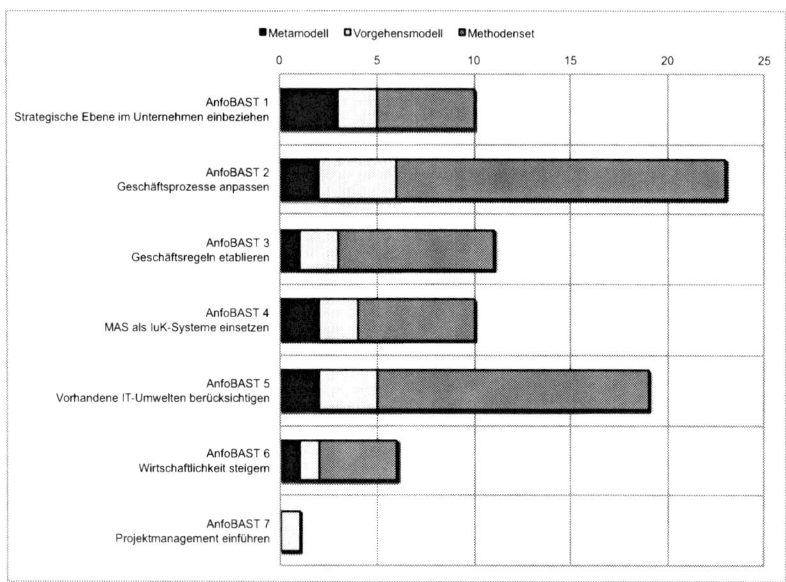

Quelle: Eigene Darstellung

In Abbildung 35 ist klar erkennbar, dass mit Abstand AnfoBAST 2 durch die Elemente der untersuchten BE-Ansätze am stärksten berücksichtigt wird. Die geringste Abdeckung hat AnfoBAST 7 erfahren, da es nur im ARIS HOBE Ansatz im Vorgehensmodell als eine Aktivität in Phase 1 erwähnt wurde. Im Folgenden werden nunmehr Kommentierungen zu allen Ergebnissen vorgenommen und so die Forschungslücken konkretisiert.

AnfoBAST 1 – Strategische Ebenen im Unternehmen einbeziehen

Die Anforderung wird in allen drei Kernkomponenten durchgängig erfüllt. Dieses Ergebnis war zu erwarten, da es zu den Merkmalen von BE-Ansätze zählt und gehört, Strategie, Prozess und Informationssysteme miteinander zu verbinden.[430]

Über die Gestaltungsobjekte Markt, strategisches Geschäftsfeld und Ziele können die vorhandenen Metamodelle in ihrer Grundstruktur beibehalten werden und sind auf der Strategieebene zusammenzuführen.[431] In den Vorgehensmodellen wird über die Aktivitäten bei der Festlegung der Geschäftsarchitektur oder bei der strategischen Planung die gestellte Anforderung erfüllt.[432] Die Phasen, Aktivitäten und Schritte sind zu vereinheitlichen. Die Methodensets bieten zur strategischen Ausrichtung die Prozessstrategie, Prozessinnovation, Prozess- und Anwendungsarchitektur sowie den Strategieentwurf an.[433] Hierdurch können die Anforderungen ausreichend berücksichtigt werden. Es sind jedoch Methodenüberschneidungen vorhanden, die im Rahmen einer Kernmethodenbildung gelöst werden sollten. Es ist ein Kernmethodenset herzuleiten, das die notwendigen und überschneidungsfreien Methoden enthält.

430 Zu Merkmalen vgl. Kapitel 3.2.2.
431 Vgl. Kapitel 3.3.1.1, Kapitel 3.3.1.2 und Kapitel 3.4.1.1.
432 Vgl. Kapitel 3.3.2 und Kapitel 3.4.2.
433 Vgl. Kapitel 3.3.3 und Kapitel 3.4.3.

AnfoBAST 2 – Geschäftsprozesse anpassen

Diese Anforderung wird vollständig und durchgängig erfüllt. Dies ist u.a. darauf zurückzuführen, dass die Business Engineering-Ansätze für den Vollzug von Geschäftsprozessveränderungen entwickelt worden sind.[434]

In den Metamodellen sind explizit die Gestaltungsobjekte Prozess bzw. Geschäftsprozess vorhanden.[435] Die Gestaltungsobjekte sind lediglich in ihrer Benennung zu vereinheitlichen. Die Vorgehensmodelle kennzeichnen über die Phasen Prozessarchitektur, Ist-Analyse, Soll-Konzept und regelbasierte Erfolgskontrolle die beschriebene Anforderung. Auch hier sind die Phasen, Aktivitäten und Schritte zu vereinheitlichen. Jedoch sind die Phasen Prozess und System in einer Phase zusammenzufassen, da in der Praxis oft Barrieren und Hemmnisse bei der Umsetzung von Prozesslastenheften in IT-Pflichtenhefte bestehen. Diese Phase sollte deshalb einheitlich und durchgängig von einem (Teil-)Projektleiter verantwortlich geführt werden. Sie gehören unmittelbar zusammen. Die Methodensets stellen eine Vielzahl von Techniken und Werkzeugen bereit, um die Geschäftsprozessveränderung zu begleiten. Eine Reduzierung und Komprimierung der Methodiken scheinen angebracht. Sie fließen ebenfalls in das neu zu bildende Kernmethodenset mit ein.

AnfoBAST 3 – Geschäftsregeln etablieren

Die Anforderung wird im wesentlichen durch das Methodenset des erweiterten ARIBS HOBE Ansatzes erfüllt.[436] Die Methoden werden im Kapitel 3.4.4.2 vorgestellt. Das Gestaltungsobjekt zur Realisierung von Geschäftsregeln wird im Kapitel 3.4.4.3 in Form der „Business Rule Engine" erläutert.

Im Metamodell ist das Gestaltungsobjekt Geschäftsregel sowie, in Anlehnung an das Methodenset des erweiterten ARIS HOBE, die vierte

---

434 Vgl. Kapitel 3.2.1.

435 Vgl. Kapitel 3.3.1.3 und Kapitel 3.4.1.2.

436 Vgl. Kapitel 3.4.4.

Ebene Geschäftsregel aufzunehmen. Auch das Vorgehensmodell ist durch entsprechende Aktivitäten und Schritte zu erweitern, um Geschäftsregeln entwerfen und kontrollieren zu können. Im erweiterten Methodenset des ARIS HOBE-Ansatzes ist die Einführung von Geschäftsregeln bereits umfassend beschrieben, so dass keine weiteren Methoden notwendig scheinen. Das neu zu bildende Kernmethodenset ist um die vorgestellten Methoden aus dem erweiterten ARIS HOBE Ansatz zu ergänzen.

AnfoBAST 4 – MAS als IuK-System einsetzen

Auch bei dieser Anforderung weist der Abgleich eine hinreichende Erfüllung durch die Inhalte der vorhandenen Ansätze St. Gallen und ARIS HOBE auf. Sie verfügen über separate Ebenen in den Modellen, welche die Entwicklung, Konfiguration und Realisierung von IuK-Systemen unterstützen. Das MAS ist jedoch als spezifische Applikationssoftware in das Metamodell aufzunehmen, da das Objekt eine notwendige Softwarekomponente zur Umsetzung der Selbststeuerung darstellt. Sie wurden im Forschungsprojekt AMATRAK ebenfalls erfolgreich eingesetzt.[437] Hinsichtlich der existenten Phasen, Aktivitäten und Schritte im Vorgehensmodell sowie der vorhandenen Methodiken ist auch hier lediglich zu vereinheitlichen und zu komprimieren.

AnfoBAST 5 – Vorhandene IT-Umwelten berücksichtigen

Bei dieser Anforderung ist ebenfalls eine hohe Abdeckung durch die vorhandenen Elemente und Instrumente erkennbar. Die Gestaltungsobjekte der vorgestellten Metamodelle sind einheitlich in ein neues Metamodell zu transferieren. Die Aktivität hinsichtlich der Überprüfung der vorhandenen IT-Umwelten ist im Vorgehensmodell ergänzend aufzunehmen. Eine Zusammenführung, Vereinheitlichung und Bildung von Kernmethodiken sind vorzunehmen.

---

437 Zu Multiagentensysteme vgl. Kapitel 2.4.4, zu Business Rule Engine vgl. Kapitel 3.4.4.3.

AnfoBAST 6 – Wirtschaftlichkeit steigern

Es werden strategische Komponenten sowie Elemente des Zielsystems, etwa Best Practices, Benchmark oder Balanced Scorecard, angesprochen. Beide Aspekte werden hinreichend beschrieben, jedoch ist auf der Strategieebene explizit das Gestaltungsobjekt Komplexität aufzunehmen, da dieses Element z.B. durch Zielvorgaben, Markt und Prozesse beeinflusst wird und maßgeblich als Ursache für den Selbststeuerungsansatz gilt. Im Vorgehensmodell fehlen Aktivitäten zur Überprüfung der Anwendbarkeit von Selbststeuerungssystemen. Die Aktivitäten sind methodisch zu unterstützen. Entsprechend ist das Methodenset zu erweitern.

AnfoBAST 7 – Projektmanagement einführen

Das Projektmanagement ist nicht als Gestaltungsobjekt im Metamodell abbildbar, da es sich um eine Methodik handelt, um die Organisation, Planung, Überwachung und Steuerung von komplexen Tätigkeiten zu übernehmen.[438] Das Projektmanagement zählt demnach nicht zu den beeinflussbaren Gestaltungselementen eines Metamodells.[439] Im Vorgehensmodell des ARIS HOBE Ansatzes wird in Phase 1 das Projektmanagement beschrieben. Diese Phase ist zu verfeinern und in das neue Vorgehensmodell aufzunehmen. Im Methodenset sind keinerlei Methoden zur ganzheitlichen Führung des Projekts enthalten. Das Methodenset des BASTs ist hinsichtlich des Projektmanagements entsprechend zu ergänzen.

Die Tabelle 8 fasst noch einmal die Maßnahmen zusammen, die zur Schließung der Forschungslücke notwendig sind. Unter der Aufforderung „Zusammenführung“ ist eine Kombination der Gestaltungsobjekte aus beiden BE-Ansätzen zu verstehen, wobei jedes Gestaltungsobjekt aufgenommen wird. „Vereinheitlichung“ bedeutet in diesem Kontext, dass bei gleichen Inhalten der Gestaltungsobjekte eine einheitliche, neue Na-

438 Zu Projektmanagement vgl. Litke, H.-D. (2005), S.20f.

439 Zur Definition und Abgrenzung beeinflussbarer Gestaltungsobjekte vgl. Kapitel 3.1.1.

mensgebung erfolgen soll, unter der sie verschmelzen. Dies wird in Kapitel 4 detailliert erfolgen.

Mit der Zusammenführung der beiden Ansätze St. Gallen und ARIS HOBE sowie den aufgeführten Ergänzungen kann ein BAST generiert werden, der das Projekt ganzheitlich umsetzt. Die Einarbeitung der Forschungslücke sowie die Ableitung des neuen Übertragungsansatzes sind Gegenstände des folgenden vierten Kapitel. Hier werden für den BAST schrittweise das neue Metamodell, das neue Vorgehensmodell sowie das daraufhin abgestimmte neue Methodenset entwickelt. Insbesondere beim Vorgehensmodell ist auffällig, dass durchgängig die Schrittfolgen zu den Aktivitäten fehlen. In den untersuchten Modellen wurden nur Phasen und Aktivitäten abgebildet.[440] Insofern besteht die Notwendigkeit, Impulse und Referenzen aus weiteren Vorgehensmodellen für die Entwicklung einer geeigneten Schrittfolge zu erhalten.

440 Zum Vorgehensmodell St. Gallen vgl. Abbildung 25, zu ARIS HOBE vgl. Abbildung 29.

Tabelle 8: Übersicht über die Maßnahmen zur Schließung der Forschungslücken

Anforderung	Metamodell	Vorgehensmodell	Methodenset
AnfoBAST 1 Strategische Ebene im Unternehmen einbeziehen	Zusammenführung und Vereinheitlichung der Gestaltungsobjekte des St. Galler Ansatzes und ARIS HOBE auf der Ebene Strategie	Ableitung einer neuen Phase zum Geschäftsszenario, Zusammenführung und Vereinheitlichung der Aktivitäten zur Strategie, Entwicklung geeigneter Schrittfolgen innerhalb der Aktivitäten	Ableitung von notwendigen Kernmethoden für die Strategieebene aus den vorhandenen Methodensets des St. Galler Ansatzes und ARIS HOBE
AnfoBAST 2 Geschäftsprozesse anpassen	Zusammenführung und Vereinheitlichung der Gestaltungsobjekte des St. Galler Ansatzes und ARIS HOBE auf der Ebene Prozess	Ableitung einer neuen Phase zur Prozesskonzeption, Zusammenführung und Vereinheitlichung der Aktivitäten zu Prozesskonzeptionen, Entwicklung geeigneter Schrittfolgen innerhalb der Aktivitäten	Ableitung von notwendigen Kernmethoden für die Prozessebene aus den vorhandenen Methodensets des St. Galler Ansatzes und ARIS HOBE
AnfoBAST 3 Geschäftsregeln etablieren	Gestaltungsobjekte "Geschäftsregel" aufnehmen; Ebene "Geschäftsregeln" aufnehmen	Aktivitäten und Schritte zum Entwurf und Kontrolle von Geschäftsregeln aufnehmen	Übernahme und Komprimierung der Methodiken zu Geschäftsregeln aus ARIS HOBE in das neue Kernmethodenset
AnfoBAST 4 MAS als IuK-Systeme einsetzen	Gestaltungsobjekt "Multiagentensystem" aufnehmen	Ableitung einer neuen Phase zur Systemkonzeption, Zusammenführung und Vereinheitlichung der Aktivitäten zu Systemenkonzeptionen, Entwicklung geeigneter Schrittfolgen innerhalb der Aktivitäten	Ableitung von notwendigen Kernmethoden für die Systemebene aus den vorhandenen Methodensets des St. Galler Ansatzes und ARIS HOBE
AnfoBAST 5 Vorhandene IT-Umwelten berücksichtigen	Zusammenführung der Gestaltungsobjekte des St. Galler Ansatzes und ARIS HOBE auf der Ebene System	Aktivitäten und Schritte der Überprüfung vorhandener IT-Umgebungen und Umwelten aufnehmen	Ableitung von notwendigen Kernmethoden für die Systemebene aus den vorhandenen Methodensets des St. Galler Ansatzes und ARIS HOBE
AnfoBAST 6 Wirtschaftlichkeit steigern	Gestaltungsobjekt "Komplexität" aufnehmen	Aktivitäten und Schritte zur Entwicklung eines Geschäftsmodells hinsichtlich Anwendbarkeit von Selbststeuerungskonzepten sowie Validierung des Gesamtkonzeptes aufnehmen	Mehrkomponenten Evaluierungssystem als Methode zur Überprüfung der Anwendbarkeit der Selbststeuerung aufnehmen
AnfoBAST 7 Projektmanagement einführen		Aktivität zur Projektorganisation aufnehmen und Entwicklung von geeigneten Schrittfolgen innerhalb der Aktivität	Projektmanagement als Methode aufnehmen

Quelle: Eigene Darstellung

3.6 Zwischenfazit

Um Konzepte im Allgemeinen und Selbststeuerungssysteme im Speziellen in die Praxis zu transferieren, bedarf es eines gezielten, systematischen und nachvollziehbaren Vorgehens, also eines geeigneten Übertragungsansatzes, des BASTs *(Betriebswirtschaftlicher Ansatz zur Übertragung und Anwendung von Selbststeuerungssystemen in der Transportlogistik)*. Dabei sind die zentralen Komponenten das Metamodell, das Vorgehensmodell und das Methodenset, wobei das Metamodell den abstrakten grafischen Überblick über die Gestaltungsobjekte und deren Beziehungen ermöglicht, das Vorgehensmodell die Aktivitäten in eine sachlogische, zeitliche und phasenweise Reihenfolge bringt und die technische Umsetzung der Aktivitäten durch Methodiken realisiert wird. Der BAST sollte die Anforderungen erfüllen, die sich einerseits aus den zukünftigen Marktherausforderungen und andererseits aus der spezifischen Anwendung der Selbststeuerung ergeben. Wesentliche Anforderungen sind beispielsweise die Berücksichtigung der strategischen Unternehmensebene, die prozessualen Veränderungen, das Aufstellen von Geschäftsregeln, der Einsatz eines MAS, die Berücksichtigung der vorhandenen IT-Umwelten, die Steigerung der Wirtschaftlichkeit sowie die Anwendung eines durchgängigen Projektmanagements (vgl. Kapitel 3.1).

Eine der fünf repräsentativen Lehren der Ingenieur- und Wirtschaftswissenschaften neben der Organisationslehre, Technologiemanagement, Wirtschaftsinformatik und Informatik, ist das Business Engineering (BE). Es beinhaltet bewährte Management- und Systementwicklungskonzepte, die für ein strukturiertes, prozessorientiertes und ingenieurmäßiges Vorgehen sorgen. Das BE unterteilt hierbei das Unternehmen in die drei Ebenen Strategie, Prozess und System. Die Reflektion der wesentlichen Merkmale des BEs auf die transportlogistische Problemstellung verdeutlicht, das geeignete Übertragungsansätze aus dieser Disziplin hervorgehen können. Aus dem Angebot an unterschiedlichsten BE-Ansätzen gilt es, die geeigneten Ansätze zur Weiterentwicklung einzugrenzen und auszuwählen. Dabei wird insbesondere auf die Ganzheitlichkeit der Ansätze geachtet, bei der die Ansätze auf die gesamte Unternehmensorganisation wirken (vgl. Kapitel 3.2).

Der St. Galler Ansatz des BEs ist neben der Architektur integrierter Informationssysteme (ARIS) eines der wesentlichen ganzheitlichen Ansätze des BEs. Einen zentralen Einfluss auf diese Auswahl geeigneter Ansätze nimmt die Ausgestaltung der Kernkomponenten Metamodell, Vorgehensmodell und Methodenset. Das Metamodell beschreibt mit seinen Gestaltungsobjekten die möglichen beeinflussbaren Elemente eines Unternehmens und stellt diese in Beziehung zueinander. Dabei sind die aggregierten Kerngestaltungsobjekte der Markt, das Geschäftsfeld, der Prozess und die Applikation. Das Vorgehensmodell des St. Galler Ansatzes untergliedert sich in die vier Phasen Geschäftsarchitektur, Prozessarchitektur, Systemarchitektur und Realisierung. Den Phasen sind wiederum Aktivitäten zugeordnet, die bei der Durchführung festgelegte Ergebnisse in Form von Ergebnisdokumenten liefern. Zur Durchführung der Aktivitäten werden Methoden angewandt, die durch ein abgestimmtes Methodenset bereitgestellt werden. Dabei sind einerseits Methoden, wie Prozessentwurf oder Workflow, konkreten Gestaltungsebenen zugeordnet, andererseits wirken Methoden, wie etwa Wissensmanagement oder Supply-Chain-Management, ebenenübergreifend (vgl. Kapitel 3.3).

Ähnlich im Aufbau stellt sich die Architektur integrierter Informationssysteme (ARIS) als zweiter ganzheitlicher Ansatz des Business Engineerings dar. In der Weiterentwicklung des Ansatzes wird in der Literatur ebenfalls der Begriff ARIS HOBE verwendet, wobei die Abkürzung HOBE für „House of Business Engineering" steht. Auch hier sind das Metamodell mit seinen Gestaltungsobjekten, das Vorgehensmodell und das Methodenset die wesentlichen Kernkomponenten. Die Gestaltungsobjekte Ziel, Organisationseinheit, Funktion, Ereignis und Informationssystem des Metamodells unterscheiden sich vom St. Galler Ansatz und ergänzen das Gesamtbild des BEs. Das Vorgehensmodell des ARIS HOBE-Ansatzes gliedert sich in die sechs Phasen Projektvorbereitung, Strategische Planung, Ist-Analyse, Soll-Konzept, DV-Konzept und Regelmäßige Erfolgskontrolle. Ein wesentlicher Unterschied gegenüber dem St. Galler Ansatz sind die erste und die letzte Phase, wobei die erste Phase die organisatorische Vorbereitung des Projekts beinhaltet und die letzte Phase die Nachhaltigkeit der eingeführten Unternehmensveränderung sicherstellt. Das bestehende Methodenset des ARIS HOBE-Ansatzes unterstützt die Phasen des Vorgehensmodells (vgl. Kapitel 3.4).

Die Etablierung von Geschäftsregeln als eine Kernanforderung des BASTs wird in einem separaten Kapitel als Erweiterung des ARIS HOBE

Ansatzes detailliert behandelt. Es werden Aussagen zum Entwurf, zur Kontrolle sowie zur IT-technischen Umsetzung formuliert. Dabei wird die Geschäftsregel als neue Ebene aufgenommen. Diese Erweiterung ist ein wesentlicher Bestandteil der weiteren Überlegungen (vgl. Kapitel 3.4.4).

Die in Kapitel 3.1.2 aufgestellten Anforderungen an einen Ansatz zur Übertragung und Anwendung von Selbststeuerungssystemen in der Transportlogistik (AnfoBAST) werden hinsichtlich der drei Kernkomponenten Metamodell, Vorgehensmodell und Methodenset ihrer inhaltlichen Behandlung durch die zwei vorgestellten BE-Ansätze nach bewertet. Das Ergebnis der Zuordnungen wird als Erfüllungsgrad bewertet und gilt als Indikator, welche der aufgestellten Anforderungen schwach oder stark in den bisherigen BE-Ansätzen behandelt wurden. Dieser Indikator lässt Rückschlüsse auf mögliche Forschungslücken zu, die durch geeignete Maßnahmen geschlossen werden können. Dies ist das wesentliche Ergebnis des dritten Kapitels und gleichzeitig der Ausgangspunkt für das vierte Kapitel (vgl. Kapitel 3.5).

Im nun folgenden vierten Kapitel wird die beschriebene Forschungslücke aus Kapitel 3.5 durch die aufgeführten Anpassungen und Erweiterungen der Kernelemente Metamodell, Vorgehensmodell und Methodenset geschlossen.

4 Ableitung eines neuen BE-Ansatzes

In dem vorangegangenen Kapitel 2 wurde zunächst die Notwendigkeit für neue Planungs- und Steuerungssysteme auf Basis von aktuellen, komplexitätssteigernden Entwicklungen in der Transportlogistik herausgearbeitet. Mittels des Forschungsprojekts AMATRAK konnte nachgewiesen werden, dass durch den Einsatz von MAS komplexe Abläufe durch Dezentralisierung der Entscheidung entzerrt werden können und so die Planung und Steuerung der zukünftigen Transportabläufe handhabbarer werden können.

In Kapitel 3 wurden mögliche ganzheitliche Übertragungsansätze vorgestellt, durch die Geschäftsprozessveränderungen aufgrund von IT-Innovationen aus der Wissenschaft in die Transportlogistikpraxis transferiert werden können. Dabei wurde das BE als eine geeignete Disziplin ausgewählt. Die bereits existierenden allgemeingültigen BE-Übertragungsansätze wurden mit den zuvor aufgestellten speziellen AnfoBAST abgeglichen. Anpassungsbedarfe wurden als Forschungslücken abgeleitet.

Das vierte Kapitel baut auf der Forschungslücke des dritten Kapitels auf. Gemäß der getroffenen Zielsetzung aus Kapitel 1.2 wird nun versucht, aus diesen Ausführungen und Erkenntnissen einen BAST abzuleiten. Dabei soll insbesondere die Frage beantwortet werden, wie erprobte Selbststeuerungssysteme in die Transportlogistikpraxis transferiert werden können.

Die drei Kernkomponenten Metamodell, Vorgehensmodell und Methodenset werden gemäß der im Kapitel 3.5 herausgearbeitete Forschungslücke ausgearbeitet. Die gewonnenen Erkenntnisse bei der Durchführung des Forschungsprojekts AMATRAK werden ebenfalls bei den Ausarbeitungen berücksichtigt, sodass eine praxisorientiertes und bereits erprobtes Ergebnis sichergestellt werden kann.

Die Modifikationen werden für das Metamodell in Kapitel 4.1, für das Vorgehensmodell in Kapitel 4.2 und für das Methodenset in Kapitel 4.3 vorgestellt. Die wesentlichen Ergebnisdokumente sind das Metamodell, das Vorgehensmodell sowie das darauf zugeschnittene Kernmethodenset. Mit dieser Vorgehensweise entsteht der BAST als ein neuer ganzheitlicher Übertragungsansatz, welcher der Logik der allgemeingültigen Methodenkonstruktion aus Kapitel 3.1.1 entspricht und für die spezielle Übertragung und Anwendung von Selbststeuerungssystemen in der Transportlogistik geeignet ist.

Abschließend werden in Kapitel 4.4 eine kritische Auseinandersetzung durchgeführt, eine qualitative Bewertung hinsichtlich Anwendbarkeit und Übertragbarkeit des neuen Ansatzes vorgenommen sowie weitere mögliche Forschungsbedarfe eruiert.

4.1 Metamodell (MeMoBAST)

Dieses Kapitel widmet sich dem ersten Ergebnisdokument, dem *Metamodell des betriebswirtschaftlichen Ansatzes zur Übertragung und Anwendung von Selbststeuerungssystemen in der Transportlogistik (MeMoBAST)*.

Um das MeMoBAST zu entwickeln, werden die vorhandenen Metamodelle des St. Galler-Ansatzes[441] und ARIS HOBE-Ansatzes[442] zusammengeführt und durch die abgeleiteten Anpassungsbedarfe aus Kapitel 3.5 ergänzt. Damit werden die notwendigen Gestaltungsobjekte und deren Beziehung bestimmt. Im Anschluss an die Auswahl der Gestaltungsobjekte werden diese den Gestaltungsebenen zugeordnet.

Im Rahmen des Forschungsprojekts AMATRAK wurde hinsichtlich der Komponenten darauf fokussiert, einen Meilensteinplan aufzustellen, der das Projekt umfassend begleiten sollte. Dieser Meilensteinplan kann als Vorgehensmodell interpretiert werden. Ein Metamodell wurde entwickelt, sodass ein Transfer und Abgleich für diese Kernkomponente nicht möglich sind.

---

441 Vgl. Kapitel 3.3.1.

442 Vgl. Kapitel 3.4.1. und Kapitel 3.4.4.

4.1.1 Bestimmung der Gestaltungsobjekte des MeMoBASTs

Die vorhandenen Metamodelle sind in den Kapiteln 3.3.1 (St. Gallen) und 3.4.1 (ARIS HOBE) erläutert worden. Die folgende Abbildung 36 veranschaulicht grafisch die in den vorangegangenen Kapiteln erläuterten Gestaltungsobjekte, in der linken Spalte für den St. Galler Ansatz, in der rechten Spalte für ARIS HOBE. In der Mitte wird das MeMoBAST aus den existierenden Bestandteilen zunächst zusammengeführt und vereinheitlicht. Die schwarz kursiv hinterlegten Zellen beinhalten die Erweiterungen, die in den heutigen Ansätzen nicht vorkommen, jedoch aufgrund der aufgestellten AnfoBAST ergänzt werden müssen.

Die neuen Gestaltungsobjekte gemäß der herausgearbeiteten Forschungslücke Komplexität, Geschäftsregel und MAS wurden aufgenommen. Die Gestaltungsobjekte Aufgabe und Ereignis wurden unter dem Gestaltungsobjekt Aufgabe vereinheitlicht. Die Gestaltungsobjekte Applikation und Informationsobjekt wurden unter dem Gestaltungsobjekt Applikation vereinheitlicht. Alle anderen Gestaltungsobjekte wurden vollständig übernommen.

Abbildung 36: Bestimmung der Gestaltungsobjekte für das MeMoBAST

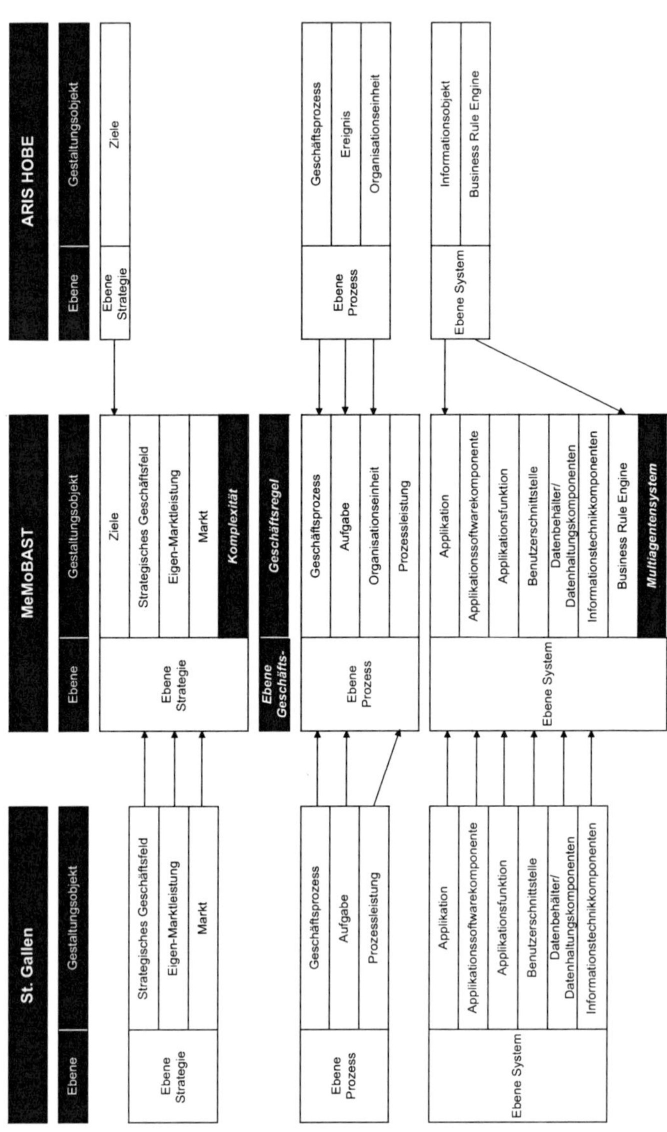

Quelle: Eigene Darstellung

Auf dieser Basis werden im folgenden Kapitel nunmehr die Gestaltungsobjekte des MeMoBASTs zueinander in Beziehung gesetzt. Das MeMoBAST wird grafisch als Ergebnisdokument präsentiert und erläutert.

4.1.2 Bestimmung der Beziehungen und Ableitung des MeMoBASTs

In Anlehnung an die im vorangegangenen Kapitel 4.1.1 bestimmten Gestaltungsobjekte gilt es nun, die Beziehungen, die zwischen den Gestaltungsobjekten bestehen, anzugeben. Das MeMoBAST ist die Kombination der Gestaltungsobjekte aus den vorhandenen BE-Ansätzen und der Ergänzung durch weitere Gestaltungsobjekte aufgrund der beschriebenen Anforderungen.[443] Letztgenannte sind in der Abbildung 37 schwarz kursiv hinterlegt.

Der Ort der Zusammenführung von Angebot und Nachfrage, der Markt, kann das Geschäftsfeld beeinflussen, in welchem der Dienstleister seine Leistungen anbietet. Steigen die Ansprüche etwa durch kürzere Lieferzeiten, so kann dies Folgen für das angebotene Produkt der Durchführung von Transporten haben. Eine verbesserte Planung und Steuerung der Transporte können den Einsatz der Fahrzeuge optimieren und so die Transportkette schneller ablaufen lassen. Die Anzahl, Vielfalt, Veränderung und Bestimmbarkeit dieser Kundenansprüche führen jedoch zu einer steigenden Komplexität der Transportabwicklung, da beispielsweise nicht jedes Fahrzeug und nicht jeder Fahrer geeignet sind, den Transport durchzuführen.

Um in einem Geschäftsfeld erfolgreich tätig zu sein, müssen Ziele bestimmt werden, welche die Produkt-Markt-Relation beschreiben, beispielsweise Marktwachstum, Margeerwartungen oder Kundenzufriedenheit.[444] Ohne diese Vorgaben können zielgerichtete Entwicklungen eines Geschäftsfeldes nur erschwert durchgeführt werden.

---

443 Vgl. Kapitel 3.5.

444 Zu Zielen und Zielsystem, etwa Balanced Scorecard vgl. Kapitel 3.4.1.1.

Abbildung 37: Metamodell des betriebswirtschaftlichen Ansatzes zur Übertragung und Anwendung von Selbststeuerungssystemen in der Transportlogistik (MeMoBAST)

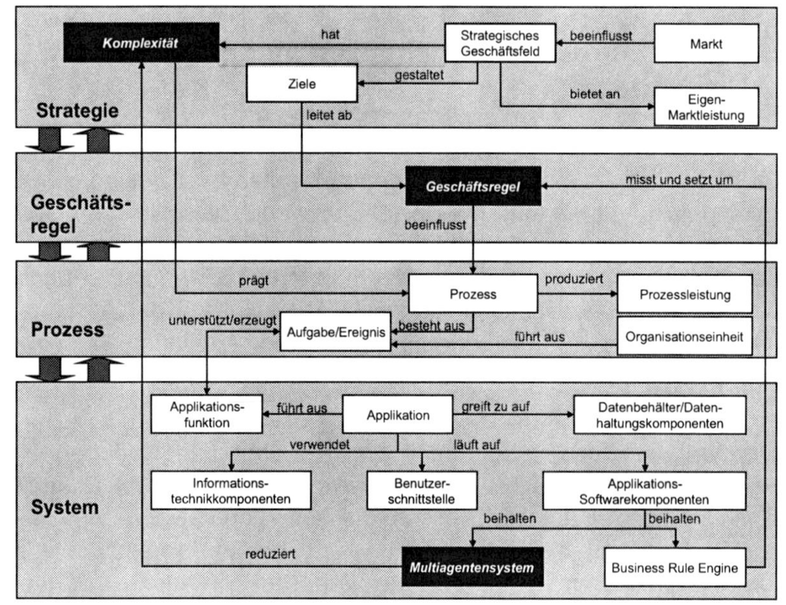

Quelle: Eigene Darstellung

Die Zielvorgaben können über Geschäftsregeln in die Prozesse einfließen, sodass die kreierte Prozessleistung die angebotene Marktleistung optimal unterstützt. Die Prozesse werden durch Organisationseinheiten, die wiederum Aufgaben durchführen, umgesetzt. So kann eine Margenvorgabe von 10 % durch einen Ablaufprozess zwischen Auftragsannahme, Disposition und Verkauf sichergestellt werden, in dem ein MAS den Disponenten bei seiner Auswahl der dazu benötigten Fahrzeuge unterstützt. So werden z.B. nur die Fahrzeuge angezeigt, die in ihren gesamten Durchführungskosten für den Transportauftrag diese Marge erzielen.

Der Prozess wird durch Applikationen, etwa durch ein Speditionssoftwareprogramm, unterstützt, die wiederum aus unterschiedlichen Komponenten bestehen oder diese verwenden, beispielsweise Datenbehälter als Server-Festplatten, Technikkomponenten als PCs, Benutzerschnittstellen als Bildschirme, Softwarekomponenten als MAS und Business Rule Engine.

Damit sind alle wesentlichen Komponenten und deren Beziehungen des Metamodells erläutert, sodass das MeMoBAST als erste Kernkomponente[445] des BASTs fertiggestellt ist. Im folgenden Kapitel wird nun das Vorgehensmodell als zweite Kernkomponente entwickelt. Es beschreibt die Gestaltung der festgelegten Objekte des Metamodells.

4.2 Vorgehensmodell (VoMoBAST)

Dieses Kapitel beschreibt die Entwicklung des *Vorgehensmodells des betriebswirtschaftlichen Ansatzes zur Übertragung und Anwendung von Selbststeuerungssystemen in der Transportlogistik (VoMoBAST)*. Um das VoMoBAST zu generieren, werden zunächst die Phasen festgelegt, danach die Aktivitäten den Phasen zugeordnet und abschließend die Schritte innerhalb der Aktivitäten festgelegt.

Hierzu werden zunächst in Kapitel 4.2.1 die vorhandenen Phasen der Vorgehensmodelle der ganzheitlichen Übertragungsansätze St. Gallen und ARIS HOBE zusammengeführt und vereinheitlicht und abschließend gemäß den Anforderungen aus der Forschungslücke ergänzt.

Darauf aufbauend, werden in Kapitel 4.2.2 die Aktivitäten der Vorgehensmodelle zusammengeführt und den neuen Phasen des VoMoBASTs zugeordnet. Auch hier wird das Modell durch die Forschungslücke ergänzt.

Abschließend erfolgt in Kapitel 4.2.3 die Zuordnung von Schritten zu den festgelegten Aktivitäten. Die Vorgehensmodelle der vorgestellten BE-Ansätze beinhalten jedoch keine Schritte. Deshalb werden die Schrit-

445 Zu Kernkomponenten vgl. Kapitel 3.1.1.

te des erfolgreich umgesetzten Meilensteinplans aus dem Forschungsprojekt AMATRAK herangezogen,[446] um die Aktivitäten hinsichtlich ihrer praxistauglichen Anwendbarkeit zu verfeinern. Da jedoch Aktivitäten im VoMoBAST ergänzt werden, die nicht im AMATRAK-Meilensteinplan vorkommen, sind weitere Vorgehensmodelle hinsichtlich ihrer Schritte zu betrachten, um Impulse und Referenzen für die Vervollständigung des VoMoBASTs zu erhalten. Dabei beschränkt sich die Auswahl der Vorgehensmodelle im Wesentlichen auf bereits im Rahmen dieser Arbeit verwendete Literaturquellen aus den Ingenieur- und Wirtschaftswissenschaften.[447]

Die folgende Grafik in Abbildung 38 visualisiert noch einmal den beschrieben Ablauf und die Inhalte der nun folgenden Kapitel. Dabei ist die Gliederung in drei Kapiteln an de Aufbau eines Vorgehensmodells angelehnt, welche aus Phasen, Aktivitäten und Schritten besteht.[448]

Abbildung 38: Ablauf und Inhalt der Kapitel zur Entwicklung des VoMoBASTs

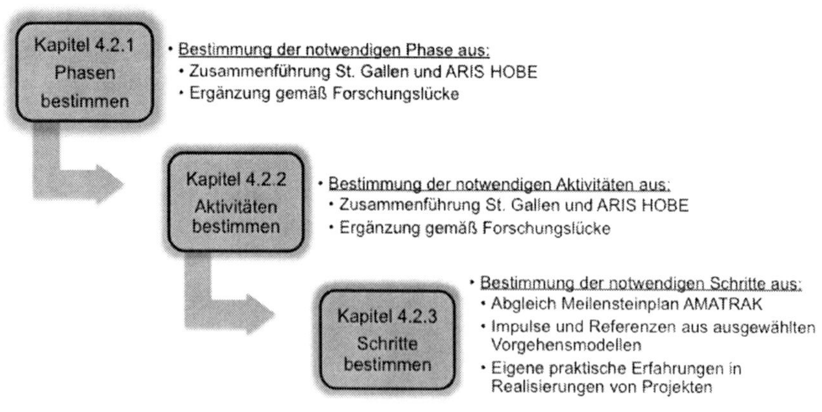

Quelle: Eigene Darstellung

446 Zum Meilensteinplan vgl. Kapitel 2.5.5.
447 Zu den ausgewählten Vorgehensmodellen vgl. Kapitel 4.2.3, Tabelle 9.
448 Zum Aufbau eines Vorgehensmodells vgl. Kapitel 3.1.1.

Die Komponenten Rolle, Technik und Ergebnisse eines allgemeingültigen Vorgehensmodells werden im Kontext der Phasen-, Aktivitäten- und Schrittbestimmung parallel zugeordnet, angewandt und beschrieben.[449]

4.2.1 Bestimmung der Phasen des VoMoBASTs

Die Vorgehensmodelle des St. Galler Ansatzes wurden in Kapitel 3.3.2, von ARIS HOBE in Kapitel 3.4.2 eingehend erläutert. In Abbildung 39 wird das Ergebnis der Zusammenführung und Vereinheitlichung noch einmal präsentiert, welches ausführlich in Kapitel 3.5 erläutert wurde.

Die Phase 1 Projektvorbereitung des VoMoBASTs entspricht der Phase 1 des ARIS HOBE und wurde in das neue Modell ohne Veränderung übernommen. Die Grundlagen zu Zielen und Projektdurchführung werden gelegt. Eine Projektvorbereitungsphase existiert im St. Galler Ansatz nicht.

Die Phase 2 Geschäftsszenario ist eine Vereinheitlichung der Phase Geschäftsarchitektur (St. Gallen) und Strategische Planung (ARIS HOBE). Es sollen einerseits die Anwendung der Selbststeuerung überprüft und andererseits das zukünftige Geschäftsmodell entworfen werden.

Die Phase 3 Prozess- und Systemkonzeption beinhaltet sowohl die prozessualen als auf die IT-systemischen Konzeptionen. Es fließen seitens St. Gallen die Phasen Prozess- und Systemarchitektur ein, seitens ARIS HOBE die Phasen Ist-Analyse, Soll-Konzept und aus der Phase 5 nur das DV-Konzept ein. Es handelt sich um die angestrebte Zusammenführung von Prozess- und Systemkonzeption.

Die Phase 4 Realisierung ist in Anlehnung an St. Gallen getrennt von der Konzeption, da die Realisierung beispielsweise durch einen zeitlichen Versatz aufgrund unternehmensinterner Investitionsgenehmigungsverfahren zur Verschiebung des Projekts führen kann, jedoch die Konzeptionsphase abgeschlossen sein kann. Hier fließen die Phase 4

449 Zu den Komponenten eines Übertragungsansatzes vgl. Kapitel 3.1.1.

des St. Galler Ansatzes und die Phase 5 von ARIS HOBE in die Implementierung ein.

Die Phase 5 Nachhaltigkeit fußt als abschließende Phase des Vorgehensmodells auf der Phase 6 des ARIS HOBE, in die eine regelmäßige Erfolgskontrolle eingebettet ist. Durch diese Phase entsteht ein Kreislauf, der kontinuierlich Justierungen von Prozessen und IT-Systemen ermöglichen soll.

Im folgenden Kapitel 4.2.2 werden nun die Aktivitäten den Phasen anzupassen und zu ergänzen. Dazu werden nach gleichem Muster wie bei der Konstruktion des MeMoBAST und der Phasen des VoMoBASTs zunächst die vorhandenen Aktivitäten der BE-Ansätze St. Gallen und ARIS HOBE aufgelistet, neu zusammengestellt und gemäß der Forschungslücke ergänzt.

Abbildung 39: Phasen des VoMoBASTs

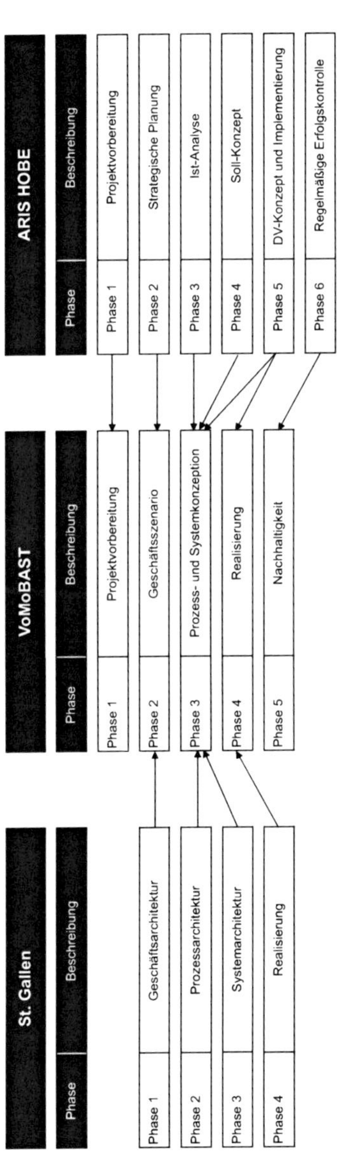

Quelle: Eigene Darstellung

4.2.2 Bestimmung der Aktivitäten des VoMoBASTs

Aufbauend auf den 5 neuen Phasen des VoMoBASTs, werden in diesem Kapitel die Aktivitäten neu strukturiert und gemäß der Forschungslücke aus Kapitel 3.5 ergänzt. Dies ist als weiteres Zwischenergebnis hin zu einem vollständigen Vorgehensmodell zu verstehen, da im Anschluss an die Bestimmung der Aktivitäten Schrittfolgen zu entwickeln sind, die zur Abarbeitung der Aktivitäten unerlässlich sind.

Das Zwischenergebnis wird in Abbildung 40 präsentiert. Auch hier beinhalten die schwarz kursiv hinterlegten Zellen die Erweiterungen, die in Abbildung 40 in den heutigen Ansätzen nicht vorkommen, jedoch aufgrund der aufgestellten Anforderungen gemäß Kapitel 3.5 ergänzt werden. Es folgen die Begründung und Erläuterung der Zusammenstellung der Aktivitäten. Abschließend werden die Aktivitäten des VoMoBASTs den Gestaltungsebenen zugeordnet.

In Phase 1 des VoMoBASTs wird zunächst die Aktivität zur Festlegung der Vorhabenziele verankert. Das Ziel, welches ebenfalls zum Inhalt einer Strategie gehört,[450] ist als erstes festzulegen, um alle anderen Aktivitäten daran ausrichten zu können sowie eine Entscheidung hinsichtlich der benötigten Ressourcen und Kapazitäten fällen zu können. Daran anschließend wird die Aktivität zur Organisation des Projekts aus dem ARIS HOBE Ansatz übernommen.

450 Vgl. Kapitel 3.3.2.

Abbildung 40: Aktivitäten des VoMoBASTs

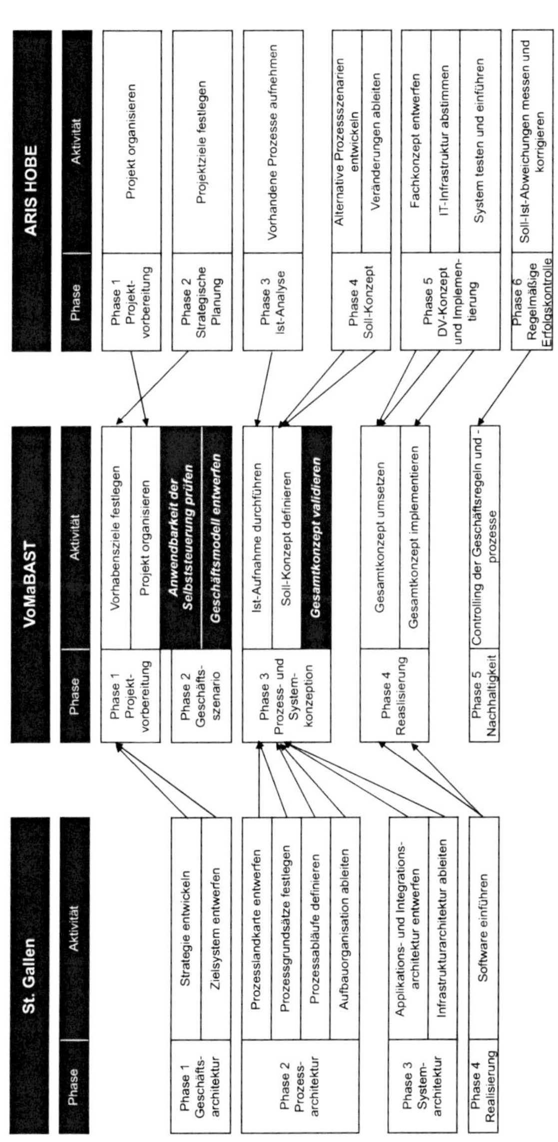

Quelle: Eigene Darstellung

Damit wird inhaltlich, zeitlich, kapazitativ und monetär das Vorhaben organisiert. Der Abschluss in dieser Phase ist ein instruiertes und ausgestattetes Projektteam mit einer klaren Zielvorgabe.

Die Kernaktivität der Phase 2 ist die Aufstellung eines Geschäftsszenarios, welches idealisiert den Selbststeuerungsgrad, die Tätigkeitsfelder, Prozesse und Eigenschaften abbildet, die ein Transportunternehmen beinhalten sollte, um Selbststeuerungssysteme erfolgreich anwenden zu können. Ist etwa die Systemkomplexität zu gering, können herkömmliche Planungs- und Steuerungssysteme für die Bewältigung der Transportaufgaben möglicherweise nutzenbringender eingesetzt werden als Selbststeuerungssysteme.[451] Der Abschluss dieser Phase sollte in eine positive Bewertung der Umsetzung dahingehend münden, dass durch die Implementierung von Selbststeuerungssystemen die gesteckten Ziele erreicht werden können. Nur in diesem Fall sollte die Phase 3 starten, anderenfalls ist das Projekt zu beenden, da unter den definierten Bedingungen Selbststeuerungssysteme nicht zielführend wirken.

Die Aktivitäten der Phase 3 setzen sich zunächst aus der klassischen Ist-Aufnahme von Prozessen und Umgebungen sowie den darauf aufbauenden Soll-Prozessen und Soll-Organisationen zusammen. Dieser Sollzustand wird mittels eines Prozess- und Systemlastenheftes vollständig dokumentiert. Es werden Ausschreibungen auf Basis des Lastenheftes angefertigt und Angebote eingeholt, um das Gesamtkonzept einem Wirtschaftlichkeitsvergleich zu unterziehen. Bei positivem Ergebnis können die Phase 4 starten und das Gesamtkonzept umgesetzt werden.

Die Phase 4 beschäftigt sich mit der Realisierung des gestalteten Gesamtkonzepts. Bei entsprechendem Nachweis der Wirtschaftlichkeit wird begonnen, die IT-Systeme zu entwickeln sowie weitere vorbereitende Tätigkeiten zur Produktivschaltung, wie Tests und Schulungen, vorzunehmen. Der Abschluss dieser Phase ist die Meldung der 100 %-igen Betriebsbereitschaft des Gesamtkonzepts.

Dieser Zustand kann nun in Phase 5 in die Sicherstellung des nachhaltigen Nutzens überführt werden. Hier werden Aktivitäten durchgeführt, die über Soll-Ist-Werterhebungen notwendige Korrekturmaßnahmen ein-

---

451 Vgl. Kapitel 2.4.3.

leiten, um die festgelegten Vorhabenziele der Phase 1 zu erreichen. Der Kreislauf ist damit geschlossen.

Die Abbildung 41 veranschaulicht abschließend für dieses Kapitel das neue Vorgehensmodell mit seinen Ebenen, die Phasen und Aktivitäten als weiteres Zwischenergebnis der Kapitel 4.2.1 und Kapitel 4.2.2. Dabei wurde sich an das einheitliche Format der dargestellten Vorgehensmodelle der BE-Ansätze St. Gallen und ARIS HOBE angelehnt.[452]

Abweichend vom MeMoBAST wird keine explizite Geschäftsregel-Ebene aufgenommen, da die Aktivitäten und Schritte zu den Geschäftsregeln sowohl in der Ist-Aufnahme als auch in der Entwicklung des Soll-Konzepts vorkommen. Damit ist keine eindeutige Zuordnung möglich, sodass die Prozessebene in „Geschäftsregel und Prozess" umgewidmet wurde. Es wird lediglich grafisch angedeutet, dass die Aktivitäten und Schritte auf unterschiedlichen Ebenen abgearbeitet werden.

452 Vgl. Abbildung 25 St. Galler Vorgehensmodell und Abbildung 29 ARIS-HOBE Vorgehensmodell.

Abbildung 41: Vorgehensmodell des betriebswirtschaftlichen Ansatzes zur Übertragung und Anwendung von Selbststeuerungssystemen in der Transportlogistik (VoMoBAST)

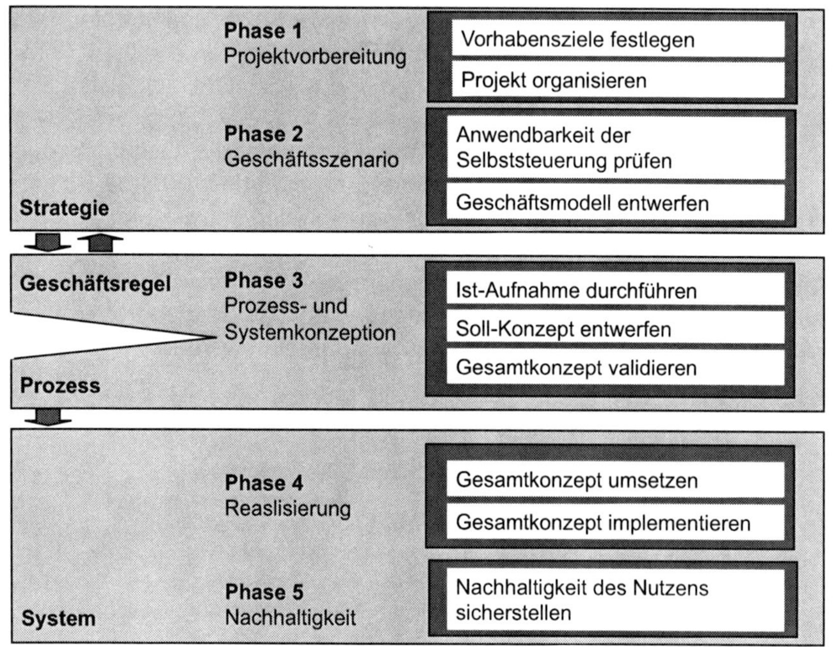

Quelle: Eigene Darstellung

Das folgende Kapitel wird nun auf Basis der entwickelten Aktivitäten konkrete Schritte entwickeln, wobei einerseits der Meilensteinplan des erfolgreich durchgeführten Forschungsprojekts AMATRAK vollständig einfließen wird, andererseits weitere Vorgehensmodelle aus dem BE für Entwicklungsimpulse hinzugezogen werden.

4.2.3 Bestimmung der Schritte des VoMoBASTs

In diesem Kapitel werden die Schritte zu den in Kapitel 4.2.2 aufgestellten Aktivitäten entwickelt und erläutert. Dabei werden alle Schritte des Meilensteinplans AMATRAK in das VoMoBAST bis auf die Arbeitspakete 500 und 600 aufgenommen.[453] Das Arbeitspaket 500 „Transfer und Diffusion" ist auf die Anforderung eines Forschungsprojekts zurückzuführen, sich mit Workshops, Publikationen oder Messepräsentationen zu beschäftigen. Es hat deshalb keinen allgemeingültigen übertragbaren Charakter. Das Arbeitspaket 600 „Projektleitung" beinhaltet eine spezielle Dokumentationspflicht und inhaltliche Leitung. Die Projektvorbereitung und -organisation hat bereits im Rahmen des Antragsverfahrens stattgefunden und wurde deshalb nicht mehr im Meilensteinplan explizit aufgenommen.

Es werden ebenfalls die Anforderungen aus der Forschungslücke gemäß Kapitel 3.5 in die Schrittfolge eingearbeitet. Sie sind an den schwarz kursiv hinterlegten Zellen in Abbildung 42 zu erkennen. Dabei wurde die hierfür entwickelte Schrittfolge mittels Abgleich von Schritten von ausgewählten Vorgehensmodellen aus unterschiedlichsten Disziplinen gefestigt. Die Auswahl wurde auf die vorgestellten Ingenieurs- und Wirtschaftswissenschaftsdisziplinen, vornehmlich BE, beschränkt. Dabei wurde etablierte Quellen bevorzugt. Diese Vorgehensmodelle, deren Entwicklungsimpulse und Referenzen, sind für die folgende Schrittentwicklung in Tabelle 9 zusammengefasst aufgelistet.

Die entstehende Schrittfolge wird in den nun folgenden Kapiteln im Detail begründet sowie mithilfe von Praxisbeispielen, Rollenzuordnungen, Techniken und Ergebnisdokumenten, die insbesondere aus dem Forschungsprojekt AMATRAK stammen, erläutert.

---

453 Zu den Arbeitspakten vgl. Kapitel 2.5.5.

Tabelle 9: Ausgewählte Vorgehensmodelle hinsichtlich Schrittfolgeentwicklung

Nr.	Ausgewählte Vorgehensmodelle	Entwicklungsimpulse für das VoMoBAST	Literaturquellen
1	Neugestaltung von Unternehmensnetzwerken in der Finanzindustrie am Beispiel Anlagegeschäft	Wertschöpfungskette, Kompetenzen, Bewertungskriterien, Einholung von Angeboten	Reitbauer, S. F. (2009), S. 173ff.
2	Vorgehen zur Integrationsplanung und -bewertung in Unternehmensnetzwerken	Evaluation der Integrationsbereiche, Bewertung und Auswahl der Integrationslösung	Stadlbauer, F. (2007), S. 126ff.
3	Phasen im Entscheidungsprozess	Problemformulierung und Zielpräzision	Laux, H. (2007), S.8ff.
4	Vorgehensmodell des Methodenkerns BE	Kundenprozessanalyse, Fachspezifikation (Lastenheft) erstellen	Blessing, D. (2001), S.166ff.
5	Vorgehensmodell zur Softwareeinführung	Projekteinrichtung,Systemauswahl, Schulungskonzept	Laakmann, J. (1993), S. 3ff.
6	Vorgehensmodell zur V&V für die Simulation in Produktion und Logistik	Zielbeschreibung, Simulation	Rabe, M.; Spiekermann, S., et al. (2008), S.118ff.
7	Das Fünf-Schichten-Modell zur Realisierung von Geschäftsprozessen	Zielsetzung,Planung, Modellierung, Tests, Implementierung	Fischer, H.; Fleischmann, A., et al. (2006), S.17ff.
8	Konventionelles Wasserfallmodell	Definition, Beschreibung und Analyse der Systemanforderung	Heinen, E.; Dietel, B. (1991), S.311

Nr.	Ausgewählte Vorgehensmodelle	Entwicklungsimpulse für das VoMoBAST	Literaturquellen
9	Vorgehensmodell zur Systemanalyse	Projektbegründung, Implementierung	Krallmann, H. (2007), S. 135ff.
10	Makrologik der systemtechnischen Methodik	Bewertung, Auswahlentscheidung	Zangemeister, C. (1976), S. 28ff.
11	Phasen der PPS-Einführung	Projektmanagement, Diskussion und Verfeinerung	Hamacher, W.; Pape, D. F. (1991), S.116ff.
12	Vorgehensmodell zum Entwurf überbetrieblicher Prozesse	Prozessnetzwerke entwerfen, Geschäftseinheiten analysieren, Geschäftsnetzwerke beschreiben, Projektmanagement, Change Management	Benz, R. (2001), S.133ff.
13	Vorgehensmodell HERMES	Systemzerlegung, Systemintegration	Köhler, P. T. (2006), S.74ff.
14	Qualitätssicherung und Software-Entwicklung	Lastenheft, Pflichtenheft	Willmer, H.; Balzert, H. (1984), S.21
15	Vorgehensmodell zur Definition und Implementierung eines Veränderungsvorhabens	Nachhaltigkeit, Controlling	Baumöl, U. (2008), S.63ff.
16	Phasenweiser Projektablauf für Organisations- und EDV-Vorhaben	Projektmanagement, Projektorganisation	Litke, H.-D. (2007), S. 26ff.

Quelle: Eigene Darstellung

Zum besseren Verständnis des Aufbaus der folgenden Kapitel dient die folgende Abbildung 42, welche das Ergebnis der oben genannten Vorgehensweise im Rahmen einer Matrix zusammenfassend darstellt. In den ersten 4 Spalten sind zusammenfassend die Phasen, Aktivitäten und Schritte des VoMoBAST sowie der Verweis auf das jeweilige Kapitel dargestellt. Daran anschließend folgen die Schritte der Arbeitspakete aus dem Forschungsprojekt AMATRAK. Die Kreuze in der Matrix zeigen an, welchen AMATRAK-Schritte die VoMoBAST-Schritte zugeordnet wurden. Die schwarz kursiv hinterlegten Zellen sind Schritte gemäß der Forschungslücke, die auch durch den AMATRAK-Meilensteinplan nicht abgearbeitet werden können. Diese Schritte lehnen sich vielmehr an den Inhalten der ausgewählten Vorgehensmodelle aus Tabelle 9 sowie eigenen praktischen Erfahrungen aus realisierten Projekten an.

Um in den Folgekapiteln die Überblick zu wahren, werden die Kapitel gemäß den Aktivitäten eingeteilt und innerhalb dieser Kapitel die Schritte kapitelweise erläutert. Dabei wird zur Einordung der Aktivitäten und Schritte zu Beginn einer jeden Phase der Ausschnitt aus Abbildung 42 eingeblendet. Die Erläuterungen der Schritte und die Darstellung der Ergebnisse stammen dabei nahezu ausschließlich aus den Beschreibungen der Arbeitspakete und dem gemeinsamen Schlussbericht des Forschungsprojekts AMATRAK, erstellt durch das ISL und STUTE.[454]

Da der Autor selbst die inhaltliche und fachliche Projektleitung in diesem Forschungsprojekt übernommen hatte und an der Erstellung der Unterlage maßgeblich mitgearbeitet hat, wird in den nachfolgenden Kapitel auf eine Zitierung verzichtet.

454 Zum gemeinsamen Abschlussbericht vgl. Haasis, H.-D.; Barwig, K., et al. (2011), S.1ff.

Abbildung 42: Zuordnung Meilensteinplan AMATRAK zu VoMoBAST

VoMoBAST				Meilensteinplan AMATRAK																																	
Phase	Aktivität	Schritt	Kapitel	AP 100 Ist-Analyse Transporte								AP 200 Konzeptionsphase Agenten-, Kommunikations- u.Simula-					AP 300 Systementwicklung									AP 400 Implementierung u. Probebetrieb					AP 500 Transfer und Diffusion				AP 600 Projektleitung		
				Aufn. d. Bestell- und Lieferprozesse, Festl. d. zu sammelnden Daten	Datensammlung und Aufbereitung	Analyse der IuK-Systeme und Schnittstellen	Anforderungsanalyse Disposition u. Fahrer	Auswahl Agententechnologie (Agentenumgebung)	Auswahl Kommunikationssysteme	Festlegung der Zielvorgaben / Pflichtenheft	Evaluation vorhandener Frachtenbörsen, Auswahl, Analyse, Grobkonzepte	Konzeption des Agentensystems (Protokolle, Algorithmen, Eigenschaften etc.)	Konzeption der Kommunikation und der Schnittstellen	Konzeption der Nutzeroberflächen	Konzeption der Simulationsumgebung	Konzeption Fahrzeugclient	Agentensystementwicklung	Schnittstellenanpassung	Nutzeroberflächenentwicklung	Integration	Simulationsmodellentwicklung	Prototyping der Fahrzeugkommunikation	Tests und Validierung (Qualitätssicherung)	Simulation und Feinparametrisierung	Konzepterst. zur Akquisition u. Einpl. von Auftr., Entwickl. der Systemerw.	Implementierung bei den Praxispartnern	Testläufe	Überprüfung der Zielerreichung	Systemoptimierung	Schnittstellenimplementierung, Testläufe u. Bew. d. verkehrlichen Wirkungen	Begleitkreis-Workshops	Projektpräsentation auf Fachtagungen	Publikationen	Messepräsentationen	Administration u. Dokumentation	Inhaltliche Leitung	Lenkungskreis
1 Projektvorbereitung	1 Vorhabensziele festlegen	1 ***Ziele definieren***	4.2.3.1.1																																		
		2 ***Zielsystem entwerfen***	4.2.3.1.2																																		
	2 Projekt organisieren	1 ***Aufgaben definieren***	4.2.3.2.1																																		
		2 ***Projektplan entwickeln***	4.2.3.2.2																																		
		3 ***Kapazitäten, Ressourcen und Projektkosten bestimmen***	4.2.3.2.3																																		
2 Geschäftsszenario	3 Anwendbarkeit der Selbststeuerung prüfen	1 ***Selbststeuerungsgrad ermitteln***	4.2.3.3.1																																		
		2 ***Systemkomplexität einordnen***	4.2.3.3.2																																		
	4 Geschäftsmodell entwerfen	1 ***Geschäftsfeld definieren***	4.2.3.4.1																																		
		2 ***Akteure und Rollen definieren***	4.2.3.4.2																																		
		3 ***Kundenprozesse definieren***	4.2.3.4.3																																		
		4 ***Leistungsprozesse definieren***	4.2.3.4.4																																		
		5 ***Marktleistungskatalog ableiten***	4.2.3.4.5																																		
		6 ***Geschäftsnetzwerk entwerfen***	4.2.3.4.6																																		
3 Prozess- und Systemkonzeption	5 Ist-Aufnahme durchführen	1 Geschäftsprozesse aufnehmen	4.2.3.5.1	x	x						x																										
		2 Vorhandene IT-Umwelten transparent abbilden	4.2.3.5.3			x			x		x																										
		3 Marktrecherche zu MAS-Technologien durchführen	4.2.3.5.4					x																													
		4 Anforderungskatalog erstellen	4.2.3.5.5				x			x																											
	6 Soll-Konzept definieren	1 Geschäftsregeln entwerfen	4.2.3.5.2	x	x						x																										
		2 Zukünftige Geschäftsprozesse ausarbeiten	4.2.3.6.1							x	x																										
		3 Agentensystem konzipieren	4.2.3.6.2					x				x																									
		4 Kommunikation und Schnittstellen konzipieren	4.2.3.6.3										x												x												
		5 Nutzeroberflächen konzipieren	4.2.3.6.4											x																							
		6 Fahrzeugclient konzipieren	4.2.3.6.5													x																					
		7 Simulationsumgebung konzipieren	4.2.3.6.6												x																						
		8 Prozess- und Systemlastenheft erstellen	4.2.3.6.7							x		x	x	x	x	x									x												
	7 Gesamtkonzept validieren	1 ***Lastenheft ausschreiben***	4.2.3.7.1																																		
		2 ***Wirtschaftlichkeitsvergleich durchführen***	4.2.3.7.2																																		
4 Realisierung	8 Gesamtkonzept umsetzen	1 Agentensystem entwickeln	4.2.3.8.1														x																				
		2 Schnittstellen anpassen	4.2.3.8.2															x							x												
		3 Nutzeroberflächen und Fahrzeugclient entwickeln	4.2.3.8.3																x																		
		4 Fahrzeugkommunikation anpassen	4.2.3.8.4																			x															
		5 Simulationsmodell entwickeln	4.2.3.8.5																		x																
	9 Gesamtkonzept implementieren	1 System in Testumgebung installieren und integrieren	4.2.3.9.1																	x						x				x							
		2 System verifizieren, simulieren, justieren und optimieren	4.2.3.9.2																				x	x			x	x	x	x							
		3 ***Prozess- und Systemschulungen durchführen***	4.2.3.9.3																																		
		4 ***Prozesse und Systeme produktiv schalten***	4.2.3.9.4																																		
5 Nachhaltigkeit	10 Controlling der Geschäftsregeln und -prozesse	1 SOLL-IST-Werte erheben	4.2.3.10.1							x																		x									
		2 Analyse durchführen und Korrekturmaßnahmen einleiten	4.2.3.10.2																										x								

Quelle: *Eigene Darstellung*

4.2.3.1 Vorhabensziele festlegen

Die Aktivität Vorhabenziele festlegen gehört zur Phase 1 Projektvorbereitung und besteht aus zwei Schritten: Ziele definieren und Zielsystem entwerfen. Die gesamte Phase 1 ist zur Orientierung in Tabelle 10 abgebildet.

Bevor ein Projekt organisiert und gestartet werden kann, sollten zunächst die Vorhabenziele festgelegt werden. Erst dann, wenn das Ziel klar definiert ist, können weitere Schritte entwickelt werden, um dieses Ziel zu erreichen. Des Weiteren sollten die Indikatoren und Zielwerte zusammenfassend in einem Zielsystem abgebildet werden, um die gewünschten Veränderungen messbar zu gestalten und um Maßnahmen zur Zielerreichung ableiten zu können.[455]

Tabelle 10: Übersicht zu Aktivitäten und Schritten der Phase 1 Projektvorbereitung

Phase		Aktivität		Schritt		Kapitel
1	Projektvorbereitung	1	Vorhabensziele festlegen	1	*Ziele definieren*	4.2.3.1.1
				2	*Zielsystem entwerfen*	4.2.3.1.2
		2	Projekt organisieren	1	*Aufgaben definieren*	4.2.3.2.1
				2	*Projektplan entwickeln*	4.2.3.2.2
				3	*Kapazitäten, Ressourcen und Projektkosten bestimmen*	4.2.3.2.3

Quelle: Eigene Darstellung

In Tabelle 10 ist durch die schwarze, kursive Kennzeichnung der Zeilen erkennbar, dass keiner der definierten Schritte im AMATRAK-Meilensteinplan existiert. Es sind jedoch im AMATRAK-Projektantrag konkrete Zielsetzungen und Vorgehensweisen beschrieben worden, sodass eine explizite Aktivität im Meilensteinplan nicht mehr notwendig ist.

455 Zur Notwendigkeit der Präzisierung eines Ziels vgl. Laux, H. (2007), S.9-10.

4.2.3.1.1 *Ziele definieren*

In diesem Schritt werden die im Kapitel 3.4.1.1 vorgestellten Erfolgsfaktoren aus den Perspektiven Finanzen, Kunde, Prozess und Mitarbeiter durch konkrete Ziele und Zielwerte beschrieben, um eine spätere Messung der Veränderung zu ermöglichen.[456]

Tabelle 11: Beispiele zu Zielen und Zielwerten

Perspektive	Zielbeschreibung	Messgröße und Kennzahl	Maßnahmen
Finanzen	Steigerung der Wirtschaftlichkeit in der Transportdurchführung	Anteil Leerkilometer max. 8%	- Erhöhung Auslastung Eigenfuhrpark - Reduzierung Leerkilometer - Reduzierung Fremdfuhrpark
Kunde	Verbesserung der Kundenzufriedenheit	Reklamationensquote max. 1%	- Verbesserung Serviceniveau in der Disposition - Einhaltung der zugesagten Transportzeiten - Schnellere Reaktion auf Unvorhersehbarkeiten - Schnellere Information bei Abweichungen

456 Vgl. Fischer, H.; Fleischmann, A., et al. (2006), S.18.

Perspektive	Zielbeschreibung	Messgröße und Kennzahl	Maßnahmen
Prozess	Beschleuigung der Dispositionsprozesse	Anzahl Aufträge pro Disponent mind. 40 Stück	- Einführung selbststeuernder Prozesse - Entlastung der Disponenten durch höhere Automatisierung von Prozessen
Mitarbeiter	Reduzierung Fluktuation und Streßpotenzial in der Disposition	Summe Überstunden max. 10%	- Wochengenaue Stundenkontrolle - Veränderte Aufgabenverteilung - Prüfung weiterer Personaleinstellungen

Quelle: Eigene Darstellung in Anlehnung an Probst, H.-J. (2004), S.248

Ein Ziel kann z.B. gemäß Tabelle 11 die Steigerung der Wirtschaftlichkeit in der Transportdurchführung sein. Hier bietet sich als Messgröße und Kennzahl der Anteil Leerkilometer an der Gesamtfahrstrecke an. Je weniger Leerkilometer zurückgelegt werden, desto wirtschaftlicher kann die Transportdurchführung sein. Leerkilometer können etwa mit Rüstkosten bzw. Rüstzeiten bei Maschinen verglichen werden. Sie sind unproduktive und damit kostenproduzierende Zeiten.[457]

457 Vgl. Thommen, J.-P.; Ergenzinger, R. (2008), S.576.

4.2.3.1.2 Zielsystem entwerfen

Um die Messbarkeit der Ziele aus Kapitel 4.2.3.1.1 zu erreichen und die komplexe Ursache-Wirkungskette im Logistiknetzwerk abzubilden, bedient sich das BE des Zielsystems Balanced Scorecard (BSC).[458]

Abbildung 43: Einordnung der Balanced Scorecard (BSC)

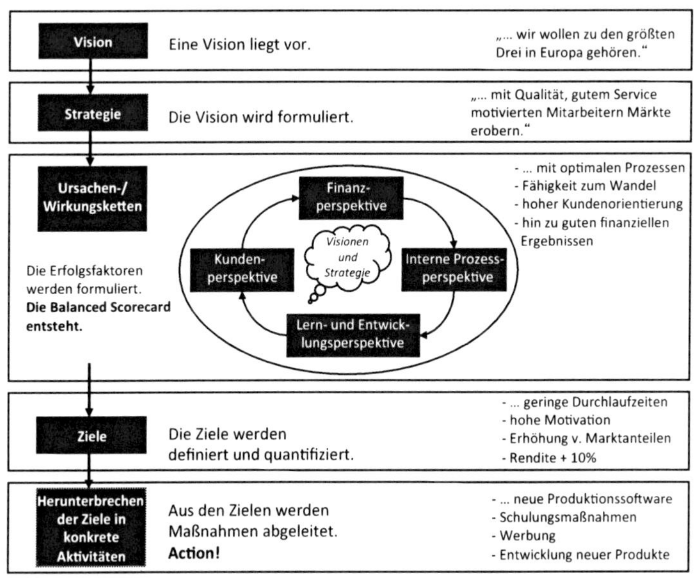

Quelle: Eigene Darstellung erweitert in Anlehnung an Probst, H.-J. (2007), S.252

458 Die BSC geht auf Arbeiten von Robert S. Kaplan und David P. Norton Anfang der 1990er Jahre an der Harvard-Universität zurück. Ausgehend von einer Strategie, die neben den Shareholdern auch andere Stakeholder (z. B. Mitarbeiter, Lieferanten) berücksichtigt, werden die kritischen Erfolgsfaktoren (KEF) bestimmt und daraus mit Key Performance Indicators (KPI) ein Kennzahlensystem (scorecard) erstellt. vgl. White, B. L. (1988), S.87-90, vgl. Kapitel 3.4.1.1.

Aus Abbildung 43 wird ersichtlich, wie die BSC am Beispiel der Verbesserung der Marktposition durch die Implementierung eines Selbststeuerungssystems in der Transportlogistik genutzt werden kann. Sie erhält die strategische Zielsetzung zunächst als Input. Diese Zielsetzung wird in die verschiedenen Perspektiven als Einzelziele heruntergebrochen und in ihren Zielwerten quantifiziert. Abschließend werden Maßnahmen abgeleitet, die zur Zielerreichung notwendig sind, z.B. die Einführung eines MAS.

Diese festgelegten Ziele werden bei der nachhaltigen Steuerung als Ausgangsbasis eingesetzt. Entsprechend können die Abweichungen gemessen und notwendige Korrekturmaßnahmen eingeleitet werden.[459]

Die Ziele des Forschungsprojekts AMATRAK bezogen sich konkret auf die Einsparungen von Fahrzeugkilometer in Höhe von 12-16 % sowie eine Erhöhung der durchschnittlichen Fahrzeugauslastung um circa 11 % als verkehrliche Wirkungen.[460] Diese Größenordnungen wurden während des Projekts durch Simulationen im Echtbetrieb nachgewiesen.[461]

Nach Festlegung der Vorhabenziele kann nun mit der Initiierung eines Projekts begonnen werden.

4.2.3.2 Projekt organisieren

Die Aktivität Projekt organisieren ist die zweite und letzte Aktivität der Phase Projektvorbereitung. Die Aktivität beinhaltet gemäß Übersicht zu Aktivitäten und Schritten der Phase 1 Projektvorbereitung drei Schritte, die sich mit der Aufgabendefinition, Projektplanerstellung und Ressourcenbestimmung auseinandersetzen.[462]

459 Vgl. Kapitel 4.2.3.10.2.
460 Vgl. Lützen, S. (2009), S.9.
461 Vgl. Haasis, H.-D.; Barwig, K., et al. (2011), S.10.
462 Vgl. Laakmann, J. (1993), S.45.

Tabelle 12: Übersicht zu Aktivitäten und Schritten der Phase 1 Projektvorbereitung

Phase		Aktivität		Schritt		Kapitel
1	Projektvorbereitung	1	Vorhabensziele festlegen	1	Ziele definieren	4.2.3.1.1
				2	Zielsystem entwerfen	4.2.3.1.2
		2	Projekt organisieren	1	Aufgaben definieren	4.2.3.2.1
				2	Projektplan entwickeln	4.2.3.2.2
				3	Kapazitäten, Ressourcen und Projektkosten bestimmen	4.2.3.2.3

Quelle: Eigene Darstellung

Zunächst werden die Aufgaben definiert, die den Weg zur Zielerreichung beschreiben. Danach werden die Aufgaben in eine zeitliche Reihenfolge gebracht, um abschließend die notwendigen Kapazitäten und Ressourcen zu bestimmen, welche die Aufgaben erledigen bzw. zu deren Durchführung benötigt werden. Hieraus können die Kosten zur Projektdurchführung abgeleitet werden.

4.2.3.2.1 Aufgaben definieren

Im ersten Schritt sind zunächst die Problemstellung und die daraus resultierenden Inhalte des Projekts zu bestimmen.[463] Im Rahmen des Forschungsprojekts AMATRAK wurden Arbeitspakete für die Inhalte formuliert und in einem Meilensteinplan zusammengeführt.

Die Abbildung 44 veranschaulicht beispielhaft das Arbeitspaket 130 des Forschungsprojekts AMATRAK. Es werden die Problemstellung, der Lösungsansatz und das Ziel des Arbeitspakets beschrieben. Dabei werden die konkreten Arbeitsinhalte sowie die Schnittstellen zu anderen Arbeitspaketen definiert.

463 Vgl. Litke, H.-D. (2007), S.26-27.

Abbildung 44: Beispiel AMATRAK-Arbeitspaket 130

(1) Arbeitspakettitel **Analyse der IuK-Systeme und Schnittstellen**	*(2) Arbeitspaketnummer* **AP 130**
(3) Firma/ Institut mit Anschrift Stute	*(4) Am Arbeitspaket beteiligte Partner* Unternehmen 1, Unternehmen 2
(5) Bearbeitungszeitraum **Von: Februar 2008** **Bis: April 2009**	*(6)aktuelles Bearbeitungsdatum*
Problemstellung, Lösungsansatz und Ziel des AP In diesem Arbeitspaket werden die vorhandenen, für die hinsichtlich der Abbildung des Systems in einem Agentensystem notwendigen, Kommunikationssysteme und -strukturen (insbesondere hinsichtlich möglicher Medienbrüche) analysiert sowie die (im Hinblick auf die Beschaffungslogistik) eingesetzte IT-Infrastruktur des Pilotanwenders und dessen Schnittstellen und deren Eigenschaften überprüft.	
Arbeitsinhalt des AP • Analyse der IT-Infrastruktur und deren Schnittstellen in der Beschaffungslogistik • Analyse der Kommunikationswege und -strukturen	
(7) Personalaufwand **5 MT**	
(8) Unteraufträge (in Euro und Name des Auftragnehmers)	*(9) Schnittstellen* AP 110 -> -> AP 160, 220

Quelle: o.V. (2007d), S.1

Im späteren Verlauf der Projektvorbereitung werden die beteiligten Personen und Bearbeitungszeiten ergänzt. Sie resultieren aus dem Projektplan und der daraus möglichen Bestimmung der Kapazitäten und Ressourcen.

4.2.3.2.2 Projektplan entwickeln

Im zweiten Schritt der Projektorganisation sind die Arbeitspakete logisch in einem Projektplan anzuordnen. Der in Abbildung 45 dargestellte Auszug aus dem entwickelten Meilensteinplan[464] des Forschungsprojekts AMATRAK bringt die verschiedenen Arbeitspakete in eine zeitliche Reihenfolge.

464 Der Meilensteinplan kann als Projektplan verstanden werden. Der vollständige Meilensteinplan ist im Kapitel 2.5.5 erläutert.

Abbildung 45: Auszug Meilensteinplan AMATRAK

Arbeitspakete	**Zeitplan (Gesamtlaufzeit 3 Jahre)**											
	Jan. 08	Feb. 08	Mär. 08	Apr. 08	Mai. 08	Jun. 08	Jul. 08	Aug. 08	Sep. 08	Okt. 08	Nov. 08	Dez. 08
AP 100 Ist-Analyse Transporte	■	■	■	■	■	■	■	■	■	■	■	■
Aufnahme der Bestell- und Lieferprozesse sowie Festlegung der zu sammelnden Daten	■	■	■									
Datensammlung und Aufbereitung		■	■	■								
Analyse der IuK-Systeme und Schnittstellen		■	■	■								
Anforderungsanalyse Disposition u. Fahrer			■	■	■							
Auswahl Agententechnologie (Agentenumgebung)	■	■										
Auswahl Kommunikationssysteme			■	■	■							
Festlegung der Zielvorgaben / Pflichtenheft				■	■	■						
Evaluation vorhandener Frachtenbörsen, Auswahl, Analyse, Grobkonzepte												
AP 200 Konzeptionsphase Agenten-, Kommunikations- u. Simulationssystem				■	■	■	■	■	■	■	■	■
Konzeption des Agentensystems (Protokolle, Algorithmen, Eigenschaften etc.)				■	■	■	■	■	■	■	■	■
Konzeption der Kommunikation und der Schnittstellen						■	■	■	■	■	■	■
Konzeption der Nutzeroberflächen								■	■	■	■	■
Konzeption der Simulationsumgebung								■	■	■	■	■
Konzeption Fahrzeugclient				■	■	■	■	■	■	■	■	■

Quelle: Haasis, H.-D.; Barwig, K., et al. (2011), S.12

Je nach Inhalt und Ergebnis der Schritte können diese zeitlich parallel oder seriell zueinander verlaufen. Die entstehenden Abhängigkeiten zwischen den Arbeitspaketen üben einen wesentlichen Einfluss auf die Projektdauer aus. Verschiebt sich zeitlich ein Arbeitspaket, kann dies Einfluss auf die gesamte Projektdauer nehmen.

4.2.3.2.3 Kapazitäten, Ressourcen und Projektkosten bestimmen

Sofern die Projektaufträge inhaltlich und zeitlich strukturiert wurden, können im dritten und letzten Schritt der Projektorganisation die personellen und technischen Kapazitäten sowie die räumlichen und technischen Ressourcen festgelegt werden.[465] Es ist ebenfalls ein Projektorganigramm mit Rollenverteilung anzufertigen, um die Zuständigkeiten und Verantwortungen innerhalb des Projekts zuzuordnen. Die typische Pro-

---

465 Vgl. Litke, H.-D. (2007), S.26-27.

jektorganisation, die bei STUTE angewandt wird, kann der folgenden Abbildung 46 entnommen werden.

Abbildung 46: Beispiel Projektorganisation

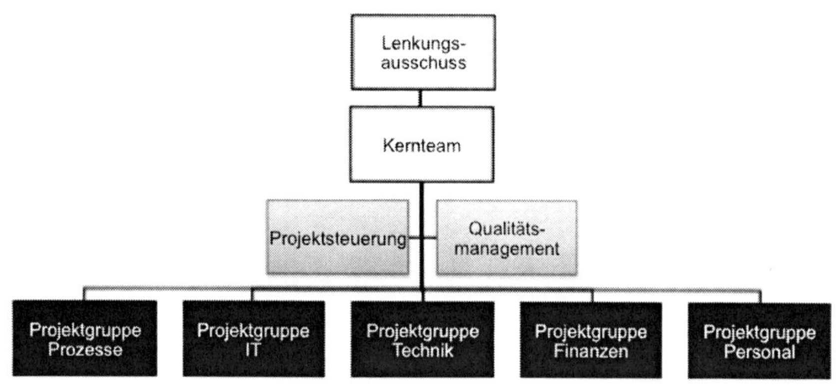

Quelle: In Anlehnung an o.V. (2009h), S.24

Das höchste Gremium ist der Lenkungsausschuss, der den Projektverlauf zeitlich, monetär und qualitativ überwacht. Er erhält die Informationen direkt vom Kernteam. Dieses Team repräsentiert die zentrale Steuerung und Koordination der verschiedenen Teilprojekte über die Projektaufträge. Die Teilprojekte sind in unterschiedliche Projektgruppen, wie etwa Prozesse, IT, Technik, Finanzen und Personal, untergliedert. Unterstützt wird das Kernteam durch die Projektsteuerung, welche bei der Terminierung und Protokollierung assistiert. Das Qualitätsmanagement sorgt während des Projektverlaufs für die Einhaltung der QM-Richtlinien und QM-Vorgaben.

Durch regelmäßige Sitzungen und eine durchgängige Dokumentation des Projekts in Form von Protokollen wird der Austausch von Informationen und Entscheidungen transparent und nachvollziehbar. Dies wurde im Rahmen des Forschungsprojekts AMATRAK mit dem Arbeitspaket 600 durchgängig sichergestellt.

Mithilfe des Projektplans und der notwendigen Kapazitäten und Ressourcen kann nunmehr eine Kostenabschätzung für die Durchführung des Projekts vorgenommen werden. In Anlehnung an den Auszug des Meilensteinplans gemäß Abbildung 45 sind in der folgenden Abbildung 47 beispielhaft Personenstunden und Kostensätze zugeordnet worden.

Abbildung 47: Beispiel Kostenabschätzung

Arbeitspakete	Stunden				Kosten			
	Mitarbeiter A	Mitarbeiter B	Mitarbeiter C	**Summe**	Mitarbeiter A	Mitarbeiter B	Mitarbeiter C	**Summe**
					Stundensätze **35 €**	**55 €**	**30 €**	
AP 100 Ist-Analyse Transporte				**193**				**7.815 €**
Aufnahme der Bestell- und Lieferprozesse sowie Festlegung der zu sammelnden Daten	10	15	4	29	350 €	825 €	120 €	1.295 €
Datensammlung und Aufbereitung	0	5	4	9	- €	275 €	120 €	395 €
Analyse der IuK-Systeme und Schnittstellen	5	5	9	19	175 €	275 €	270 €	720 €
Anforderungsanalyse Disposition u. Fahrer	5	0	9	14	175 €	- €	270 €	445 €
Auswahl Agententechnologie (Agentenumgebung)	10	4	0	14	350 €	220 €	- €	570 €
Auswahl Kommunikationssysteme	5	5	9	19	175 €	275 €	270 €	720 €
Festlegung der Zielvorgaben / Pflichtenheft	20	5	9	34	700 €	275 €	270 €	1.245 €
Evaluation vorhandener Frachtenbörsen, Auswahl, Analyse, Grobkonzepte	30	25	0	55	1.050 €	1.375 €	- €	2.425 €
AP 200 Konzeptionsphase Agenten-, Kommunikations- u. Simulationssystem				**170**				**6.775 €**
Konzeption des Agentensystems (Protokolle, Algorithmen, Eigenschaften etc.)	0	30	15	45	- €	1.650 €	450 €	2.100 €
Konzeption der Kommunikation und der Schnittstellen	20	10	5	35	700 €	550 €	150 €	1.400 €
Konzeption der Nutzeroberflächen	5	5	15	25	175 €	275 €	450 €	900 €
Konzeption der Simulationsumgebung	30	0	0	30	1.050 €	- €	- €	1.050 €
Konzeption Fahrzeugclient	5	10	20	35	175 €	550 €	600 €	1.325 €

Quelle: *Eigene Darstellung, angepasst in Anlehnung an Haasis, H.-D.; Barwig, K., et al. (2011), S.12.*

Um eine Kostenschätzung zu erhalten, werden die Personenstunden mit einem Stundensatz bewertet, sodass eine Personalkostensumme für die Projektdurchführung ermittelt werden kann. Sie kann im jeweiligen Arbeitspaket vermerkt werden. Somit können Kosten pro Arbeitspaket sowie summarisch für das gesamte Projekt ermittelt werden und mit dem späteren tatsächlichen Aufwand abgeglichen und überwacht werden.

Damit ist die Phase 1 Projektvorbereitung abgeschlossen. Das Projekt ist initiiert und die folgenden Aktivitäten und Schritte können strukturiert abgearbeitet werden.

4.2.3.3 Anwendbarkeit der Selbststeuerung prüfen

Nachdem die Phase 1 Projektvorbereitung erfolgreich abgeschlossen ist, kann nun mit der Phase 2 begonnen werden, in der ein idealisiertes Geschäftsszenario entwickelt werden soll, welches u.a. Selbststeuerungsgrad, Tätigkeitsfelder, Prozesse und Eigenschaften abbildet, die ein Transportunternehmen beinhalten sollte, um Selbststeuerungssysteme implementieren zu können. Hierzu lassen sich im Meilensteinplan des Forschungsprojekts AMATRAK ebenfalls keine Schritte finden, da diese Aktivität dem eigentlichen Forschungsauftrag entspricht und als Ergebnis der Forschung erwartet wurde. Eine Übersicht zur inhaltlichen Einordnung der nun folgenden Kapitel ist in Tabelle 13 abgebildet.

Tabelle 13: Übersicht zu Aktivitäten und Schritten der Phase 2 Geschäftsszenario

Phase		Aktivität		Schritt		Kapitel
2	Geschäftsszenario	3	Anwendbarkeit der Selbststeuerung prüfen	1	***Selbststeuerungsgrad ermitteln***	4.2.3.3.1
				2	***Systemkomplexität einordnen***	4.2.3.3.2
		4	Geschäftsmodell entwerfen	1	***Geschäftsfeld definieren***	4.2.3.4.1
				2	***Akteure und Rollen definieren***	4.2.3.4.2
				3	***Kundenprozesse definieren***	4.2.3.4.3
				4	***Leistungsprozesse definieren***	4.2.3.4.4
				5	***Marktleistungskatalog ableiten***	4.2.3.4.5
				6	***Geschäftsnetzwerk entwerfen***	4.2.3.4.6

Quelle: Eigene Darstellung

Die dritte Aktivität beginnt mit der Feststellung des Selbststeuerungsgrades, der mithilfe eines Kriterienkatalogs ermittelt wird. Der zweite Schritt besteht in der Einordnung der Komplexität des Transportsystems. In beiden Schritten werden Teile des Mehrkomponenten-Evaluierungssystems angewendet.[466] Bei zu geringer Kriterienausprägung hinsichtlich des Selbststeuerungsgrades und zu geringer systemin-

466 Zur Erläuterung des Aufbaus und Bestandteils des Mehrkomponenten-Evaluierungssystems vgl. Kapitel 2.4.2 , vgl. Scholz-Reiter, B.; Böse, F., et al. (2007), S.7-10.

terner und -externer Komplexität sollten andere Steuerungsformen verwendet werden, da sie zu besseren Planungsergebnissen führen.[467]

4.2.3.3.1 Selbststeuerungsgrad ermitteln

In diesem ersten Schritt zur Überprüfung der Anwendbarkeit der Selbststeuerung wird der morphologische Kriterienkatalog als eine Komponente des Mehrkomponenten-Evaluierungssystems ausgefüllt. Das Ergebnis dient zur Ermittlung des Selbststeuerungsgrades. Es erfolgt zum einen eine Gewichtung der Kriterien und zum anderen wird deren Ausprägung bewertet.[468] Aus den Kriterien wird deutlich, welche unterschiedlichen Aspekte berücksichtigt werden sollten, um zu prüfen, inwieweit Selbststeuerungssysteme einen wirtschaftlichen Mehrwert in der operativen Abwicklung liefern können. Durch sie wird der Korridor des Selbststeuerungsgrades festgelegt.

Dabei ist der Katalog gemäß Abbildung 48 in drei große Kriteriencluster unterteilt, der sich mit der Entscheidungsfindung, Informationsverarbeitung und Entscheidungsumsetzung beschäftigt. Durch diese Kriteriencluster wird einerseits die Komplexität in Anzahl, Vielfalt, Veränderung und Bestimmbarkeit der Waren- und Informationsflüsse des Transportsystems abgefragt, andererseits werden die Eigenschaften der Selbststeuerung geprüft, z.B. die Fähigkeit zur selbstständigen Zustandsmessung oder die Dezentralität der Organisation.

Die jeweiligen Kriteriencluster enthalten abzuprüfende Kriterien, die zum einen untereinander durch eine Gewichtung ins Verhältnis gesetzt werden, andererseits unterschiedliche Ausprägungen haben können, die ebenfalls mit Punkten versehen sind.

Das Kriterium der örtlichen Entscheidungsfindung ist dabei am höchsten gewichtet. Die Entscheidung sollte dabei möglichst von der Systemelementenebene heraus erfolgen. Sie ist am höchsten benotet. Je unbestimmter und unsicherer die Systemelemente sind, desto kom-

467 Vgl. Kapitel 2.4.3.

468 Vgl. Nyhuis, P. (2008), S.356.

plexer können die Wirkungsbeziehungen werden.[469] Dies scheint für die Bestimmung des Selbststeuerungsgrades von großer Bedeutung zu sein. Überträgt man dieses Kriterium in die Praxis, so sollte also der Ort der Entscheidung beim Fahrer bzw. beim Fahrzeug liegen.[470]

Die Bewertung des Selbststeuerungsgrades erfolgt dabei in zwei Schritten. Zunächst wird pro Kriterium die Ausprägung mit der Gewichtung multipliziert. Danach erfolgt die Summierung der Multiplikationsprodukte. Die so entstehende Summe bildet den Wert des Selbststeuerungsgrades ab. Er wird im zweiten Schritt im Kapitel 4.2.3.3.2 bei der Einordnung der Komplexität wieder benötigt.[471]

4.2.3.3.2 Systemkomplexität einordnen

Im zweiten Schritt ist nunmehr die Systemkomplexität einzuordnen. Sie wird im Wesentlichen durch die Anzahl, Vielfalt, Veränderung und Bestimmbarkeit der Komplexitätsparameter, wie z.B. die Anzahl der Be-/Entladeorte, die Bestimmbarkeit der Transportstreckeninformationen, die Vielfalt des Transportnetzwerks, die Veränderungen bei den eingesetzten Subunternehmern, die Anzahl der Transportaufträge, die Vielfalt der Warenarten oder Transportgefäße bestimmt.

Durch Zunahme dieser Einflüsse kann sich die Komplexität im Transportsystem erhöhen. Je größer der Komplexitätsgrad ist, desto eher eignet sich Selbststeuerung als Organisationsform. Eine Möglichkeit, die Komplexität eines Systems festzustellen oder sie mit anderen Systemen zu vergleichen, ist durch die Anwendung des Komplexitätswürfels des Mehrkomponenten-Evaluierungssystems gegeben.[472]

---

469 Vgl. Kapitel 2.1.2.3.

470 Zum Aufbau eines Systems vgl. Kapitel 2.1.2.1.

471 Der Selbststeuerungsgrad wird auf der Z-Achse der Abbildung 46 schematisch abgetragen werden.

472 Vgl. Kapitel 2.4.2.

Abbildung 48: Morphologischer Kriterienkatalog

Kriterien-Kategorie K_i	Kriterium K_{ij}	Gewichtung G_{ij}	Ausprägung A_{ij}			
Entscheidungsfindungs-Kriterien Auslösung des Entscheidungs-Prozesses, Identifikation und Bewertung der Entscheidungs-Alternativen, Anweisung und Kontrolle der ausgewählten Entscheidungsalternative	Zeitliches Verhalten des Zielsystems	9	statisch 0	überwiegend statisch 1	überwiegend dynamisch 2	dynamisch 3
	Organisationsstruktur	12	hierarchisch 0	überwiegend hierarchisch 1	überwiegend heterarchisch 2	heterarchisch 3
	Anzahl Entscheidungsalternativen	12	keine 0	einige 1	viele 2	unbegrenzt 3
	Art der Entscheidungsfindung	8	statisch 0	regelbasiert 1,5		lernend 3
	Ort der Entscheidungsfindung	15	System-ebene 0	Subsystemebene 1,5		System-elementebene 3
	Vorhersehbarkeit des Systems-/ Elementverhaltens	11	SV und EV deterministisch 0	EV nicht-/SV deterministisch 1	SV nicht-/SV deterministisch 2	SV und EV nicht-deterministisch 3
Informationsvverarbeitungs-Kriterien Erfassung, Speicherung, Transformation und Übertragung von Informationen	Ort der Datenhaltung	1	zentral 0	überwiegend zentral 1	überwiegend dezentral 2	dezentral 3
	Ort der Datenverarbeitung	6	zentral 0	überwiegend zentral 1	überwiegend dezentral 2	dezentral 3
	Interaktionsfähigkeit	14	keine 0	Datenbereit-stellung 1	Kommuni-kation 2	Koordination 3
Entscheidungsausführungs-Kriterien Umsetzung der getroffenen Entscheidung auf der Materialflussebene	Flexibilität	2	unflexibel 0	Wenig flexibel 1	flexibel 2	Sehr flexibel 3
	Identifizierbarkeit	4	Keine Elemente identifizierbar 0	Einige Elem. identifizierbar 1	Viele Elem. identifizierbar 2	Alle Elem. identifizierbar 3
	Fähigkeit zur Zustandsmessung	6	keine 0	andere 1	selbst 2	Selbst und andere 3
	Mobilität	1	stationär 0	gering mobil 1	mobil 2	stark mobil 3

Selbststeuerungsgrad $\sum_{i=0}^{n}\sum_{j=0}^{n} G_{ij} * a_{ij} = 220$

Ki = Kriterienkategorie
Kj = Kriterium
Gij = Gewichtung des Kriteriums
Aij = Ausprägung des Kriteriums
aij = Erfüllung des Kriteriums

Quelle: Nyhuis, P. (2008), S.356

Die beiden folgenden Abbildungen sollen beispielhaft die Ergebnisse der beiden vorangegangenen Schritte abbilden. Es wird ersichtlich, dass bei geringer Komplexität ein geringer Selbststeuerungsgrad ausreichend ist, um einen hohen Grad des logistischen Ziels zu erreichen. Als praktisches Beispiel könnte hier ein permanenter schienengebundener Pendelverkehr auf einem abgeschlossenen Werksgelände zwischen einer Be- und einer Entladestelle dienen, der nach Fahrplan getaktet abläuft. Bei dieser Durchführung sind aufgrund der vorhandenen Systemelemente, einem Pendelfahrzeug, einem Absender, einem Empfänger, und aufgrund des vorgegebenen Fahrplans sehr geringe Veränderungen im Ablauf zu erwarten. Die Bestimmbarkeit der Prozesse und Folgen ist daher sehr hoch. Entsprechend ist die Abwicklung nicht komplex. Zur Erreichung einer hohen Liefertreue bedarf es keines hohen Selbststeuerungsgrades. Andere herkömmliche Steuerungsformen sind ausreichend.

Abbildung 49: Potenzial der Selbststeuerung bei niedriger Komplexität

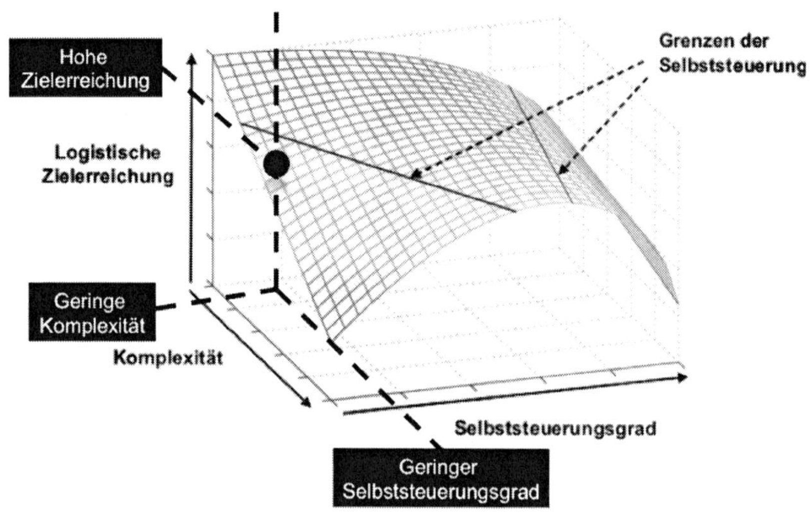

Quelle: Darstellung erweitert nach Nyhuis, P. (2008), S.355

Steigert man jedoch die Komplexität bei gleicher Zielerreichung, bedarf es eines höheren Selbststeuerungsgrades, um dieses Ziel zu erreichen. Die Abbildung 50 präsentiert das Ergebnis.

Abbildung 50: Potenzial der Selbststeuerung bei hoher Komplexität

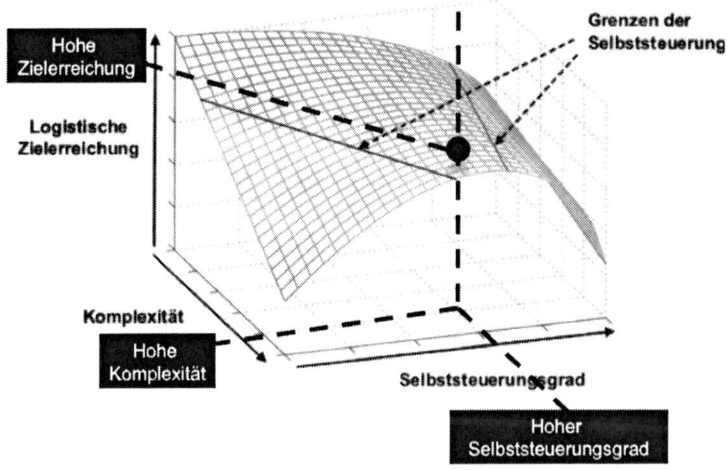

Quelle: Darstellung, erweitert nach Nyhuis, P. (2008), S.355

Hieraus können für das Unternehmen wertvolle Hinweise abgeleitet werden, welche Kriterien des Selbststeuerungsgrades stärker ausgeprägt sein müssen, um den gewünschten Grad zu erreichen. Es kann ebenfalls abgeleitet werden, inwieweit Selbststeuerung zu Erreichung der gesteckten Ziele beiträgt oder nicht.

4.2.3.4 Geschäftsmodell entwerfen

In dem vorangegangenen Kapitel 4.2.3.3 wurde herausgearbeitet, dass mittels Selbststeuerung vorhandene komplexe Abläufe optimiert und so die logistischen Zielerreichungsgrade erhöht werden können. Die nun folgende zweite Aktivität der Phase 2 beinhaltet den Entwurf des Geschäftsmodells, welches im Wesentlichen mögliche Ansätze zur Produkt-Markt-Kombination und Konfiguration der Wertschöpfungsaktivität liefern wird.[473]

Tabelle 14: Übersicht zu Aktivitäten und Schritten der Phase 2 Geschäftsszenario

Phase		Aktivität		Schritt		Kapitel
2	Geschäftsszenario	3	Anwendbarkeit der Selbststeuerung prüfen	1	***Selbststeuerungsgrad ermitteln***	4.2.3.3.1
				2	***Systemkomplexität einordnen***	4.2.3.3.2
		4	Geschäftsmodell entwerfen	1	***Geschäftsfeld definieren***	4.2.3.4.1
				2	***Akteure und Rollen definieren***	4.2.3.4.2
				3	***Kundenprozesse definieren***	4.2.3.4.3
				4	***Leistungsprozesse definieren***	4.2.3.4.4
				5	***Marktleistungskatalog ableiten***	4.2.3.4.5
				6	***Geschäftsnetzwerk entwerfen***	4.2.3.4.6

Quelle: Eigene Darstellung

Dazu wird, wie in Tabelle 15 dargestellt, in sechs Schritten zunächst das Geschäftsfeld definiert, um herauszukristallisieren, welche Produkt-Markt-Relation das Unternehmen anbietet.[474] Darauf aufbauend, werden die Umwelten und Akteure im Sinne der Systemelemente bestimmt, die in dieses Geschäftsfeld eingebunden sind, um die Grundlage für die anschließende Prozessbetrachtung zu legen.[475] Nun können konkrete Prozessanknüpfungspunkte zwischen den fokussierten Akteuren herausgearbeitet werden, bei denen das Selbststeuerungssystem wertschöpfend wirken soll. Dabei werden Kunden- und Leistungsprozesse differenziert und im Rahmen eines Marktleistungskatalogs zusammengeführt. Abschließend wird das Geschäftsmodell mit seinen Beziehungen als ganzheitliche Übersicht in einem Geschäftsnetzwerk abgebildet.

473 Vgl. o.V. (2006b), S.2095.
474 Zur Definition des Geschäftsfelds vgl. Kapitel 3.3.1.2.
475 Zu wertschöpfenden bzw. wertschaffenden Prozessen vgl. Kapitel 2.1.1.1.

4.2.3.4.1 Geschäftsfeld definieren

In dem ersten Schritt wird der Teil des Unternehmens vom Gesamtsystem abgegrenzt, in dem das Selbststeuerungssystem angewendet werden soll. Hierzu wird die Geschäftsfeldsegmentierung angewendet.[476]

Als Ergebnisdokument für die Geschäftsfeldabgrenzung dient die Übersicht in Tabelle 15 bezüglich notwendiger Unternehmensmerkmale. Die grau unterlegten Zellen zeigen auf, welche Merkmalsausprägungen STUTE als mittelständischer Transportdienstleister im Rahmen des Forschungsprojekts AMATRAK ausgewiesen hat.

Als *Marktleistung* bietet das Unternehmen die Transportdurchführung als Dienstleistung an. Dies sollte eine grundlegende Voraussetzung für die Einführung von Selbststeuerungssystemen in der Transportlogistik sein.

Im *Kundensegment* bieten sich insbesondere die Bestandkunden zur näheren Betrachtung an, da in diesem Segment davon auszugehen ist, dass bereits eine langjährige Partnerschaft existiert. Sie bildet das Fundament für eine vertrauensvolle Projektarbeit, insbesondere bei der Überwindung von Hemmnissen hinsichtlich der Untersuchung der Kundenprozesse.

---

476 Vgl. Porter, M. E. (1989), S.309ff.

Tabelle 15: Bestimmung der wesentlichen Unternehmensmerkmale (Geschäftsfeld)

Merkmale	Ausprägungen					
Marktleistung	Transport	Umschlag	Lager			
Kundensegment	Neukunden	Bestandskunden				
Kooperationskanal	EDI	Fax	E-Mail	Telefon	Internet	
Kundenstandort	Deutschland	Europa	Weltweit			
Unterneh nehmens mens-größe	Großunternehmen	Mittelstand	Kleinbetrieb	Selbstfahrender Unternehmer		
Verkehrsträger	Schiene	Straße	See	Luft		
Fuhrpark	Eigen	Fremd				
Warenart	Massengut	Stückgut	Teilladung	Ganzladung		
Marktarten	Konsumgüter	Investitionsgüter	Rohstoff	Arbeit	Finanzen	Informationen
IT-Struktur	Ausgeprägt	Rudimentär	Keine			

Merkmale	Ausprägungen					
Sen-dungsan-zahl	Kom-plex	Kontinu-ierlich	Spora-disch			
Marktform	Monopol	Oligopol	Polypol			
Wirt-schafts-einheit	Private Haus-halte	Betriebe				
Betriebs-arten	Öffentli-che Be-triebe	Verwal-tungen	Unter-neh-mungen			

Quelle: Eigene Darstellung, erweitert in Anlehnung an Porter, M. E. (1989), S.309ff.

Der *Kooperationskanal* sollte zudem durch einen elektronischen Datenaustausch realisiert werden, um die Informationen in den Systemen nahtlos und schnell verarbeiten zu können. Das Internet kann hierbei den Rahmen für den Datenaustausch bilden.

Der *Kundenstandort* bezieht sich in diesem Beispiel auf Deutschland und Europa, da eine hinreichende Dichte und Komplexität in den Transporten erforderlich sind.

Das Merkmal *Unternehmensgröße* dient zur Abgrenzung von Unternehmen, die aufgrund ihrer Größe keine ausgeprägte Unternehmensorganisation aufweisen, die derartige Vorhaben managen kann. Es wird davon ausgegangen, dass das Unternehmen über Qualitätsmanagementabteilung, IT-Abteilung und Projektmanagement verfügt.

Der *Verkehrsträger* Straße steht im Vordergrund des abgegrenzten Systems.[477] Entsprechend treten die übrigen Verkehrsträger in diesem Beispiel in den Hintergrund. Der Verkehrsträger Schiene und Wasser

477 Vgl. Kapitel 2.3.1.1.

(konkret Binnenschiff) wurde im Rahmen des Forschungsprojekts AMATRAK ebenfalls im AP 510 untersucht.[478]

Ein weiteres Unternehmensmerkmal sollte der vollständige Zugriff auf die technischen und prozessualen Anpassungen des *Fuhrparks* sein. Es wird unterstellt, dass beim Einsatz eines Fremdfuhrparks diese Voraussetzungen nicht vollständig erfüllt werden können. Der eigene Fuhrpark lässt derartige Durchgriffe zu.

Die *Warenart* schließt zum einen Massengut und zum anderen Stückgut aus, da die Fuhrparkstruktur in diesem Markt fremdlastig ist und kaum bzw. gar nicht mit eigenem Equipment aus Sicht des Unternehmens gefahren wird. Weiterhin wird der Grad der Autonomie in Stückgutkooperationen durch unterschiedlichste Faktoren beeinflusst und limitiert.[479]

Weiterhin soll mit dem Merkmal *Marktarten* klargestellt werden, dass etwa Unternehmen aus den Konsumgüter-, Investitionsgüter- und Rohstoffmärkten angesprochen werden sollen und weniger Unternehmen aus den Märkten Arbeit, Finanzen und Informationen.

Die Selbststeuerung kann, wie bereits im Rahmen des Forschungsprojekts AMATRAK geschehen,[480] mithilfe eines MAS[481] vorgenommen werden. Da diese Systeme Softwareprogramme sind, die das zu steuernde Logistiknetzwerk und ihre Elemente abbilden, ist eine ausgeprägte *IT-Struktur* im Unternehmen unerlässlich.

Die Aufnahme der *Marktform* Monopol soll verdeutlichen, dass auch bei nur einem großen Anbieter eine hohe Komplexität in der Abwicklung durch hohe *Sendungsanzahlen* vorstellbar ist. Das Prozessverhalten in einer dynamischen Distributionslogistik kann mithilfe von Selbststeuerungssystemen entflochten werden.[482]

---

478 Vgl. Schmeltzpfenning, K. (2010), S.98ff.

479 Vgl. Kopfer, H.; Kopfer, H. W., et al. (2011), S.9ff.

480 Zum Forschungsprojekt AMATRAK vgl. Kapitel 2.5.

481 Zu MAS vgl. Kapitel 2.4.4.3.

482 Zur Definition von Distributionslogistik vgl. Kotzab, H. (1997), S.45ff.

Ebenfalls zielen die Bemühungen hinsichtlich der *Wirtschaftseinheit* auf Betriebe und nicht auf private Haushalte ab, da die zu untersuchenden Prozesse zwischen Unternehmen stattfinden (B2B).[483]

Innerhalb der *Betriebsarten* stehen wiederum nur Unternehmungen und nicht öffentliche Betriebe oder Verwaltungen im Fokus.

Mit diesem Schritt ist das Geschäftsfeld umfänglich beschrieben und es wird klar, in welchen Segmenten sich das Unternehmen befinden sollte, um Selbststeuerungssysteme anwenden zu können. Der nächste Schritt definiert die Akteure und Rollen in diesem Geschäftsfeld.

4.2.3.4.2 Akteure und Rollen definieren

In Kapitel 2.2.2 wurden die unterschiedlichen Akteure in der Transportlogistik detailliert beschrieben. Dabei stehen die Akteure Kunde und Dienstleister im Fokus dieser Arbeit, da zwischen ihnen hinsichtlich der Einführung von Selbststeuerungssystemen die zu untersuchenden Prozessleistungen, z.B. der Transport von Waren, stattfindet. Diese beiden Akteure nehmen während der Prozessleistung unterschiedliche Rollen ein.[484] Bei den späteren Prozessanpassungen ist die Rolleninformation von Bedeutung, da mit der Vergabe der Rolle der Initiator und damit der Prozessauslöser definiert werden. Von ihm können Prozessanpassungen ausgehen. Die folgende Übersicht soll das Rollenverständnis verdeutlichen, wobei als Geschäftsprozess beispielhaft eine Kundenauftragsabwicklung für eine Transportdienstleistung gewählt wurde.

483 Vgl. Haasis, H.-D. (2008), S.236, vgl. Thommen, J.-P.; Ergenzinger, R. (2008), S.65.

484 Zur Definition der Rollen Initiator, Ausführer und Abnehmer vgl. Kapitel 2.2.2.

Tabelle 16: Beispielhafte Zuordnung Akteure und Rollen

	Rolle		
	Initiator	**Ausführer**	**Abnehmer**
Feststellung Transportbedarfe für Waren von A nach B	Kunde	Kunde	Kunde
Transportlogistiker suchen	Kunde	Kunde	Kunde
Konditionen verhandeln / Vertrag schließen	Kunde/ Dienstleister	Kunde/ Dienstleister	Kunde/ Dienstleister
Feinplanung der Transporte	Kunde	Kunde	Kunde
Transportaufträge vergeben	Kunde	Dienstleister	Kunde
Abnahme der Transportleistung	Dienstleister	Kunde	Dienstleister
Rechnung begleichen	Dienstleister	Kunde	Dienstleister
Reklamationen bearbeiten	Kunde	Dienstleister	Kunde

Quelle: Eigene Darstellung in Anlehnung an Fischer, H.; Fleischmann, A., et al. (2006), S.5f.

Gemäß dem Beispiel in Tabelle 16 ist die Prozessleistung im Prozessschritt „Abnahme der Transportdienstleistung“ die Bestätigung der korrekt durchgeführten und beendeten Transportleistung. Der Dienstleister nimmt die Rolle des Initiators ein, da er diesen Prozess mit der zuvor erfolgten Transportdurchführung initiiert. Der Kunde erbringt als ausführendes Organ die Leistung der Abnahme des Transports und gibt dies als Output zurück. Diese Bestätigung nimmt der Dienstleister in Form des Prozessleistungsabnehmers entgegen.

4.2.3.4.3 Kundenprozesse definieren

Nachdem in dem vorangegangenen Kapitel 4.2.3.4.1 das idealisierte Geschäftsfeld definiert wurde, in dem das Unternehmen wirken sollte und in Kapitel 4.2.3.4.2 die in dem Geschäftsfeld aktiv werdenden Akteure eingegrenzt und deren Rollen zugeordnet wurden, wird in diesem Kapitel als weiterer Schritt hinsichtlich der Vervollständigung des Geschäftsmodells die Basis für die Identifikation der Integrationsbereiche für Selbststeuerungssysteme geschaffen. Dabei ist das Wissen über die Abläufe beim Kunden von essenzieller Bedeutung, um, daran möglichst nahtlos anschließend, die Dienstleistung im Sinne des Leistungsprozesses auszurichten.

Die Potenziale aufgrund der Einführung von Selbststeuerungsprozessen bestehen grundsätzlich darin, den Kundenprozess wertschöpfend zu steigern, einen Zusatznutzen zu generieren sowie möglichst den gesamten Leistungsprozess zu unterstützen.[485]

Ein Mehrwert für den Kunden kann dann generiert werden, wenn beispielsweise die Kommunikation der verfügbaren Ladekapazität zeitnah und mit genauen Angaben an ihn erfolgt. Hieraus können geringere Wartezeiten an den Rampen resultieren. Selbststeuerungsprozesse können diesen Prozess dahingehend unterstützen, indem die Zulaufsteuerung zu den abholenden Stationen koordiniert und überwacht wird. Abweichungen in der Ankunftszeit können sofort zu Umplanungen an der Rampe führen. Die reservierten Zeitfenster können anderweitig genutzt oder getauscht werden.

Um zu verstehen, welchen Mehrwert der Kunden durch die Einführung von Selbststeuerungsprozessen schöpfen kann, ist es notwendig, den Kundenprozess detailliert aufzunehmen und zu interpretieren. Hier sind Anknüpfungspunkte zum Dienstleistungsprozess herzustellen.

Die dieser Arbeit zugrunde gelegten wertschöpfenden Geschäftsprozesse aus Sicht des Kunden sind die operative Beschaffung und die

---

485 Vgl. Österle, H.; Winter, R. (2000), S.28.

operative Distribution von Waren. Diese Geschäftsprozesse werden in Abbildung 51 am Beispiel Distribution kaskadiert.

Auf der untersten Ebene werden diejenigen Aktivitäten dargestellt, die Potenziale durch die Einführung von Selbststeuerungssystemen in sich bergen können. Die weiß hervorgehobenen Prozessbausteine bilden den Fokus der Prozessanknüpfung und liefern den durchgängigen Bezug zu den überlagerten Ebenen.

Abbildung 51: Kundenprozess in der operativen Distribution

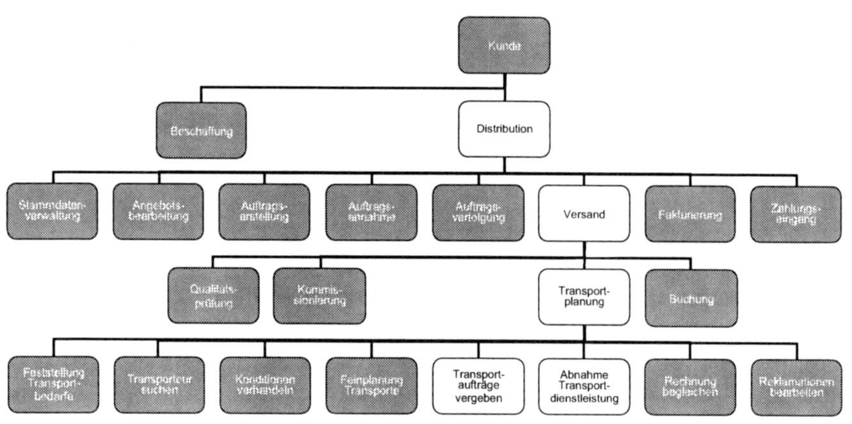

Quelle: Erweiterte Darstellung in Anlehnung Scheer, A.-W. (1994), S.409

Die angestrebte Implementierung von Selbststeuerungssystemen kann prozessual nur auf der untersten Ebene, der „Aktivitätenebene“, vorgenommen werden, da hier die Aktivitäten den höchsten Detaillierungsgrad erfahren.[486]

---

486 Vgl. Kapitel 2.1.1.2.

4.2.3.4.4 Leistungserbringungsprozesse definieren

Im vorangegangenen Schritt wurde beispielhaft der Kundenprozess darstellt. In diesem Kapitel wird nun der Leistungserstellungsprozess, also der Dienstleistungsprozess, aufgenommen und analysiert.[487] Die Abbildung des Dienstleistungsprozesses dient der Identifizierung der Anknüpfungspunkte zum Kundenprozess. Er bildet ebenfalls die Grundlage zur Identifikation der Prozessveränderungen durch Selbststeuerungssysteme.

Wie bereits Kapitel 4.2.3.4.3 erläutert, werden auf der untersten Ebene die Aktivitäten dargestellt, welche Potenziale durch die Einführung von Selbststeuerungssystemen in sich bergen können. Die in Abbildung 52 weiß hervorgehobenen Prozessbausteine bilden auch hier beispielhaft den Fokus zur möglichen Prozessanknüpfung und ergänzen das Gesamtbild des Kunden- und des Dienstleisterprozesses.

Abbildung 52: Prozessablauf in der Disposition aus Sicht des Dienstleisters

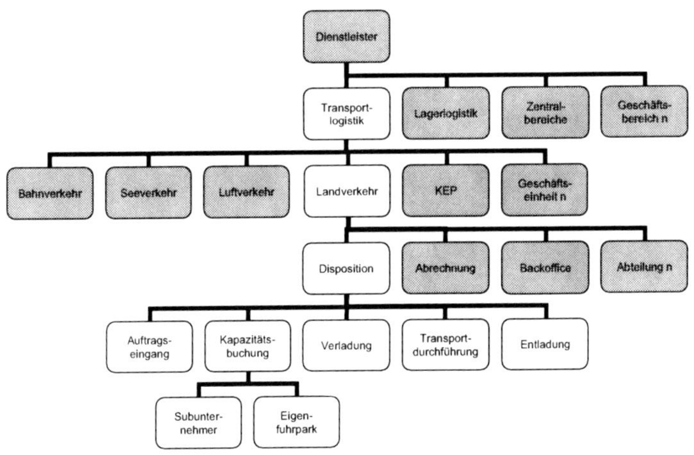

Quelle: Eigene Darstellung in Anlehnung an Herrmann, T. (2005), S.2-26

487 Vgl. Kapitel 2.1.1.1.

Auf der obersten Ebene wird das Unternehmen in seine Geschäftsbereiche segmentiert. Der Landverkehr als eine Verkehrsträgerart unterteilt sich in Hauptprozesse, z.B. die Disposition. Diese kann wiederum in Teilprozesse, wie Auftragseingang oder Kapazitätsbuchung unterteilt werden. Bei der Kapazitätsbuchung wird unterschieden, ob Subunternehmer oder der Eigenfuhrpark eingesetzt werden.

4.2.3.4.5 Marktleistungskatalog ableiten

In Anknüpfung an die Kundenprozesse in Abbildung 51 und an die Dienstleistungsprozesse in Abbildung 52 kann nunmehr in Abbildung 53 die Marktleistung abgeleitet werden. Folgende Prozesse, Anforderungen und Leistungen können einander gegenübergestellt werden.[488]

Abbildung 53: Marktleistungskatalog

Kundenprozess	Prozessanforderung	Marktleistung	Beschreibung
Transportbedarfe für Waren von A nach B feststellen	Hohe Beratungs- und Beziehungsqualität	Strategie der kundenindividuellen Transportlösung	Beratung des Kunden bei der Planung seiner Transportbedarfe
Transporteur suchen	Professionalität, Flexibilität und Individualität	Kundenspezifische Angebotsunterlagen	Erstellung einer Angebotsunterlage, die individuell auf die Kundenanforderung zugeschnitten ist. Darstellung eines Transportkonzepts, Notfallstrategien, etc.
Konditionen verhandeln	Optimales Preis-Leistungs-Verhältnis	Kundenspezifische Angebotspreise / Rahmenverträge	Erarbeitung eines Haustarifs Ausarbeitung eines Rahmenvertrags, der die Zusammenarbeit regelt
Transporte feinplanen	Flexibilität und kurze Reaktionszeiten	Linienverkehre, Abfahrtenregelungen, Zeitfenstersteuerung	Information an die betroffenen Akteure über Besonderheiten bei der Transportdurchführung; Vorbereitung der Auftragübernahme/Annahme; Systemaktualisierungen/Anpassungen
Transportaufträge vergeben	Geschwindigkeit, Automatisierungsgrad, informationstechnische Integration	Einplanung und Disposition der Transporte	Planung mit MAS; Information über Status der Aufträge; Kommunikation mit den Akteuren; Organisation des Transportes
Transportleistung abnehmen	Fehlerfreie Abwicklung und hohe Durchführungsqualität	Bereitstellung der Waren am Bestimmungsort	Kostengünstigste und qualitativ hochwertige Durchführung des Transportes und Bereitstellung der Waren
Rechnung begleichen	Anforderungskonformes Berichtswesen, schnelle und unkomplizierte Abwicklung	Kundenspezifische Rechnungslegung	Aufbereitung der Daten gem. Kundenwunsch und Stellung der Rechnung; vereinbartes Mahnwesen
Reklamationen bearbeiten	Geringe Abwicklungskosten, kurze Durchlaufzeiten	Gutschrifterteilung oder Nachbesserung in der Transportleistung	Schnelle Korrektur der Fehlleistung; Erteilung von Gutschriften; Versicherungsleistung anmelden

Quelle: Eigene Darstellung in Anlehnung an Suter, A. (2004), S.161, S.261.

488 Insbesondere durch Nebenleistungen, wie etwa Dienst- oder Informationsleistungen, können sich Differenzierungsmerkmale ergeben. vgl. Suter, A. (2004), S.159-160.

Die beispielhaften Integrationsbereiche für Selbststeuerungssysteme sind im Marktleistungskatalog grau hinterlegt. Durch Veränderungen der Geschäftsprozesse besteht die Möglichkeit, einen Mehrwert für den Kunden zu generieren, da die optimierten Prozesse zu reibungsloseren Abläufen führen können.

4.2.3.4.6 Geschäftsnetzwerk entwerfen

Die Abbildung des Geschäftsnetzwerks visualisiert das Zusammenspiel der Akteure und deren Prozesse. Die unterschiedlichen Informations- und Warenflüssen können besser erkannt werden. Dabei soll das Geschäftsnetzwerk beispielsweise Informationen über Akteure, Waren- und Informationsfluss sowie Aktionsbeschreibungen zu den Informationsflüssen liefern.[489]

Abbildung 54 präsentiert ein stark vereinfachtes Geschäftsnetzwerk aus der Transportlogistik mit beispielhaften Akteuren und deren möglichen Beziehungen zueinander.

Abbildung 54: Beispielhaftes Geschäftsnetzwerk der Transportlogistik

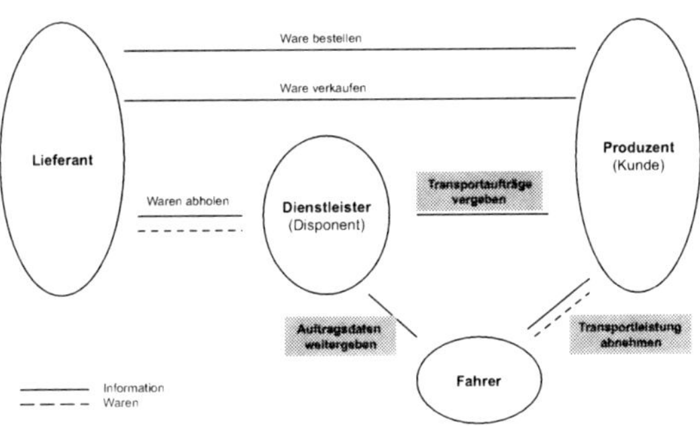

Quelle: Eigene Darstellung in Anlehnung an Herrmann, T. (2005), S.1-9

489 Vgl. Alt, R. (2008), S.173, zu Systembestandteilvgl. Kapitel 2.1.2.1.

Die möglichen Strömungen für Selbststeuerungssysteme sind in Abbildung 54 grau hervorgehoben. Sie lehnen sich an den Marktleistungskatalog in Abbildung 53 an. Insbesondere der Prozess der Auftragsdatenweitergabe wird im weiteren Verlauf der Arbeit detailliert betrachtet. Dies war ebenfalls im Fokus des Forschungsprojekts AMATRAK.

Mit diesem letzten Schritt der Geschäftsnetzwerkentwurfs ist die Phase 2 Geschäftsszenario abgeschlossen. Es beginnt nunmehr die Phase 3, in der die Prozess- und Systemkonzeption auf Basis des Geschäftsszenarios erfolgen wird.

4.2.3.5 Ist-Analyse durchführen

Mit dieser Aktivität beginnt die Phase 3 des VoMoBASTs, die Phase der Prozess- und Systemkonzeption. Eine Übersicht zur inhaltlichen Orientierung hinsichtlich der folgenden Kapitel ist in Tabelle 17 dargestellt.

Tabelle 17: Übersicht zu Aktivitäten und Schritten der Phase 3 Prozess- und Systemkonzeption

Phase		Aktivität		Schritt		Kapitel
3	Prozess- und Systemkonzeption	5	Ist-Aufnahme durchführen	1	Geschäftsprozesse aufnehmen	4.2.3.5.1
				2	Vorhandene IT-Umwelten transparent abbilden	4.2.3.5.3
				3	Marktrecherche zu MAS-Technologien durchführen	4.2.3.5.4
				4	Anforderungskatalog erstellen	4.2.3.5.5
		6	Soll-Konzept definieren	1	Geschäftsregeln entwerfen	4.2.3.5.2
				2	Zukünftige Geschäftsprozesse ausarbeiten	4.2.3.6.1
				3	Agentensystem konzipieren	4.2.3.6.2
				4	Kommunikation und Schnittstellen konzipieren	4.2.3.6.3
				5	Nutzeroberflächen konzipieren	4.2.3.6.4
				6	Fahrzeugclient konzipieren	4.2.3.6.5
				7	Simulationsumgebung konzipieren	4.2.3.6.6
				8	Prozess- und Systemlastenheft erstellen	4.2.3.6.7
		7	Gesamtkonzept validieren	1	***Lastenheft ausschreiben***	4.2.3.7.1
				2	***Wirtschaftlichkeitsvergleich durchführen***	4.2.3.7.2

Quelle: Eigene Darstellung

Die Aktivität der Ist-Analyse gliedert sich in vier Schritte. Zunächst werden die Ist-Prozesse aufgenommen und abgebildet. Anschließend werden in Schritt 2 die vorhandenen IT-Umwelten systematisch abgebildet. Der Schritt 3 beinhaltet eine Marktrecherche zu vorhandenen Agententechnologien und Neuentwicklungen, da im Soll-Zustand die Prozesse mittels MAS unterstützt werden sollen. Abschließend wird ein Anforderungskatalog erstellt, der die notwendigen Anpassungen hinsichtlich einer Soll-Konzeption beschreibt.

4.2.3.5.1 Geschäftsprozesse aufnehmen

Für die Abbildung und Neukonzeption der betroffenen Geschäftsprozesse wird in einem ersten Schritt der Ist-Zustand analysiert und dokumentiert. Hierzu sind die Bestell- und Lieferprozesse, das Bestandmanagement, die Produktionszeiten sowie Transporte und Tarife zwischen dem Dienstleister, den Lieferanten und Kunden detailliert aufzunehmen. Auf dieser Prozessbasis werden die zu sammelnden und aufzubereitenden Daten festgelegt. Diese Daten werden insbesondere für die spätere Messung der Zielerreichung mittels festgelegter Kennzahlen benötigt.

Im Rahmen des Forschungsprojekts AMATRAK wurde zunächst das betrachtete Geschäftsnetzwerk im Rahmen von mehreren Vor-Ort-Recherchen bei den betroffenen Niederlassungen detailliert analysiert. Darauf aufbauend, wurde ein Prozessmodell mit unterschiedlichen Varianten erstellt. Gleichermaßen wurde eine zugehörige Informationsflussanalyse durchgeführt. Ziel hierbei war es, sämtliche Informationen und Daten aufzunehmen, die als Grundlage der Konzeption für das MAS dienten.

In Abbildung 55 ist das Ergebnis der Ist-Analyse hinsichtlich des Dispositionsprozesses veranschaulicht. Die Disposition des dem Standort A fest zugeordneten Fuhrparks wird autark und ausschließlich von dem Disponenten A vorgenommen. Es existieren Auftragslisten von nicht disponierten Aufträgen, die manuell den LKW zugeordnet werden. Die Kommunikation zwischen den Standorten A und B beschränkt sich auf E-Mail und Telefon. Der so ermöglichte Austausch von Fahraufträgen erfolgt manuell. Es besteht keine Transparenz hinsichtlich Auftragsvolumen, Fahrzeugauslastung oder Status zur Disposition zwischen den Standorten.

Abbildung 55: Schematischer Dispositionsablauf als Ergebnis der Ist-Analyse

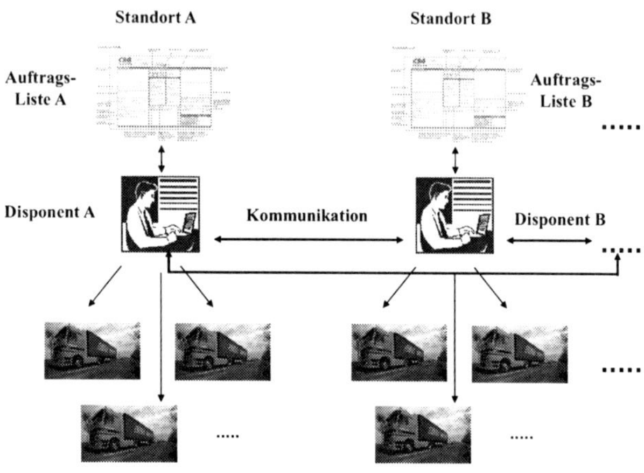

Quelle: In Anlehnung an o.V. (2009g), S.10

Überträgt man die schematische Darstellung in ein Domänenmodell[490], so erhält man das UML-Diagramm[491], welches in Abbildung 56 präsentiert wird. Es beschreibt als Auszug die notwendigen Geschäftsobjekte, die zur Durchführung eines Transports benötigt werden.

Der Transportauftrag ist einem Auftraggeber (Kunde) und einem Betrieb (Dienstleister) sowie dessen Abteilung zur Disposition des Auftrags zugeordnet. In der Abteilung arbeiten Mitarbeiter, die sich aus Fahrern und Disponenten zusammensetzen, welche später den Auftrag physisch umsetzen. Der Disponent hat in der Betriebsorganisation ein Login für die IT-Systeme. Er wird mit seinem Benutzernamen im Transportauftrag als Bearbeiter vermerkt. Der zu disponierende Transportauftrag beinhaltet weiterhin Angaben zur Ware, die transportiert werden soll. Die Ware wird durch die Warenart, Packmittel und Anforderungen an die Transportkapazität beschrieben. Der Transportauftrag beinhaltet außerdem

---

490 Domain ist eine konzeptionell als Verwaltungseinheit zusammengefasste Gruppe. Domänenobjekte sind dabei ein Synonym für Geschäftsobjekte. vgl. Fischer, P.; Hofer, P. (2008), S.241.

491 Zu UML vgl. Kapitel 2.1.3.3.3.

Daten zum physischen Transport, die mit Start und Ende des Transports vereinfacht beschrieben werden. Weiterhin werden Daten zur Ladestelle im Transportauftrag erfasst, welche sich wiederum durch die Adresse und das Land, die als Stammdaten hinterlegt sein können, definieren. Dieses Modell wird im späteren Verlauf der Arbeit durch das MAS abgebildet.

Mit diesem Schritt ist die Aufnahme der Geschäftsprozesse abgeschlossen. Es folgt als weiterer Schritt die Darstellung der eingesetzten IT-Umwelt zur Prozessdurchführung.

Abbildung 56: Vereinfachtes Domänenmodell am Beispiel AMATRAK

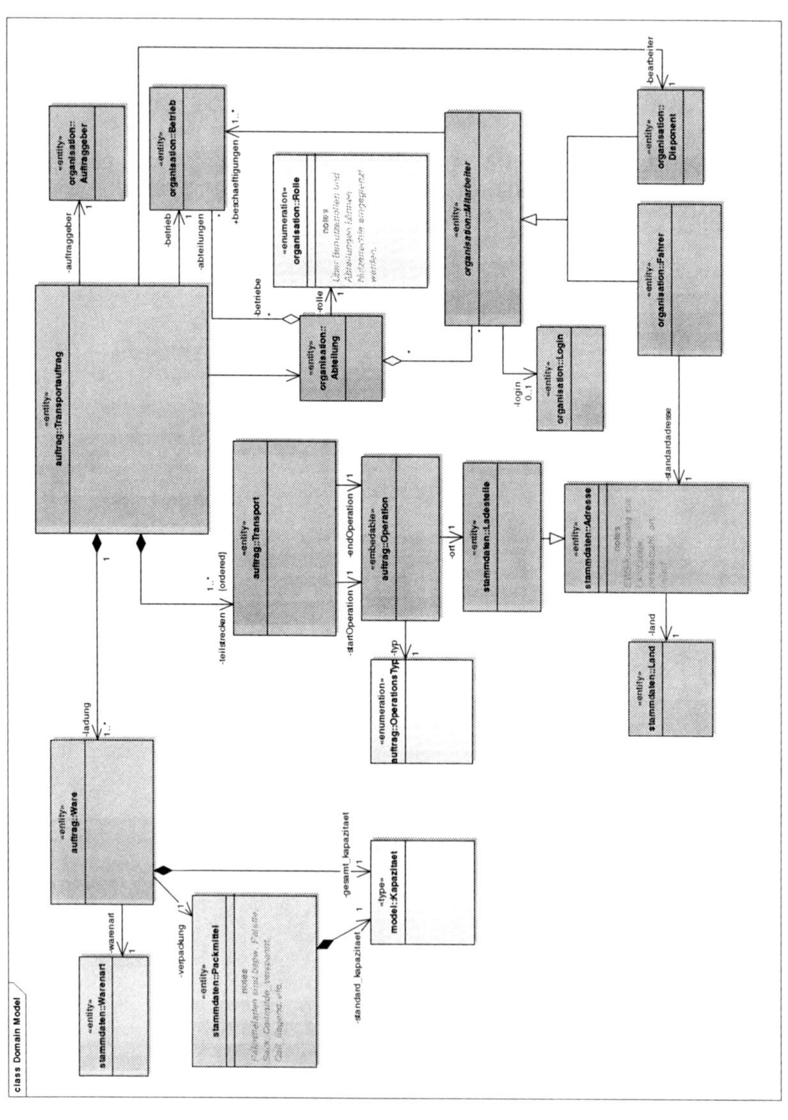

Quelle: Haasis, H.-D.; Barwig, K., et al. (2011), S.22.

4.2.3.5.2 Vorhandene IT-Umwelt transparent abbilden

Die aufgenommenen Prozesse werden in diesem Schritt durch die eingesetzte IT-Umwelt ergänzt, um die Konfiguration des MAS darauf auszurichten und die vorhandene IT-Umwelt bei der Implementierung zu berücksichtigen. Hierzu werden die eingesetzten Kommunikationssysteme, -wege und -strukturen analysiert sowie die eingesetzte IT-Infrastruktur der Akteure und dessen Schnittstellen und Eigenschaften analysiert, überprüft und dokumentiert.

Wie bereits im Kapitel 4.2.3.5.1 erwähnt, wurden im Rahmen des Forschungsprojekts AMATRAK als wesentliche Kernprozesse die Auftragsannahme und Auftragsbearbeitung bei STUTE erfasst. Für die Auftragsbearbeitung existieren mehrere Abwicklungsprozesse, u.a. Bestellabruf, Auftragsannahme per Telefon oder Auftragsannahme per E-Mail.

Die durch STUTE verwendeten IT-Systeme, die zur Datenerhebung und Prozessanalyse herangezogen wurden, sind im Wesentlichen folgende Umgebungen:

- Active-m-ware (AMW) als eingesetzte Speditionssoftwareapplikation[492]
- Lotus Notes als Kommunikationsplattform (E-Mail) und Datenbank für Subunternehmer, Fahrzeugdaten, Kundenkontakte etc.[493]
- Fleetboard als Telematiksoftwareapplikation zur Verfolgung der LKW und Eruierung von Lenkzeiten, Beladezuständen und Gewichtsauslastungen[494]
- PSV3 zur elektronischen Auftragsübermittlung zum LKW-Fahrer[495]

---

492 Zur Beschreibung der Applikation vgl. http://www.active-logistics.com/ bausteine/systeme/active-m-ware.html, Zugriff am 23.06.2012.

493 Zur Softwarebeschreibung vgl. http://www-01.ibm.com/software/de/lotus/, Zugriff am 23.06.2012.

494 Zum Funktionsumfang vgl. http://www.fleetboard.com/static/index.html, Zugriff am 23.06.2012.

495 Zum Funktionsumfang vgl. http://www.tis-gmbh.de/psv3-auftraege-mobil/ ueberblick-psv3/?L=1, Zugriff am 14.03.2012, vgl. o.V. (2010g), S.8.

- PROXESS als Applikation zur elektronischen Archivierung und Datenbeauskunftung[496]

In Abbildung 57 ist der Prozess hinsichtlich der Fahrzeug-Disposition mit den genutzten IT-Systemen schematisch dargestellt.

Abbildung 57: Vorhandene IT-Umwelt bei der Fahrzeug-Disposition am Beispiel STUTE

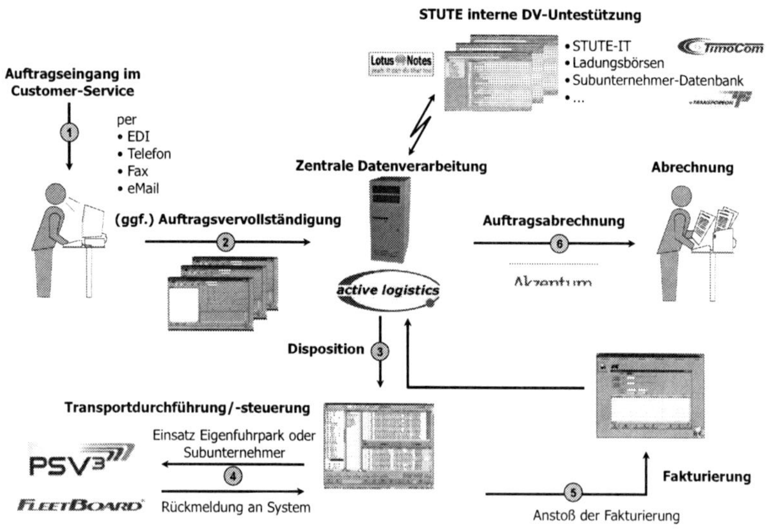

Quelle: Haasis, H.-D.; Barwig, K., et al. (2011), S.20.

Im Prozessschritt 1 werden die unterschiedlichsten Systeme, wie Internet, E-Mail oder elektronische Anbindungen via EDI, genutzt, um die Aufträge anzunehmen. Im Prozessschritt 2 werden die Daten in der Applikation AMW mit der Applikationsfunktion „Auftragserfassung“ vervollständigt und zur Disposition freigegeben. Die Disposition erfolgt mit der Applikationsfunktion „Disposition“ im Prozessschritt 3. Die disponierten

496 Zum Funktionsumfang vgl. https://www.akzentum.de/dyn/epctrl/mod/grigull000297/cat/grigull000085/ pri/grigull, Zugriff am 23.06.2012.

Aufträge werden im Prozessschritt 4 mit PSV3 an die Fahrzeuge übertragen. Die notwendigen Fahrzeug- und Fahrerdaten, wie aktuelles Gesamtgewicht oder Lenkzeit des Fahrers, werden mittels FleetBoard in einer separaten Webapplikation angezeigt. Im Prozessschritt 5 werden die durchgeführten und rückgemeldeten Touren mit der Applikationsfunktion „Bewertung" abgerechnet. Im letzten Prozessschritt 6 werden mittels der Applikation PROXESS die Belege und Rechnungen eingescannt und den Kunden elektronisch zur Verfügung gestellt.

Hinsichtlich der Analyse der Schnittstellen, Datenstrukturen und Dateninhalte besteht die Notwendigkeit, die Zweckentfremdung von Datenfeldern zu dokumentieren. Einerseits können hierdurch Fehlerquellen, wie beispielsweise Freitexteingaben derselben Gewichtsangabe als Kilo, K. oder k, bei der Interpretation der Daten durch das MAS auftreten. Andererseits fehlen möglicherweise unabdingbar Eingaben, z.B. der Eintrag eines Hinweises zur Packmittelsicherung.

Auf der Basis dieser Beschreibung der Ist-Prozesse und deren Umgebungen kann im Folgenden eine geeignete MAS-Technologie ausgewählt werden.

4.2.3.5.3 Marktrecherche zu MAS-Technologien durchführen

Im Schritt 3 der Ist-Analyse werden die vorhandenen Agentenframeworks, die bereits über notwendige Basisfunktionalitäten, wie etwa Kommunikation, verfügen und gut skalierbar sind, hinsichtlich ihrer Eignung für das Vorhaben evaluiert und ausgewählt.

Eine entsprechende Auswahl derartiger Agentenframeworks als Freeware-Version ist:

- Jade: Java-basierte FIPA kompatible Plattform
- Cougaar: „Cognitive Agent Architecture" Java-basierte Plattform
- Zeus: Java-basierte Plattform

Nach anschließender Bewertung der existierenden Agentenframeworks wurde sich im Forschungsprojekt AMATRAK für Jade (Java-basierte FIPA kompatible Plattform) entschieden. Diese Entscheidung begründet sich aus den vorhandenen Basisfunktionalitäten, der guten Skalierbarkeit, der ausführlichen Dokumentation sowie des frei zugänglichen Quellcodes.[497] Zudem ist das Framework als freie Software unter der GNU LGPL Lizenz verfügbar, die dessen freien Einsatz erlaubt.

Mit diesem Schritt ist die Ist-Aufnahme nahezu abgeschlossen. Es wird nun im folgenden letzten Schritt ein Anforderungskatalog erstellt, der die wesentlichen Impulse zusammenfasst, die es bei der Modellierung des Soll-Prozesses zu beachten gilt.

4.2.3.5.4 Anforderungskatalog erstellen

In diesem vierten und letzten Schritt der Ist-Aufnahme im Rahmen der Phase 3 Prozess- und Systemkonzeption werden aus den Ergebnissen der aufgenommenen Geschäftsprozesse, IT-Umwelten und Recherchen konkrete Anforderungen an den Soll-Prozess abgeleitet und durch einen Anforderungskatalog abgebildet. Es wird dabei ausdrücklich nicht die Entwicklung einer neuen Speditionssoftwareapplikation verfolgt, sondern eine adäquate Einbettung des MAS in die bestehende IT- Landschaft des Unternehmens angestrebt. Dies führt zwangsläufig zur frühzeitigen Einbeziehung der betroffenen Mitarbeiter, insbesondere der Disponenten und Fahrer, um hier die notwendige Akzeptanz und damit den Systemnutzungsgrad maßgeblich positiv zu beeinflussen. Der Erfolg der Implementierung ist in einem hohen Maße von der Prozess- und Systemakzeptanz durch die Mitarbeiter abhängig.

Im Rahmen des Forschungsprojekts AMATRAK konnten folgende wesentliche Anforderungen an die Informations- und Kommunikationssysteme und damit an die Schnittstellen zwischen Fahrern, Disponenten und MAS identifiziert werden:

- AMW bleibt das Hauptsystem, an das alle anderen Systeme angeschlossen werden. Es fungiert als Datawarehouse.
- Es ist auch zukünftig möglich, eine manuelle Disposition durchzuführen, d.h. MAS-Vorschläge abzulehnen bzw. ohne MAS die Tou-

497 Vgl. http://jade.tilab.com/, Zugriff am 10.03.2012.

renplanung durchzuführen. Es erfolgt weiterhin eine Entscheidungsunterstützung durch das MAS.

- Für einen effizienten Einsatz des MAS ist die niederlassungsübergreifende Disposition zu ermöglichen. Die Disponenten sollen zukünftig in einem virtuellen Betrieb arbeiten, der Aufträge unabhängig von ihrer Niederlassungszuordnung anzeigen kann.
- Dem Fahrer sind die Aufträge als Be- und Entladeaufträge zu übermitteln, wodurch die Abarbeitungsreihenfolge fixiert wird.
- Alle Adressen sind in geo-kodierter Form zu übertragen, damit das Navigationssystem genutzt werden kann.
- Der Fahrer meldet den Prozessfortschritt mittels Statusmeldungen zurück, beispielsweise Be- / Entladeort erreicht oder Be-/Entladeprozess abgeschlossen.
- Während der Fahrt werden automatisch in festzulegenden Zeitintervallen Positionsdaten übermittelt, auf deren Basis der Prozessfortschritt bewertet werden soll.
- Zusätzlich müssen durchgängig Daten bezüglich des auf dem Transportgefäß[498] befindlichen Leerguts gemeldet werden, um die verfügbare Ladekapazität korrekt ermitteln zu können.
- Für die Realisierung interner Fahraufträge[499] sind Serviceaufträge einzuführen, z.B. für Fahrten in die Werkstatt.
- Es sind vielfältige Informationen im MAS tagesaktuell durch die Disponenten einzupflegen, etwa Verfügbarkeit der Fahrer, Verfügbarkeit der Fahrzeuge und Auflieger.
- Die Datenfelder und deren Inhalte sind konsequent ihrer eigentlichen Bestimmung nach zu nutzen, um Fehlinterpretationen zu vermeiden. Dies kann mittels Definition von Mussfeldern und Prüfroutinen unterstützt werden.

Mit diesem Anforderungskatalog wird die Aktivität Ist-Aufnahme abgeschlossen und es kann mit der Folgeaktivität Soll-Prozess definieren begonnen werden.

498 Mit Transportgefäß ist ein Anhänger, Sattelauflieger, Wechselbrücke oder ähnliches Gefäß definiert.

499 Alle Aufträge, die nicht Kundenaufträge sind.

4.2.3.6 Soll-Konzept definieren

Im vorangegangenen Kapitel 4.2.3.5 wurden im Wesentlichen die heutigen Ist-Prozesse und IT-Umwelten beschrieben sowie ein Anforderungskatalog an die zukünftigen Prozesse abgeleitet. Diese Anforderungen sind bei der nun folgenden Modellierung der Soll-Prozesse zu berücksichtigen. Somit startet im Rahmen der Phase 3 Prozess- und Systemkonfiguration die zweite Aktivität, die Definition des Soll-Konzepts.

Tabelle 18: Übersicht zu Aktivitäten und Schritten der Phase 3 Prozess- und Systemkonzeption

Phase		Aktivität		Schritt		Kapitel
3	Prozess- und Systemkonzeption	5	Ist-Aufnahme durchführen	1	Geschäftsprozesse aufnehmen	4.2.3.5.1
				2	Vorhandene IT-Umwelten transparent abbilden	4.2.3.5.3
				3	Marktrecherche zu MAS-Technologien durchführen	4.2.3.5.4
				4	Anforderungskatalog erstellen	4.2.3.5.5
		6	Soll-Konzept definieren	1	Geschäftsregeln entwerfen	4.2.3.5.2
				2	Zukünftige Geschäftsprozesse ausarbeiten	4.2.3.6.1
				3	Agentensystem konzipieren	4.2.3.6.2
				4	Kommunikation und Schnittstellen konzipieren	4.2.3.6.3
				5	Nutzeroberflächen konzipieren	4.2.3.6.4
				6	Fahrzeugclient konzipieren	4.2.3.6.5
				7	Simulationsumgebung konzipieren	4.2.3.6.6
				8	Prozess- und Systemlastenheft erstellen	4.2.3.6.7
		7	Gesamtkonzept validieren	1	***Lastenheft ausschreiben***	4.2.3.7.1
				2	***Wirtschaftlichkeitsvergleich durchführen***	4.2.3.7.2

Quelle: Eigene Darstellung

Ziel dieser Aktivität ist die dokumentierte Festlegung der Soll-Struktur im Rahmen eines Lastenhefts für die Neukonzeption des Tourenplanungssystems auf Basis einer agentenbasierten Selbststeuerung. Die Ergebnisse werden zu einer detaillierten Prozess- und Organisationsbeschreibung als Grundlage für die weiteren Aktivitäten in Phase 4 Realisierung verdichtet.

Im Rahmen der zweiten Aktivität der Phase 3 sind gemäß Tabelle 18 acht Schritte vorgesehen. Im Schritt 1 erfolgt der Entwurf der Geschäftsregeln, gefolgt von Schritt 2 die Ausarbeitung des Soll-Prozesses mittels MAS. Darauf aufbauend, können im Schritt 3 die Konzeption des Agentensystems erfolgen, im Schritt 4 die Konzeption der Kommunikation und den Schnittstellen zwischen den Agenten, im Schritt 5 die Konzeption der Nutzeroberflächen des Systems, im Schritt 6 die Konzeption der Fahrzeugclients, im Schritt 7 die Konzeption der Simulationsumgebung sowie abschließend im Schritt 8 die Zusammenführung aller vorangegangenen Konzeptionen in ein Prozess- und Systemlastenheft.

4.2.3.6.1 Geschäftsregeln entwerfen

Der nun folgende Auszug in Abbildung 58 aus dem Business-Rule-Modell wurde im Rahmen der Soll-Konzept-Aktivität entwickelt und verdeutlicht das Zusammenspiel von Geschäftsregeln und Geschäftsprozessen, die für die weitere Bearbeitung des Auftrags nach Annahme und Erfassung im Speditionssystem notwendig sind, um den Auftrag korrekt durchführen zu können.

Abbildung 58: Geschäftsregeln am Beispiel AMATRAK

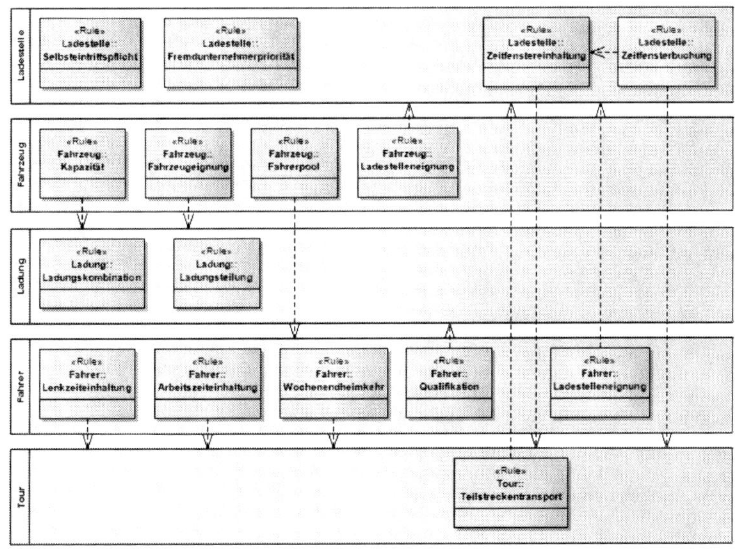

Quelle: Haasis, H.-D.; Barwig, K., et al. (2011), S.24.

Gemäß Abbildung 58 sind Geschäftsregeln für Ladestelle, Fahrzeug, Ladung, Fahrer und Tour festzulegen. Die Ladestelle definiert sich zunächst über die Selbsteintrittspflicht des Dienstleisters. Sie besagt, dass an der Ladestelle nur mit eigenem Fuhrpark geladen werden darf und keine Subunternehmer eingesetzt werden dürfen. Weiterhin ist der Ladestelle eine Fremdunternehmerpriorität zugeordnet, durch die im Falle der Nicht-Selbsteintrittspflicht bevorzugte Subunternehmer der Ladestelle zugerechnet werden können. Der Ladestelle sind ebenfalls Zeitfensterbuchungen und Zeitfenstereinhaltungen zu gruppiert. Sie regeln, in welchem Zeitraum die Waren an der Ladestelle abgeholt werden können und wie die tatsächliche Einhaltung des zugeordneten Zeitfensters war.

Die Geschäftsregeln für das Fahrzeug werden über Kapazität, Fahrzeugeignung, Fahrerpool und Ladestelleneignung abgebildet. Das Fahrzeug verfügt über konkrete Gewichts- und Volumenkapazitäten, die für die spätere Disposition erforderlich sind. Weiterhin existieren unterschiedliche Fahrzeugtypen, etwa Gliederzüge, Kipper oder Sattelauflieger, die einerseits für die Ladestelle, andererseits für die Ladung geeignet sein müssen. So kann nicht jedes Produkt auf Kipperfahrzeuge geladen werden und nicht jede Ladestelle kann Kipperfahrzeuge abfertigen. Diese Regeln üben Einfluss auf die Zuordnung von Ladung und Ladestelle zu Fahrzeugen aus. Auch Fahrer werden aus einem Fahrerpool konkreten Fahrzeugen gemäß ihrer Qualifikation zugeordnet.

Die Ladung definiert sich mittels der Regeln Ladungskombination und Ladungsteilung. Dabei regelt die Ladungskombination die bestehenden Zusammenladeverbote[500], die bei der Beförderung von mehreren unterschiedlichen Sendungen beachtet werden müssen. Die Ladungsteilung regelt, inwieweit der Auftrag durch mehrere Fahrzeuge abgefahren werden kann oder zwingend mit einem Fahrzeug abgefahren werden muss.

Weitere Regeln werden für die Zuordnung von Fahrern zu Fahrzeugen, Ladestellen und Touren benötigt. Die Fahrer unterliegen strengen Lenkzeitregelungen, die bei der Planung einer Tour berücksichtigt werden müssen. Sie regulieren zusammen mit der Arbeitszeiteinhaltung die Fahr- und Ruhezeit des Fahrers.[501] Ein weiteres Kennzeichen für die

500 Zur Definition von Zusammenladeverboten vgl. Arnold, D. (2008), S.554.
501 Vgl. § 21 a Arbeitszeitgesetz (ArbZG), vgl. o.V. (2007c), S.26f.

Fahrerregel ist die Wochenendheimkehr. Sie besagt, ob der Fahrer am Wochenende zu Hause oder unterwegs im Hotel übernachtet. Eine weitere Regel betrifft die Fahrerqualifikation. So dürfen beispielsweise Gefahrgüter nur mithilfe geeigneter Fahrzeuge (mit entsprechender technischer Ausrüstung) und dafür qualifizierten Fahrern (ADR-Schein) befördert werden.[502] Die Ladestelleneignung für den Fahrer reguliert, inwieweit der Fahrer diese Ladestelle anfahren darf oder ein Verbot seitens des Kunden besteht.

Der Auszug des Business-Rule-Modells zeigt noch einmal die Komplexität in der Fahrzeugdisposition. Um ein optimales Ergebnis zu erhalten, sind sehr viele Einflussfaktoren zu berücksichtigen. Hier kann das MAS unterstützen und die Komplexität reduzieren.

4.2.3.6.2 Zukünftige Geschäftsprozesse ausarbeiten

Unter Berücksichtigung der vorhandenen Prozesse, IT-Umwelten und Anforderungen besteht nun die Herausforderung darin, die Architektur der Anwendungssysteme unter Berücksichtigung der Selbststeuerung zu generieren. Basierend auf den Ergebnissen der Ist-Aufnahme, werden die Prozesse mittels des MAS-Tourenplanungssystems festgelegt. Dies beinhaltet, wie der Dispositionsprozess aus organisatorischer, technischer und prozessualer Hinsicht zu ändern ist, um das Potenzial des MAS auch aus betriebswirtschaftlicher Perspektive optimal nutzbar zu machen.

Hierzu wird in Anlehnung an die Darstellung des Ist-Prozesses zunächst abgebildet, wie im Soll-Prozess ein MAS schematisch eingesetzt werden kann. Anschließend wird dieser Prozess im Agentensystem detailliert beschrieben. Dabei werden die Funktionen erläutert, die das MAS übernehmen wird. Abschließend wird eine Soll-IT-Umwelt mit einem MAS abgebildet, um die Schnittstellen erkennen zu können. Das gewählte Vorgehen entspricht dabei den Arbeitspaketen des Forschungsprojekts AMATRAK. Die Ergebnisdokumente in den Abbildungen sind ebenfalls im Rahmen des Forschungsprojekts entwickelt worden.

---

502 Zur Erläuterung und Vertiefung der Gefahrgutvorschriften vgl. Korf, W.; Bleihauer, H.-J., et al. (2007), S.400ff.

Der Einsatz, die Funktionen sowie die Umgebung des MAS lassen sich anhand der folgenden Abbildungen verdeutlichen:

Abbildung 59: Einsatz MAS in der Disposition

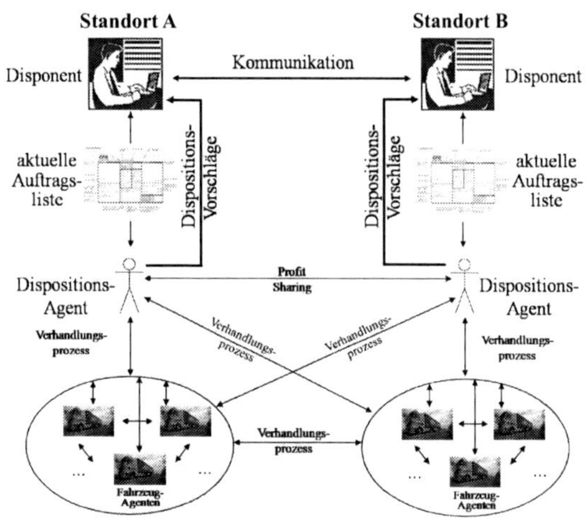

Quelle: In Anlehnung an o.V. (2009g), S.14, Haasis, H.-D.; Kramer, H., et al. (2010), S.134

In der Abbildung 59 wird beispielhaft der Soll-Ablauf mit dem Einsatz eines MAS präsentiert.[503] Dabei erfolgt zunächst gegenüber dem Ist-Ablauf die Ergänzung des Prozesses durch die Dispositions- und Fahrzeugagenten. Sie übernehmen die Verhandlungsprozesse und generieren die Vorschläge zur Zuordnung von Aufträgen zu den Fahrzeugen. Ein Profit-Share-Modell soll dazu dienen, die Hemmnisse beim Annehmen der Vorschläge zu überwinden. Der abgebende Disponent sollte demnach nicht schlechter gestellt werden als vorher.[504]

503 Zum schematischen Ist-Ablauf vgl. 4.2.3.5.1.

504 Vgl. Kopfer, H.; Krajewska, M. A., et al. (2007), S.31-33.

Bezüglich der Funktionen, die das MAS in dem beschriebenen Soll-Ablauf übernehmen wird, verdeutlicht nun detailliert die Abbildung 60.

Abbildung 60: Funktionen des MAS im Dispositionsprozess

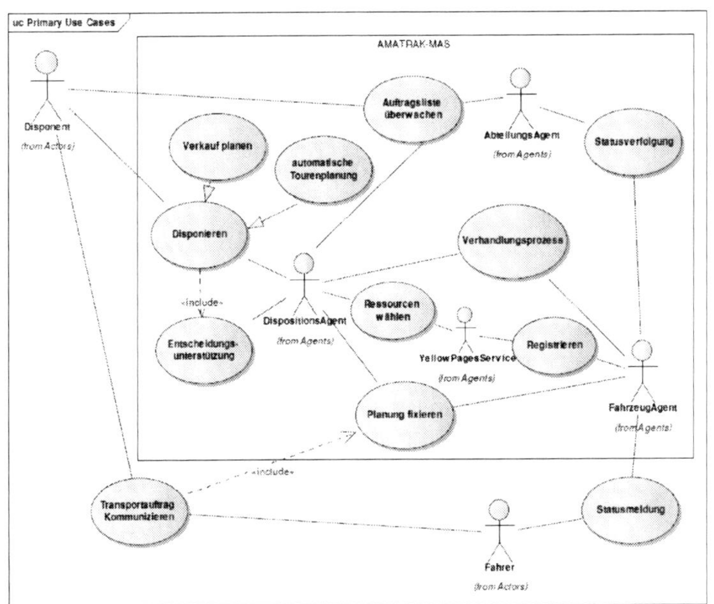

Quelle: Haasis, H.-D.; Barwig, K., et al. (2011), S.30.

Innerhalb des MAS sind gemäß Anforderungskatalog[505] zwei Arten von Dispositionsprozessen zu unterscheiden:

- Manuelle Disposition von Einzelaufträgen (Disponent)
- Automatische Disposition eines Auftragsstapels (Dispositions-agent)

Die Disposition von Transportaufträgen erfolgt im MAS durch ein sogenanntes Ausschreibungsverfahren, dass für den Disponenten Pla-

505 Vgl. Kapitel 4.2.3.5.4.

nungsvorschläge auf der Grundlage verschiedener möglicher Fahrzeugeinsätze berechnet. Hierzu fließen etwa Kriterien, wie Leerkilometer, Gesamtkilometer, Volumen-/Gewichtsauslastung, in die Bewertung mit ein.

Bei der manuellen Disposition eines einzelnen Transportauftrags entscheidet der Disponent das Ausschreibungsverfahren selbst, indem er sich für ein Fahrzeug entscheidet. Bei der automatischen Disposition einer Menge von Transportaufträgen wird das Ausschreibungsverfahren automatisch vom MAS entschieden. Der Disponent wird hierbei durch den Dispositionsagenten repräsentiert. Als Ergebnis ergeben sich je Fahrzeug Tourvorschläge, die einzeln vom Disponenten im Sinne der Kontextsteuerung[506] akzeptiert oder auch abgelehnt werden können. Der Fahrer greift über Statusmeldungen mittels PSV3 und Fleetboard in das System ein. Er wird vom Fahrzeugagenten im MAS repräsentiert. Dieser Agent gibt die Statusmeldungen weiter und nimmt am Verhandlungsprozess teil.

In Abbildung 61 wird ergänzend zur obigen Soll-Prozessbeschreibung die Systemlandschaft als Umgebung des MAS dargestellt, die zur Durchführung des skizzierten Dispositionsablaufs erforderlich ist.

Hauptnutzer des MAS ist der Disponent. Die Speditionssoftwareapplikation AMW wird in dem zukünftigen Dispositionsszenario weiterhin das führende Anwendungssystem des Disponenten bleiben, weshalb eine Integration des MAS mittels automatisierter elektronischer Schnittstellen anzustreben ist.[507] Lediglich für Konfigurations- und Kontrollaufgaben sowie zur Simulation sollte eine separate Anwendung mit grafischer Benutzungsoberfläche (AMATRAK-Client) zur Verfügung stehen. Für alle übrigen existierenden Systeme, wie FleetBoard und PSV-3, ist die Einführung des MAS ohne weitere technische Anpassungen dieser Systeme möglich.

506 Zur Kontextsteuerung vgl. Kapitel 2.4.2.

507 Siehe Anforderungen gemäß Kapitel 4.2.3.5.4.

Abbildung 61: Umgebung des MAS

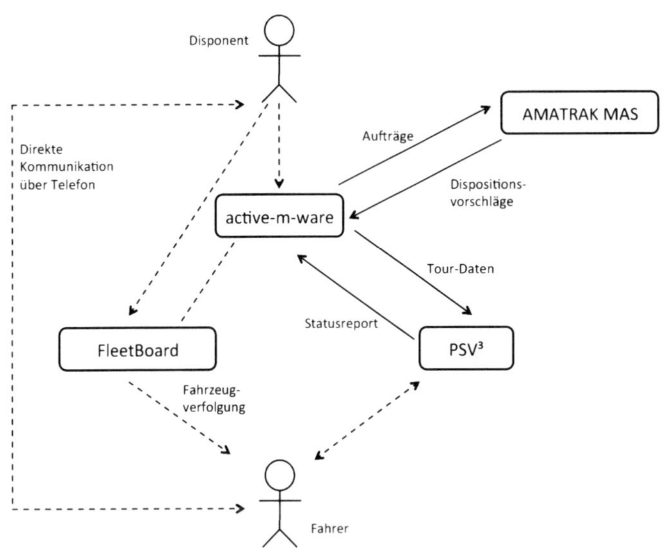

Quelle: In Anlehnung an Haasis, H.-D.; Barwig, K., et al. (2011), S.29.

4.2.3.6.3 Agentensystem konzipieren

In diesem Kapitel wird die Ontologie[508], also die Beschreibung der speziellen Charakteristika der Agenten, entwickelt, um die Objekte und deren Beziehungen zueinander zu definieren und zudem ein einheitliches Sprachverständnis zu entwickeln. Im Anschluss daran werden die gesamte Systemarchitektur des Agentensystems, die Agentenumwelt und der Agentenkontext[509] festgelegt.

---

508 Vgl. Kapitel 2.4.4.3.

509 Unter Agentenkontext werden die Agententypen und deren Beziehungen zueinander verstanden.

Des Weiteren werden die Kommunikationsprotokolle innerhalb des MAS untersucht und ausgewählt. Hierbei erfolgt eine Festlegung, wie die Kommunikation zwischen den Agenten stattfinden soll. Außerdem ist die Kommunikationsart[510] zwischen den Agenten festzugelegen. Im Rahmen der Festlegung von agentenspezifischen Algorithmen sollten nach Möglichkeit neben einer Neuprogrammierung insbesondere bekannte Algorithmen aus dem Bereich des Operation Research ausgewählt werden.

Im Rahmen des Forschungsprojekts AMATRAK erfolgte die Konzeption des Agentensystems unter besonderer Berücksichtigung der Dynamik des Gesamtsystems, etwa hinsichtlich der Änderungen der Auftragslage und der aktuellen Fahrzeugstandorte, und der Berücksichtigung der tatsächlichen Transportdauer. Zur Erfüllung der Anforderungen an das Agentensystem wurden drei unterschiedliche Agentenrollen identifiziert und typisiert. Das Ergebnis wird in Abbildung 62 präsentiert.

Abgeleitet aus der Darstellung des Soll-Prozesses,[511] werden den drei Agenten nunmehr konkrete Verantwortungsbereiche zugeordnet. Hierbei wird deutlich, welche Aufgaben zukünftig beim Disponenten liegen und welche beim Dispositionsagenten. Zukünftig wird die Auswahl der Fahrzeuge für die Auftragsverhandlung durch den Agenten vorgenommen und nicht durch den Disponenten, jedoch kann dieser Vorschlag nach der erfolgten Verhandlung vom Disponenten weiterhin abgelehnt werden. Der Abteilungsagent ist der einzige Agent ohne einen unmittelbaren Akteur außerhalb des Systems. Der Agent wirkt im MAS als Koordinator der Anfragen und Änderungen. Der Fahrzeugagent übernimmt beispielsweise die Aufgabe der Beantwortung der Angebotsanfragen. Hierauf hat der Fahrer zukünftig keinen Einfluss.

---

510 „Die Kommunikationsart bestimmt, wie an eine Empfängeradresse gesendet wird (z.B. über Fax oder Internet) und welches Format eine Empfängeradresse haben muß." vgl. http://www.enzyklo.de/Begriff/Kommunikationsart, Zugriff am 02.06.2012.

511 Vgl. Kapitel 4.2.3.6.2.

Abbildung 62: Ontologie der Agenten

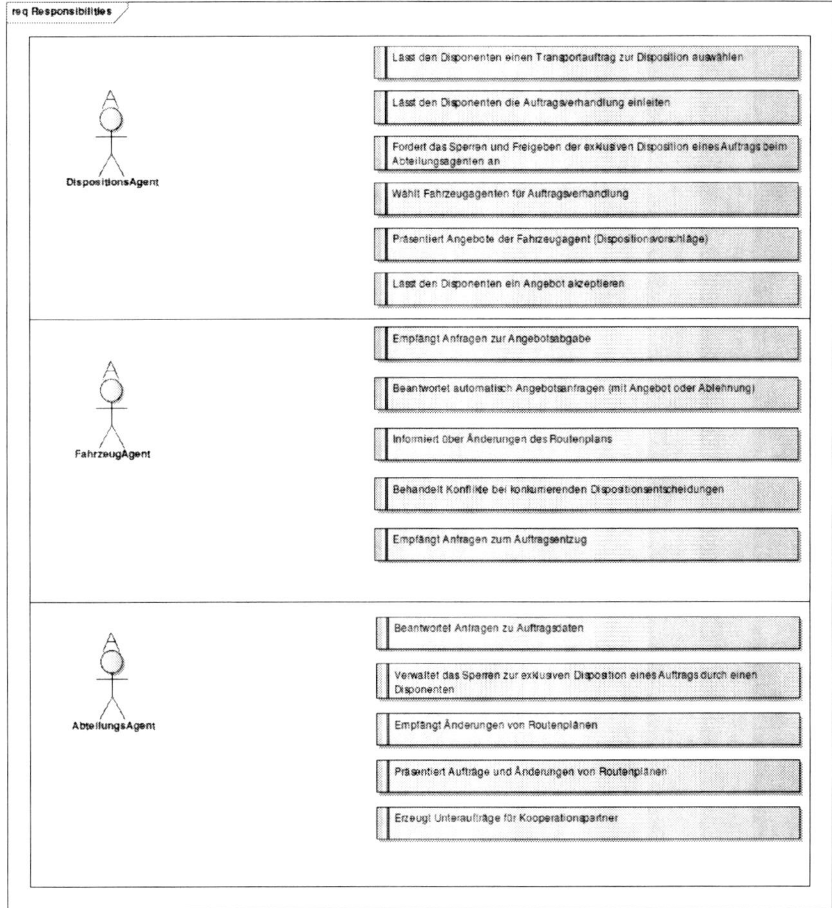

Quelle: Haasis, H.-D.; Barwig, K., et al. (2011), S.34.

Nach Festlegung der Aufgaben und Eigenschaften jedes einzelnen Agenten erfolgen nunmehr die Konfiguration der Systemarchitektur des MAS auf der Basis des vorab identifizierten Agentenframeworks Jade[512] und in einem zweiten Schritt deren konzeptualisierte Implementierung in die existierende I+K-Systemlandschaft.

Im Forschungsprojekt AMATRAK wurde das Gesamtkonzept auf Basis von Enterprise Architect[513] zum AMATRAK Concept-Model zusammengefasst und abgebildet. Das notwendige Kommunikationsprotokoll innerhalb des MAS basiert bei AMATRAK auf Contract Net, erweitert um eine interaktive Variante zur Ermöglichung des Eingriffs durch Disponenten. Die folgende Abbildung verdeutlicht noch einmal zusammenfassend das Zusammenspiel zwischen den Funktionen, Umgebungen und der Kommunikation der Agenten.

Die Initiallösung zu agentenspezifischen Algorithmen hinsichtlich der Tourenplanung basiert auf einem eigens entwickelten mikroökonomisch motivierten Verhandlungsprozess zwischen den beteiligten Softwareagenten. Zur Nachoptimierung wurden mehrere anwendbare Algorithmen aus dem Bereich des Operation Research[514] identifiziert und angepasst. Vor dem Hintergrund der durchzuführenden MAS-Simulation wurden diese Algorithmen implementiert und auf ihr spezifisches Optimierungspotenzial hin bewertet.

4.2.3.6.4 Kommunikation und Schnittstellen konzipieren

Nachdem im vorangegangenen Kapitel 4.2.3.6.3 das Agentensystem konzipiert und bereits die interne Kommunikation im MAS ausgewählt wurden, werden im nun folgenden dritten Schritt der Gestaltung des Soll-Konzepts die Kommunikation und Schnittstellen außerhalb des MAS konzipiert. Beide Gestaltungselemente sind auf die vorhandene IT-Umwelt abzustimmen.

---

512 Vgl. Kapitel 4.2.3.5.3.

513 UML Analyse und Modellierungswerkzeug, vgl. http://www.sparxsystems.de, Zugriff am 02.06.2012.

514 hier: Vehicle Routing Problem.

Abbildung 63: Gesamte Systemarchitektur des Agentensystems

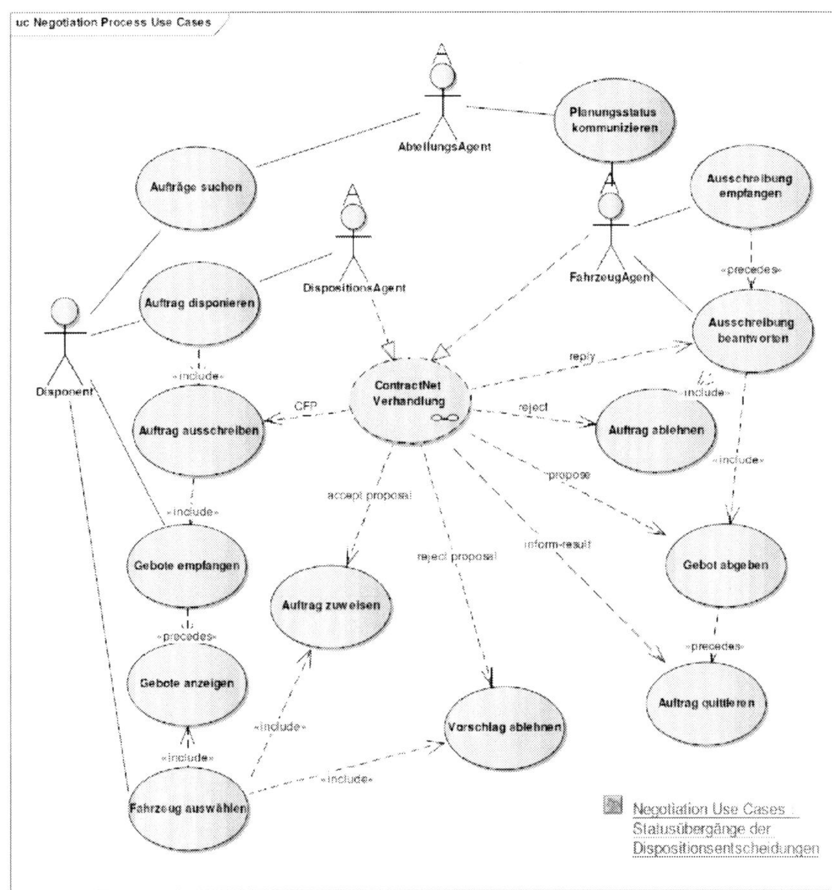

Quelle: Haasis, H.-D.; Barwig, K., et al. (2011), S.36.

Zur Sicherstellung der Kommunikation aller am Transportprozess beteiligten Unternehmen sind Schnittstellen zwischen den nachfolgenden Hauptsystemen zu realisieren:

- ERP-System des Produzenten oder Lieferanten
- Dispositionssystem des Dienstleisters
  Agentensystem (MAS)

Da es sich um den Austausch von Echtzeitdaten handelt, ist zu analysieren, ob die beteiligten Systemkomponenten auch tatsächlich in der Lage sind, diese Daten unter Beibehaltung der Datenkonsistenz zu verarbeiten und die Verarbeitungsergebnisse ihrerseits zeitnah zu kommunizieren.

Im Rahmen des Forschungsprojekts AMATRAK wurde die Schnittstelle zu den Kundensystemen vernachlässigt und vorausgesetzt, dass die wichtigsten Kunden bereits über eine Datenschnittstelle mit AMW verbunden sind. Die folgende Abbildung 64 verdeutlicht noch einmal die fokussierten Schnittstellen.

Abbildung 64: Schematische Darstellung der Schnittstellen zwischen den Hauptsystemen im Forschungsprojekt AMATRAK

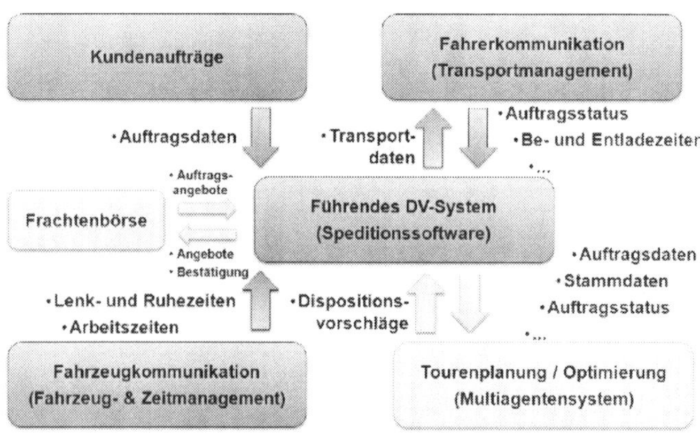

Quelle: Haasis, H.-D.; Barwig, K., et al. (2011), S.62.

In Abbildung 64 wird schematisch dargestellt, wie die Hauptsysteme MAS und AMW kommunizieren werden. Auf Basis der in der Speditionssoftware AMW verfügbaren Kundenauftragsdaten werden im MAS Vorschläge für eine Tourenbildung generiert. Bei der Tourenbildung werden die Fahrzeug- und Zeitmanagementdaten aus Fleetboard berücksichtigt. Die erzeugten MAS-Vorschläge werden dann an AMW übergeben und nach der Freigabe durch den zuständigen Disponenten durch AMW an das Fahrer- und Auftragskommunikationssystem PSV3 übertragen.

Folgende schnittstellenrelevante Prozesse lassen sich identifizieren:

- Stammdaten (Be- und Entladeorte, Fahrzeug, Auflieger, Fahrer, etc.) werden an AMW übertragen
- Auftragsdaten werden in festen Zeitintervallen an das MAS übertragen
- Tourenvorschläge werden an AMW übergeben
- Verkaufsvorschläge werden an AMW übergeben
- Transportzuordnung an MAS bestätigen, wenn der Disponent die Fahrzeug-Transportauftrags-Zuordnung fixiert hat
- Touren an PSV3 weitergeben
- Statusmeldungen von PSV3 an AMW und an das MAS weiterleiten.

Ein wesentlicher Teil dieses Schrittes entfällt auf die Sicherstellung der Echtzeitsynchronisation und Datenkonsistenz bei dem Datenaustausch in beide Richtungen, d.h. bei den eingehenden und ausgehenden Informationen. Weiterhin sind Mechanismen für Falscheingaben vorzusehen, da diese zu nachgelagerten Planungsproblemen führen können. Als Lösung hat sich gezeigt, dass bei der Verarbeitung von manuellen Dateneingaben Gültigkeitsprüfungen Abhilfe schaffen können. So ist beispielsweise zu prüfen, ob vor einem Entladeereignis das korrespondierende Beladeereignis stattgefunden hat.

Eine weitere Fehlerquelle kann sich aus nicht unmittelbar falschen, aber unvollständigen Eingaben ergeben. So können etwa fehlende Angaben zu Zeitfenstern für Be- und Entladetermine beim Kunden Anschlusstouren verhindern, was die Lösungsgüte hinsichtlich gefahrener Kilometer und des Ladungsgrades stark beeinträchtigen kann.

4.2.3.6.5 Nutzeroberflächen konzipieren

Im vierten Schritt der Aktivität Soll-Konzept definieren sind für die Bedienung und Parametrisierung des Agentensystems, für die Anzeige der Dispositionsvorschläge, der Interaktion durch die Disponenten sowie für die Interaktion der Fahrer die Konzeption von Nutzeroberflächen zu entwickeln. Bei der Parametrisierung des Agentensystems sind für die in dem Geschäftsnetzwerk[515] beteiligten Akteure die jeweiligen Agenten bezüglich Ihrer Stammdaten und Zielparameter zu pflegen. Hierzu sind entsprechende Eingabemasken zu entwerfen. Bezüglich der Disponenten-Fahrer-Kommunikation ist eine Dialog-Führung zu entwerfen. Grundlage dieses Dialogs ist:

- die Bereitstellung von Auftragsdaten
- die am Transportprozess orientierte Dialogabfolge
- die Festlegung der Inhalte von Ablieferquittungen
- die Festlegung von Sendungsstatus
- die Verknüpfung von Kommunikationsinhalten mit Ortsangaben (GPS)

Ziel der Konzeption ist die Umkehrung des Informationsflusses. Der Fahrer soll sich die für den nächsten Auftragsschritt notwendigen Prozessinformationen durch den Dialog erarbeiten. Der Disponent soll nur im Falle von Planabweichungen auf den kritischen Sachverhalt aufmerksam gemacht werden. Die Abweichungsdaten werden dem Agentensystem per Schnittstelle übertragen und dienen als Basis für die Generierung eines korrigierten Dispositionsentwurfs. Die entwickelte und implementierte Nutzeroberfläche ist im Kapitel 4.2.3.8.3 abgebildet.

4.2.3.6.6 Fahrzeugclient konzipieren

Der fünfte Schritt der Aktivität Soll-Konzept definieren befasst sich nunmehr mit der Konzeption des Fahrzeugclients. Sie ist für die Integration der zu disponierenden Fahrzeuge und insbesondere die Übertragung

---

515 Zu Geschäftsnetzwerk vgl. Kapitel 4.2.3.4.6.

ihrer Echtzeitdaten in das MAS notwendig. Die Fahrzeugclients erlauben die Kommunikation zwischen Fahrzeug, Fahrer, MAS und Disponenten.

Der Fahrzeugclient wird in erster Linie genutzt, um die Auftragsdaten aus dem Dispositionssoftwareapplikation zu übernehmen sowie den Prozessfortschritt der Aufträge unter Einbeziehung von Zeitstempeln zurückzumelden. Die übermittelten Status werden dann mit den Dispositionsvorgaben abgeglichen. Bei Planabweichungen wird dem Disponent diese Abweichung signalisiert. Parallel erhält das MAS die für einen neuen Simulationslauf notwendigen aktuellen Echtzeitdaten.

Im Rahmen des Forschungsprojekts AMATRAK wurde das vorhandene Bordkommunikationssystem PSV3 in einem ausgeweiteten Umfang genutzt.[516] Entgegen dem bisherigen Vorgehen werden dem PSV3 jedoch nicht mehr komplette Touren, sondern lediglich Einzelaufträge zugeordnet, die in die folgenden Teilprozesse zu zerlegen sind:

- Ankunft am Zielort
- Be- oder Entladungsbeginn
- Be- oder Entladungsende
- Abfahrt am Zielort

Unter einem Zielort werden sowohl der Be- als auch der Entladeort verstanden. Die Teilprozesse werden mit entsprechenden Statusmeldungen, Ortungsdaten und Zeitstempel an AMW zurückgemeldet.

Im Rahmen der Prozessanalyse der bestehenden Ablaufstrukturen wurde insbesondere die zeitliche Abfolge zwischen Auftragsannahme, Auftragsplanung und Auftragsweiterleitung analysiert, um die softwaretechnische Umsetzung der fortlaufend über den Tag verteilten Auftragseingänge zu erfüllen. Innerhalb der Analyse wurden die Anforderungen der Disponenten hinsichtlich der notwendigen Länge von Zeitspannen erhoben, um alle vom MAS verplanten Aufträge gegenzuprüfen und gleichzeitig einen hinreichend langen Vorlauf zwischen Auftragsweitergabe durch den Disponenten an den Fahrer und dem Zeitpunkt des spätestmöglichen Beginns der Auftragserfüllung zu lassen. Es hat sich für den Erfolg der Optimierung gezeigt, dass eine zu späte Weiterleitung von Aufträgen an den Fahrer zu vermeiden ist, eine vorzeitige Widmung

---

516 Zu Erläuterungen und Systemintegration von PSV3 vgl. Kapitel 4.2.3.5.2 und Kapitel 4.2.3.6.2.

von Transportgefäßen zu Aufträgen aber die Optimierungspotenziale bei fortlaufendem Auftragseingang einschränkt. In diesem Spannungsfeld muss gleichzeitig ein hinreichend großes Zeitfenster für die Disponenten verbleiben, die neben den Anforderungen des Tagesgeschäfts jeden einzelnen Auftrag vor der Weiterleitung prüfen und genehmigen sollen.

Weitere Prozessanalysen bezogen sich auf die Feststellung der notwendig zu übermittelnden Daten. Es wurde festgestellt, dass nicht nur Zeit- und Ortsmeldungen einer Verarbeitung bedürfen, sondern für die Zuweisung neuer Aufträge weitere Daten, etwa zum Status von Fahrzeugen und deren Auftragsabwicklung, notwendig sind. Zugleich bedurfte die Zahl der möglichen Meldungsoptionen einer Einschränkung, um sie einer automatisierten Verarbeitung zugänglich zu machen und den Verwaltungsaufwand der Fahrer für Meldungen überschaubar zu halten. Zudem wurden Konzepte zur Verwaltung der dynamischen Daten entwickelt. Hierzu gehören insbesondere:

- Auftragsfortschritt auf Basis von Statusmeldungen
- Transportfortschritt auf Basis von Lokalisierungsdaten
- Aktive Transportaufträge, die bereits auf dem Fahrzeug verplant wurden
- Lenk- und Schichtzeitverwaltung

4.2.3.6.7 Simulationsumgebung konzipieren

Um das Verhalten des Transportlogistiksystems und insbesondere die Erreichung der verfolgten Einsparungsziele durch die Implementierung eines MAS zu überprüfen, bietet sich die Entwicklung einer Simulationsumgebung an, die detaillierte Tests des Agentensystems ohne vorherige Integration in die laufenden IT-Systeme ermöglicht. Diese Simulationsumgebung bedarf einer vorherigen Konzeption, um eine vollständige und valide Modellabbildung zu erreichen.

Die im vorangegangenem Kapitel 4.2.3.6.5 entworfene Nutzeroberfläche wird in der Simulationsumgebung ebenfalls angewandt. Die Konzeption dieser Simulationsumgebung bzw. des Simulators ist Gegenstand des nun folgenden fünften Schritts der Aktivität Soll-Konzept definieren.

Zur Entwicklung der Testumgebung werden innerhalb dieses Schrittes zunächst die zu simulierenden Komponenten analysiert, ausgewählt, modelliert und programmiert. Ziel ist hierbei, die realen Objekte des Anwendungsszenarios in die virtuelle Welt der Simulation zu übertragen, um sämtliche notwendige Simulationsszenarien des Anwendungsbeispiels flexibel simulieren zu können.

Zur Vorbereitung der Simulationsexperimente werden anschließend die entsprechenden Simulationsparameter sowie mögliche aufzuzeichnende Ergebnisvariablen festgelegt und in die Simulationsumgebung implementiert. Ergebnis ist die vollständig entwickelte Simulationsumgebung, auf deren Basis das zu entwickelnde Simulationsmodell umgesetzt werden kann.

Im Forschungsprojekt AMATRAK wurde im Rahmen der Simulation versucht, einen Tag in der Vergangenheit abzubilden. Aufgrund der vorhandenen mäßigen Datenqualität und der nicht vorliegenden Informationen über die Gründe der Zuordnung von Aufträgen zu Fahrzeugen bestand die Hauptaufgabe darin, praxisnahe Einlaststrategien zu entwickeln und miteinander zu vergleichen. Mit der Funktion sollte das Verhalten des Disponenten bei der Auftragseinplanung nachgestellt werden.

Folgende Kombinationen hinsichtlich der Einlastung von Aufträgen wurden festgelegt, wobei die Nennung einer Sortierreihenfolge der Aufträge entspricht:[517]

- Frühes Entladen / Frühes Laden
- Frühes Entladen / Spätes Laden
- Spätes Entladen / Spätes Laden
- Frühes Entladen /kleinste Entfernung
- Frühes Laden /kleinste Entfernung
- Größte Entfernung / Frühes Entladen
- Kleinste Entfernung / Frühes Entladen

Die Einlaststrategie „Frühes Entladen / Frühes Laden“ bedeutet etwa, dass Aufträge, die beispielsweise am Tag 3 zugestellt werden sollen, Aufträgen, die am Tag 4 beim Kunden sein sollen, vorgezogen werden. Bei gleichen Entladezeiten wird als zweites Kriterium das Ladedatum

517 Vgl. o.V. (2011b), S.6.

hinzugenommen. So entstehen sogenannte Laden-Liefern-Touren, d.h. Touren, die am gleichen Tag beladen und wieder entladen werden. Diese Aufträge werden den Aufträge vorgezogen, die Tag 2 geladen werden sollen, aber am Tag 3 erst entladen werden. Die wird das Transportgefäß nicht unwirtschaftlich blockiert.

Die Strategie „Kleinste Entfernung / Frühes Entladen" sorgt dafür, dass zunächst Kurzstreckentouren auf die Fahrzeuge disponiert werden und dann immer länger laufende Touren zugeordnet werden. In der Praxis erweisen sich solche Kombinationen aus Kurz- und Langstrecke als sehr effektiv.

In der Simulation werden die unterschiedlichen Einlaststrategien mit den tatsächlichen Tourenzusammenstellungen verglichen. Hieraus können Rückschlüsse auf das Dispositionsverhalten gezogen werden. Die Auswertungen werden in Kapitel 4.2.3.9.2 dargestellt und erläutert.

4.2.3.6.8 Prozess- und Systemlastenheft erstellen

Im nun folgenden siebten und letzten Schritt zur Aktivität Soll-Konzept definieren werden die vorangegangenen Konzepte im Rahmen eines Prozess- und Systemlastenheftes zusammengefasst. Dieses Lastenheft ist gemäß VDI/VDE-Richtlinie Nr. 3694 ein Wunschkatalog, was das IT-System leisten sollte. Das darauf hin zu erstellende Pflichtenheft spiegelt wider, was das IT-System schlussendlich leisten wird.[518] Ein Beispiel für ein mögliches Inhaltsverzeichnis eines Lastenheftes ist in Abbildung 65 veranschaulicht:

---

518 Vgl. Stahlknecht, P.; Hasenkamp, U.(2005), S.247f., vgl. Heinrich, L. J.; Heinzl, A., et al. (2004), S.494, vgl. Zilahi-Szabó, M. G. (1993), S.894f., vgl. Böhm, R.; Fuchs, E., et al. (1993), S.396-406.

Abbildung 65: Beispiel eines Inhaltsverzeichnisses zu einem Lastenheft

Inhaltsverzeichnis Lastenheft

1. Rahmenbedingungen
- 1.1 Ansprechpartner
- 1.2 Vertraulichkeit
- 1.3 Richtlinien und Konventionen
- 1.4 Einzusetzende Tools und Werkzeuge

2. Auftragsbeschreibung
- 2.1 Zielbestimmung des Produkts
- 2.2 Produktfunktionen und -leistungen
- 2.3 Qualitätsanforderungen
- 2.4 Aufgabenabgrenzung zwischen AG und AN
- 2.5 Datensammlung/Informationsbedarfe
- 2.6 Migrationsanforderungen
- 2.7 Schnittstellen zu anderen Verfahren und Systemen
- 2.8 Technische Anforderungen
  - 2.8.1 DV-technisches Umfeld
  - 2.8.2 Systemanforderungen

3. Datenschutz- und Datensicherheitsanforderungen

4. Produktübergabe
- 4.1 Termine
- 4.2 QS-Maßnahmen
- 4.3 Erwartete Produktqualität
- 4.4 Übergabeobjekte

5. Weitere Vereinbarungen

6. Berichterstattung

7. Anlagen

8. Vertragsanlagen

Quelle: Eigene Darstellung in Anlehnung an Heinrich, G. (2007), S.50, Willmer, H.; Balzert, H. (1984), S.87-88

Die Praxis zeigt, dass in den letzten Jahren bei der Beschreibung von Abläufen vermehrt mit Ablaufdiagrammen gearbeitet wird. Dies hat den wesentlichen Vorteil, dass die Prozesse mit vor- und nachgelagerten Schritten vollumfänglich beschrieben werden. Bei der rein textuellen Beschreibung der Prozesse besteht die Gefahr, dass Prozessketten nicht abgeschlossen werden und dies erst nach Verabschiedung des Leistungsumfangs in der Entwicklungsphase im Rahmen der Programmierung der Software auffällt. Nachträgliche Pflichtenheftanpassungen aufgrund schwacher Prozessbeschreibungen können mithilfe von Ablaufdiagrammen vermieden werden.

4.2.3.7 Gesamtkonzept validieren

Mit diesem Kapitel beginnt die letzte Aktivität der Phase 3 Prozess und Systemkonzeption des VoMoBASTs. Im Rahmen der Validierung werden zwei Schritte durchgeführt, die zu einem Wirtschaftlichkeitsvergleich beitragen sollen und bei positivem Ergebnis die Umsetzung des Gesamtkonzepts freigeben. Eine Übersicht ist im Tabelle 19 dargestellt. Die schwarz kursiv hinterlegten Schritte zeigen an, dass diese Schritte nicht im Forschungsprojekt AMATRAK vorhanden waren.

Tabelle 19: Übersicht zu Aktivitäten und Schritten der Phase 3 Prozess- und Systemkonzeption

Phase		Aktivität		Schritt		Kapitel
3	Prozess- und Systemkonzeption	5	Ist-Aufnahme durchführen	1	Geschäftsprozesse aufnehmen	4.2.3.5.1
				2	Vorhandene IT-Umwelten transparent abbilden	4.2.3.5.3
				3	Marktrecherche zu MAS-Technologien durchführen	4.2.3.5.4
				4	Anforderungskatalog erstellen	4.2.3.5.5
		6	Soll-Konzept definieren	1	Geschäftsregeln entwerfen	4.2.3.5.2
				2	Zukünftige Geschäftsprozesse ausarbeiten	4.2.3.6.1
				3	Agentensystem konzipieren	4.2.3.6.2
				4	Kommunikation und Schnittstellen konzipieren	4.2.3.6.3
				5	Nutzeroberflächen konzipieren	4.2.3.6.4
				6	Fahrzeugclient konzipieren	4.2.3.6.5
				7	Simulationsumgebung konzipieren	4.2.3.6.6
				8	Prozess- und Systemlastenheft erstellen	4.2.3.6.7
		7	Gesamtkonzept validieren	1	***Lastenheft ausschreiben***	4.2.3.7.1
				2	***Wirtschaftlichkeitsvergleich durchführen***	4.2.3.7.2

Quelle: Eigene Darstellung

Zunächst wird das in Phase 3 erstellte Lastenheft einem ausgewählten Anbieterkreis zur Abgabe eines Angebots zur Verfügung gestellt. Mit dieser Ausschreibung der Leistung erhält das ausschreibende Unternehmen Preisindikationen, die in die fortfolgende Wirtschaftlichkeitsbetrachtung einfließen, um gesamthaft eine Entscheidung für oder gegen die Realisierung treffen zu können.

Der Schritt der Ausschreibung kann durch eine Bewertung der Eigenleistung, wenn die Realisierung mit internen Ressourcen und Mitteln durchgeführt werden kann, ergänzt werden. Ein Wirtschaftlichkeitsvergleich sollte in jedem Fall durchgeführt werden.

4.2.3.7.1 Lastenheft ausschreiben

In diesem ersten Schritt findet die Ausschreibungsphase des Lastenheftes an präferierte IT-Lieferanten statt, um die Kosten für die ausgeschriebene Leistung zu erhalten, die in den Wirtschaftlichkeitsvergleich einfließen.

Zertifizierte Unternehmen müssen insbesondere im Rahmen ihrer Einkaufsprozesse die hierzu festgelegten Schritte einhalten. Dabei werden in der Regel zuvor qualifizierte Lieferanten zur Abgabe eines Angebots aufgefordert. Die Angebote werden zu vergleichenden Zwecken nach gleichen Maßstäben und Kriterien bewertet. Die Bewertungen werden in eine Matrix eingetragen und einander gegenübergestellt. Nun kann ein Ranking erfolgen, nach dem die Lieferantenauswahl eingegrenzt werden kann.

In Tabelle 20 sind die Kriterien aufgeführt, die im Rahmen von IT-Vergabeverfahren bei STUTE Anwendung finden.[519] In den Zeilen sind die Kriterien und deren Ausprägungen aufgeführt, nach denen die Angebote der Lieferanten bewertet werden.

Tabelle 20: Mögliche Kriterien und Ausprägungen zur Unterstützung bei der IT-Systemauswahl

Kriterium	Ausprägung
Programmfunktionen	Benutzermenüs, Module, Ausstattung, Plausibilitätscheck
Analyseassistenz	Suchen, Auswerten, benutzerdefinierte Reports
Interaktion	Dateneingabe und -ausgabe, Datenübernahme, Vorlagen, Sortierung, Druckformate, Benutzerdefinierte Programmierungen
Kosten	Anschaffungspreis, Laufende Unterhaltungskosten, Lizenzgebühren, Rabatte
Schnittstellen	Datenaustausch, Protokolle, Standard, EDI, Video, Audio, Netzwerkfähigkeit
Datenmodell/-struktur	Redundanzen, Verknüpfungen, Updatefähigkeit, Kapazitätsgrenzen
Benutzeroberfläche	Masken, Felder, Gestaltung, Formate, Sprachen

519 Expertengespräch am 27.07.2011 mit Holger Rieth, Bereichsleiter IT der STUTE Verkehrs-GmbH, hinsichtlich relevanter Kriterien zur Auswahl von Softwareprodukten.

Kriterium	Ausprägung
Service	Betreuung, Wartung, Onlinehilfe, Handbuch, Hilfemenüs, Dokumentation
Sicherheitskonzept	Benutzerrechte, Rollenvergabe, Versionskontrolle, Backup, Zugriffssteuerung
Grundlagen	Allgemeine Produktangaben, Software-/Hardware-Voraussetzung, Minimalinstallation, Indexierung, Benutzerfreundlichkeit
Referenzen	Anzahl Installationen, Kundenbesuche, Live-Vorführungen, Erfahrungen

Quelle: Eigene Darstellung

Die Kriterien werden je nach der Aufgabenstellung unterschiedlich gewichtet. Die Gewichtung stellt sicher, dass die Kriterien nach ihrer Bedeutsamkeit in die Auswertung einfließen und diese dadurch aussagekräftiger wird.

Abbildung 66: Mögliche Gewichtung der Kriterien

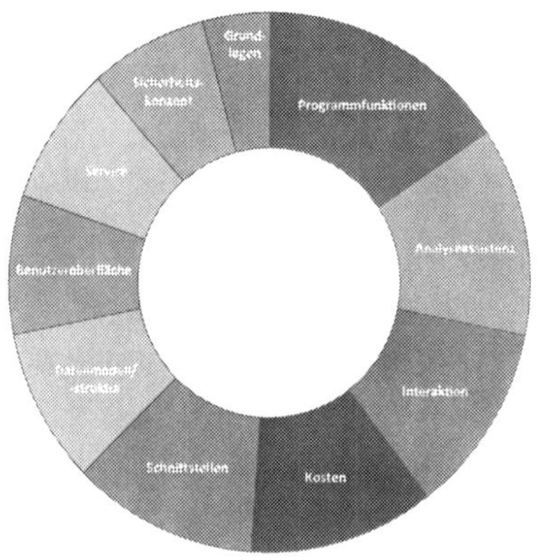

Quelle: Eigene Darstellung

In Abbildung 66 ist eine an der Praxis orientierte Gewichtung präsentiert.[520] Danach stellen die Programmfunktionen, Analyseassistenz, Interaktion sowie die Kosten die vier wichtigsten Merkmale bei der Systemauswahl dar. Die Gewichtung kann wie folgt begründet werden:

Programmfunktionen

Das Kriterium steht an erster Stelle, da die sichere und optimale Unterstützung der Unternehmensprozesse durch fachspezifische Funktionen der Software die höchste Relevanz hat. Die Module und Funktionen stellen den Kern einer Applikation dar.

Analyseassistenz

Das Reporting ist das Ergebnis, welches aus den Daten in den fachspezifischen Funktionen generiert werden kann. Die Qualität des Reportings bestimmt die Qualität der daraus eingeleiteten Maßnahmen. Sie kann entscheidend für das unternehmerische Handeln sein.

Interaktion

Die Software soll in die bestehenden Unternehmensprozesse und IT-Umwelten eingefügt werden können. Das bedeutet, dass sie auf Prozessänderungen eingestellt und angepasst werden kann. In einem dynamischen Umfeld kann dieses Kriterium ein sehr wichtiger Punkt sein.

Kosten

Der Anschaffungspreis stellt sich relativ zur Nutzenstiftung der Software dar und sollte somit nicht das entscheidende Auswahlkriterium für eine

---

520 Expertengespräch am 26.08.2011 mit Holger Rieth, Bereichsleiter IT der STUTE Verkehrs-GmbH, hinsichtlich der begründeten Gewichtung der dargestellten Kriterien.

Software sein. Die planbaren und nicht planbaren Wartungs- und Unterhaltungskosten sind, bedingt durch den laufenden betriebswirtschaftlichen Ergebniseinfluss, wiederum stärker zu bewerten.

4.2.3.7.2 Wirtschaftlichkeitsvergleich durchführen

Um eine Bewertung vornehmen zu können, sind Geschäftsszenarien, etwa in Form von Wirtschaftlichkeitsbetrachtungen, Investitionsrechnungen oder Kosten-Nutzen-Analysen, durchzuführen.[521]

Bei der Betrachtung der Kostenbestandteile gilt es, alle möglichen anfallenden einmaligen Investitionen und laufenden Betriebskosten zu erfassen. Dabei werden die Prozesse gemäß den zukünftigen Abläufen aufgestellt und bewertet. Diese Gesamtkostenbetrachtung wird den Ist-Kosten gegenübergestellt.[522]

Ein etabliertes und erfolgreich praktiziertes kaufmännisches Bewertungsmodell, wie die Abbildung 67 verdeutlicht, soll an dieser Stelle als Beispiel für die Erläuterung der wirtschaftlichen Betrachtung dienen. Das Fundament des Modells stellt das Mengengerüst als zentrale Datensammlung dar. In diesem Mengengerüst werden alle relevanten Daten zentral abgelegt. Auf Basis der Kundenanforderungen werden die Transportprozesse entwickelt. Paart man die Prozesse mit den Mengen und Zeitbedarfen, ergeben sich Prozesszeitensummen, die in Transportbedarfe münden. Die Anzahl an Transporten, das benötigte Equipment, das Personal sowie die sonstigen Ressourcen und Kapazitäten werden in einem weiteren Schritt kaufmännisch bewertet. Hierzu werden die notwendigen Investitionen in IT, Technik und Fuhrpark sowie die laufenden Betriebskosten kalkuliert. Insbesondere in diesem Punkt fließen die Angebotswerte des vorangegangenen Schritts aus Kapitel 4.2.3.7.1 ein.

---

521 Vgl. Stahlknecht, P.; Hasenkamp, U. (2005), S.249ff.
522 Vgl. Dürholt, H. (2007), S.144-145.

Abbildung 67: Beispiel eines kaufmännischen Bewertungsmodells

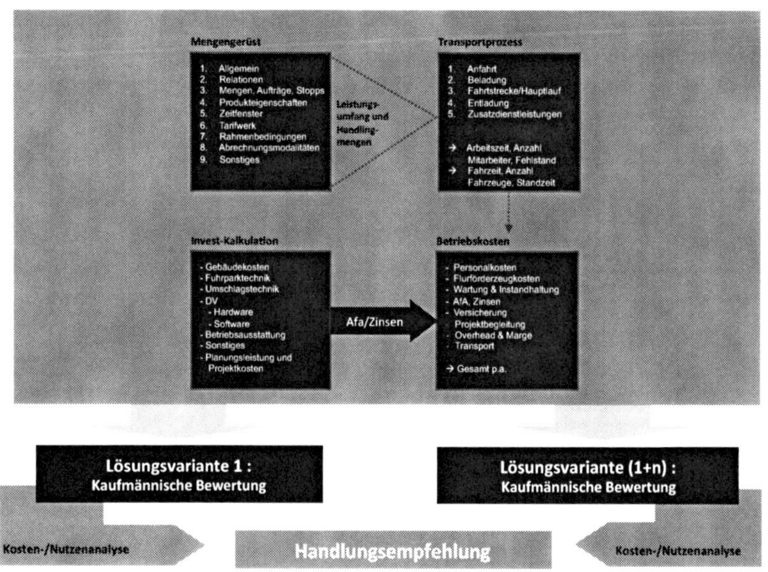

Quelle: In Anlehnung an o.V. (2009h), S.20

Die Betrachtung der Lösungsalternativen spielt eine wesentliche Rolle, da hierdurch sichergestellt wird, dass unterschiedliche Transportkonzepte miteinander verglichen werden können.

Eine Lösungsvariante kann die Abbildung der Transportprozesse mit den heutigen Planungs- und Steuerungssystemen sein. Die entsprechenden Auslastungsgrade der Transportgefäße und die sonstigen Rahmenbedingungen der Transportdurchführung werden bei der Kalkulation der benötigten Touren zugrunde gelegt. Ein Transportpreis kann somit als erste Lösungsvariante kalkuliert werden. Die Veränderung der Rahmenbedingungen, etwa die Auslastungserhöhung der LKW durch Selbststeuerungssysteme bei gleichzeitiger Investition in Software aufgrund der Anschaffung von MAS, kann eine zweite Lösungsalternative darstellen. Der Vergleich gibt Aufschluss darüber, welches das wirtschaftlichere Konzept ist.

Der Schritt des Wirtschaftlichkeitsvergleichs schließt die letzte Aktivität der Validierung des Gesamtkonzepts und bildet gleichzeitig den Abschluss der gesamten Phase 3. Demnach ist klar herausgearbeitet, ob und mit welcher Prozess- und Systemkonzeption das in Phase 1 gesteckte Vorhabenziel erreicht werden kann. Das nun folgende Kapitel beinhaltet die Phase 4, die Realisierung der aufgestellten Konzeption.

4.2.3.8 Gesamtkonzept umsetzen

Mit dieser Aktivität beginnt die Phase 4 Realisierung. In den folgenden Kapiteln wird in fünf Schritten beschrieben, wie die Systementwicklungen und -anpassungen durchzuführen sind. Dabei wird in Anlehnung an Kapitel 4.2.3.6 in gleicher Schrittfolge die zuvor konzipierten Systeme, Schnittstellen, Oberflächen, Clients und Simulationsumgebungen umgesetzt.

Tabelle 21: Übersicht zu Aktivitäten und Schritten der Phase 4 Realisierung

Phase		Aktivität		Schritt		Kapitel
4	Reaslisierung	8	Gesamtkonzept umsetzen	1	Agentensystem entwickeln	4.2.3.8.1
				2	Schnittstellen anpassen	4.2.3.8.2
				3	Nutzeroberflächen und Fahrzeugclient entwickeln	4.2.3.8.3
				4	Fahrzeugkommunikation anpassen	4.2.3.8.4
				5	Simulationsmodell entwickeln	4.2.3.8.5
		9	Gesamtkonzept implementieren	1	System in Testumgebung installieren und integrieren	4.2.3.9.1
				2	System verifizieren, simulieren, justieren und optimieren	4.2.3.9.2
				3	***Prozess- und Systemschulungen durchführen***	4.2.3.9.3
				4	***Prozesse und Systeme produktiv schalten***	4.2.3.9.4

Quelle: Eigene Darstellung

Die Tabelle 21 liefert eine Übersicht über die nun folgenden Kapiteln, in denen die Aktivitäten und Schritte zur Phase 4 Realisierung näher erläutert werden.

4.2.3.8.1 Agentensystem entwickeln

Gemäß des in Kapitel 4.2.3.6.3 konzeptionierten Agentensystems, das die Ontologie, die Systemarchitektur, die Agentenumwelt, die Agenteneigenschaften, die ausgewählten Kommunikationsprotokolle und -arten sowie die ausgewählten agentenspezifischen Algorithmen enthält, erfolgen in diesem ersten Schritt der Konzeptumsetzung die Programmierungsarbeiten sowie die Verknüpfung der einzelnen Komponenten zum gesamten Agentensystem auf Basis des in Kapitel 4.2.3.5.3 ausgewählten Agentenframeworks.

Zusätzlich muss darüber entschieden werden, ob eine zentrale oder eine dezentrale Datenhaltung angestrebt werden sollen, wobei folglich entsprechende Datenbanken einzurichten sind.[523] Ebenfalls sind entsprechende Komponenten, die der Agentensystemadministration dienen, zu entwickeln. Ergebnis ist das vollständig entwickelte Agentensystem als Applikation.[524]

Im Rahmen des Forschungsprojekts AMATRAK wurden auf der Basis des Agentenframeworks Jade die Agentensystem-Plattform aufgesetzt, das MAS sowie die zur Administration des Agentensystems erforderlichen Komponenten programmiert. Abschließend wurden insbesondere die bereits entworfenen Optimierungsalgorithmen, die Routenplanung sowie die Restriktionen[525] in das MAS implementiert. Das MAS benötigt zum Ablauf die folgenden Softwarepakete:

- JADE 3.7[526] (Agentenplattform)
- Sun Java SE 6[527] (Java Entwicklungs- und Laufzeitumgebung)
- PostgreSQL 8.3.x[528] (Datenbanksystem)

---

523 Vgl. Elmasri, R. A.; Navathe, S. B., et al. (2009), S.18.

524 Zur Definition von Applikation vgl. Kapitel 3.3.1.4.

525 Zum Business-Rule-Model vgl. Kapitel 4.2.3.5.1.

526 Vgl. http://jade.tilab.com, Version 4.1.1, Zugriff am 03.04.2012.

527 Vgl. http://www.oracle.com/technetwork/java/javase/downloads/index.html, Version7, Zugriff am 03.04.2012.

528 Vgl. http://www.postgresql.org, Version 9.1.3., Zugriff am 03.04.2012.

Sie werden im Internet unter den genannten Quellenangaben zum Download bereitgestellt. Somit ist das Agentensystem bereit, Daten zu empfangen und zu verarbeiten, sodass nunmehr damit begonnen werden kann, die Schnittstelle zwischen den IT-Umwelten physisch anzupassen.

4.2.3.8.2 Schnittstellen anpassen

Im zweiten Schritt der Realisierung können die Schnittstellenanpassungen vorgenommen werden, da sowohl die vorhandene IT-Umwelt[529] als auch die auszutauschenden Daten[530] und das anzuschließende Agentensystem[531] vollständig beschrieben sind. Gemäß des in Kapitel 4.2.3.6.4 erarbeiteten Konzepts werden die Schnittstellen des Agentensystems und der Fahrzeugclients entsprechend der Rahmenbedingungen der im Einsatz befindlichen ERP- und Dispositionssysteme angepasst.

Neben der Notwendigkeit, Konventionen bezüglich der Daten und Datenstrukturen zu treffen, gilt es, aufgrund des Echtzeit-Charakters den Verbindungsaufbau, den Datenabruf, die Übertragung, die Beendigung der Verbindung sowie die konkurrierende Belegung der Ressourcen zu vereinbaren.

Im Forschungsprojekt AMATRAK erforderte insbesondere die konkurrierende Belegung der Ressourcen inkl. der verteilten Datenhaltung erhebliche Abstimmungsaufwände, damit die Bedienbarkeit der Speditionssoftware AMW sowie die Transparenz des MAS-Prozesses für die Disponenten erhalten werden. AMW wurde dabei als führendes System definiert, von welchem, zentral ausgehend, die Informationen an die unterlagerten IT-Subsysteme gesendet wurden.

---

529 Zur Ist-Beschreibung der vorhandenen IT-Umwelt vgl. Kapitel 4.2.3.5.2.

530 Zur Schnittstellenbeschreibung vgl. Kapitel 4.2.3.6.4.

531 Zur Beschreibung des Agentensystems vgl. Kapitel 4.2.3.8.1.

Dabei wurden folgende Protokollvereinbarungen getroffen:

1. Alle Daten zwischen AMW und MAS werden im XML-Format ausgetauscht.
2. Der Disponent wählt Aufträge für den Optimierungslauf im MAS aus und kennzeichnet diese Aufträge.
3. Die Bildung von manuellen Touren mit lokalen Ressourcen parallel zum MAS ist weiterhin möglich. Ein solches Ereignis wird nur dann an das MAS zwecks Ressourcenabgleich übertragen, wenn der Tourenvorschlag auch einem Fahrzeug zugeordnet wird.
4. Nach der Übertragung der Auftragsdaten für den Optimierungslauf des MAS werden die relevanten Dispositionsbereiche in AMW gesperrt. Aufträge aus nicht bearbeiteten Tourenvorschlägen aus dem vorangegangenem Optimierungslauf werden ebenfalls im aktuellen Optimierungslauf berücksichtigt.
5. Es werden Tourenvorschläge an AMW zurückgemeldet. Der Disponent ordnet dem Tourenvorschlag das geplante Fahrzeug zu. Das MAS erhält eine Annahmebestätigung. Nicht angenommene Tourenvorschläge gelten als abgelehnt und fließen in den nächsten Optimierungslauf automatisch wieder mit ein.
6. Änderungen des vom MAS vorgeschlagenen Tourenplans durch die Disponenten werden unmittelbar an das MAS übertragen.

Durch diese schnittstellenrelevanten Vereinbarungen können die beschriebenen IT-Systeme ihre Daten austauschen und verarbeiten. Im Folgenden sind nun die Nutzeroberflächen zu entwickeln, mit denen die ausgetauschten Daten angezeigt und manipuliert werden können.

4.2.3.8.3 Nutzeroberflächen und Fahrzeugclient entwickeln

Im dritten Schritt zur Aktivität Gesamtkonzept umsetzen sind die Nutzeroberflächen gemäß des in Kapitel 4.2.3.6.5 beschriebenen Konzepts zu entwickeln. Durch die grafische Aufbereitung der MAS-Auftragsplanung in Form eines Gantt-Charts konnte eine zusätzliche Entscheidungshilfe erzeugt werden.

In Abbildung 68 ist die Nutzeroberfläche des AMATRAK-Demonstrators erkennbar. Im oberen linken Filterbereich können die Transportaufträge nach Datum, Niederlassung und Einlaststrategie[532] gefiltert werden. Das Ergebnis wird in der darunterliegenden Liste der Transportaufträge angezeigt. Die helle Markierung liefert dem Nutzer den Hinweis, an welcher Stelle der Auftragsliste das MAS aktuell arbeitet. Dabei werden die zwei Statusmeldungen „Disponiert“ und „Nicht disponiert“ vergeben, wobei die noch nicht disponierten Aufträge die noch abzuarbeitenden Aufträge kennzeichnen. Im rechten Fenster werden die dazu geführten Verhandlungen mit den Fahrzeugagenten zur Information angezeigt. Jedes Fahrzeug gibt ein Angebot zum zu disponierenden Auftrag ab. Je höher der Wert ist, desto sinnvoller ist nach den festgelegten Kriterien die Durchführung des Transports mit diesem Fahrzeug. Der Disponent kann an dieser Stelle interaktiv eingreifen und die Auftragszuordnung annehmen, verkaufen oder neu ausschreiben.

Dabei versteht das MAS unter „Verkaufen“, dass die Transportdurchführung nicht durch den Eigen- oder Fremdfuhrpark erfolgt, sondern beispielsweise über Frachtenbörsen versteigert wird. Die Funktion „Neu Ausschreiben“ setzt den Status des Auftrags auf nicht disponiert zurück. Beim nächsten Dispositionslauf des MAS wird dieser Auftrag in der aktuelle Konstellation des nunmehr vorliegenden Tourenplans neu verplant.

Im unteren Bereich des Demonstrators werden die Auftragszuordnungen zu den verschiedenen Fahrzeugen grafisch angezeigt. Der Disponent kann über diese separate Nutzeroberfläche einen visuellen Eindruck von den geplanten Touren bekommen. Dabei sind die Be- und Entladezeiten sowie die Fahr- und Ruhezeiten berücksichtigt.

532 Vgl. hierzu Ausführungen zur Simulationsumgebung im Kapitel 4.2.3.6.7.

Abbildung 68: Ausschnitt des Demonstrators im Forschungsprojekt AMATRAK

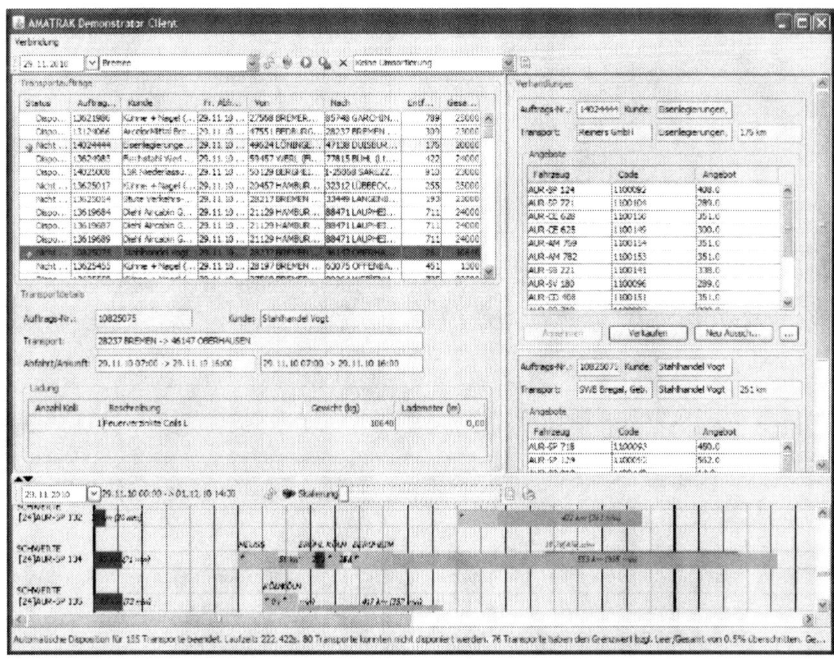

Quelle: Haasis, H.-D.; Barwig, K., et al. (2011), S.70.

Die vorhandenen Masken und Felder in AMW und PSV3 können genutzt werden, um den Datenaustausch korrekt zu bedienen. Für die konzipierten Fahrzeugclients konnte das vorhandene Kommunikationssystem PSV3 eingesetzt werden.

Anhand der Produktinformation werden in Abbildung 69 Beispiele zu vorhandenen Oberflächen präsentiert, welche problemlos in den zukünftigen Prozess integriert werden können.

Abbildung 69: Beispiele zu Nutzeroberflächen PSV3

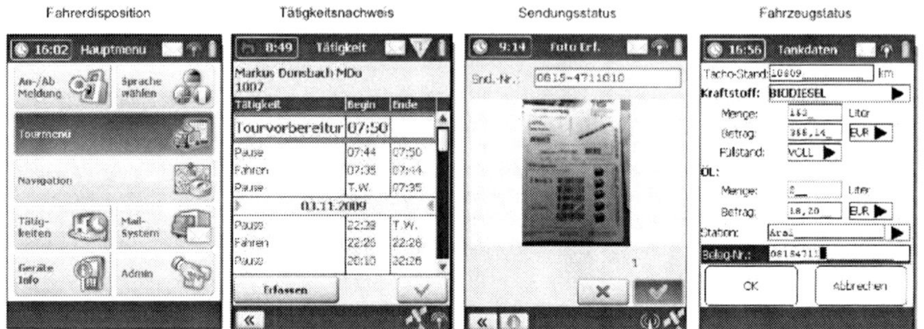

Quelle: *http://www.tis-gmbh.de/fileadmin/TIS_PDF/Software/PSV3/ de_psv3_softwareueberblick.pdf, S. 7-9, Zugriff am 11.05.2012*

Die AMW-Masken und Prozessabfolgen konnten ebenfalls nahezu ohne Änderungen übernommen werden. Die folgende Abbildung 70 zeigt die AMW-Maske nach erfolgtem Optimierungslauf im MAS.

Im oberen rechten Fenster sind alle undisponierten Aufträge erkennbar. Durch Einzel- oder Mehrfachauswahl können Aufträge zu einem Sammelauftrag zusammengestellt werden, der an das MAS gesendet wird. Die Aufträge werden auf eine fiktive AMATRAK-Tour gebucht und im linken Fenster dargestellt.

Nach dem Optimierungslauf im MAS werden im mittleren Fenster die Tourenvorschläge mit konkreten LKW-Kennzeichen durch AMW abgebildet und gleichzeitig die AMATRAK-Tour aufgelöst. Der Disponent hat die Möglichkeit, sich die Tourenvorschläge anzuschauen. Sie werden im unteren rechten Fenster abgebildet. Eine abschließende Verheiratung und damit Finalisierung der Planung erfolgt, in dem der Disponent die LKW-Touren aus dem mittleren Fenster auf die linke Seite zieht.

Abbildung 70: AMW-Dispositionsmaske nach Optimierungslauf

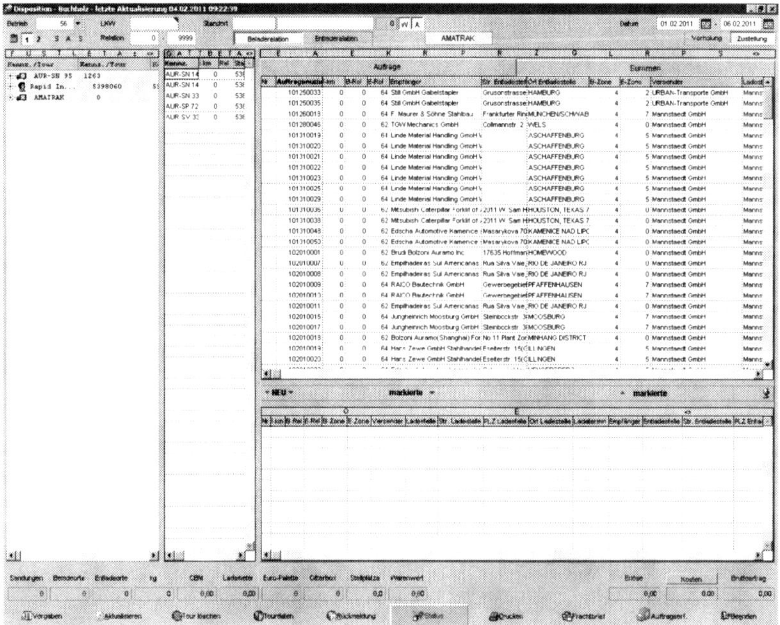

Quelle: o.V. (2011d), S.13

Damit sind abschließend die Nutzeroberflächen beschrieben und entwickelt, so dass im nun folgenden Schritt die Installation und Integration in die vorhandene Umgebung vorgenommen werden kann.

4.2.3.8.4 Fahrzeugkommunikation anpassen

Der vierte Schritt der Aktivität Gesamtkonzept umsetzen beinhaltet die Anpassung der Fahrzeugkommunikation gemäß des aufgestellten Konzeptes in den Kapiteln 4.2.3.6.4 und 4.2.3.6.6.

Im Rahmen des Forschungsprojekts AMATRAK wurde als Fahrzeugkommunikation das vorhandene Fahrer- und Auftragskommunikationssystem PSV3 eingesetzt. Die Kommunikation sowie die Oberflächen waren demnach bekannt. Anpassungen mussten nicht vorgenommen werden. Hinsichtlich der Weiterentwicklung der Anbindung der Fahrzeug-Clients bestand jedoch eine wichtige Herausforderung darin, den Datenaustausch in ihrem Volumen überschaubar zu halten, um die Vollauslastung der Datenleitungskapazität und eine permanente Vereinnahmung der Server zu vermeiden. Daher wurden der aktuelle Auftragsbestand sowie die Ereignisse, z.B. Entladung bei Kunden, nur zu festen Zeitpunkten mit dem Datenbestand des MAS synchronisiert. Dies ermöglichte zum einen stabile Datenverhältnisse für das MAS zwischen den jeweiligen Planungsläufen und zum anderen eine laufende Berücksichtigung manueller Interventionen der Disponenten bei unerwarteten Störungen.

4.2.3.8.5 Simulationsmodell entwickeln

Nachdem die Applikationen entwickelt, programmiert und miteinander verbunden sind, können in dem nun folgenden fünften und letzten Schritt der Umsetzung des Gesamtkonzepts das bereits in Kapitel 4.2.3.6.7 konzipierte Simulationsmodell umgesetzt werden. Ziel der Simulationsmodellierung ist es, die sich im Rahmen des realen Einsatzes des MAS ergebenden Anwendungsszenarien virtuell zu modellieren, um diese fortlaufend optimieren zu können.[533]

Hierzu werden zunächst geeignete Szenarien ausgewählt und die zugehörigen Komponenten identifiziert. Dieses betrifft einerseits die Systemkomponenten, z.B. das MAS, und andererseits die Simulationskomponenten, z.B. die Fahrzeuge. Anschließend werden diese Komponenten in die bereits entwickelte Simulationsumgebung implementiert und so über die bereits spezifizierten Schnittstellen zueinander konfiguriert.

Fortfolgend wird die Parametrierung der in Kapitel 4.2.3.6.7 identifizierten und implementierten Parameter vorgenommen, indem, basierend auf den in Kapitel 4.2.3.5 generierten Daten, eine Festlegung der Vari-

533 Zur Durchführung der Simulation vgl. Kapitel 4.2.3.9.2.

anzbreiten der Eingangsgrößen, etwa Kapazitätsauslastungen der Fahrzeuge, erfolgt.

Abschließend erfolgen eine Validierung und Verifizierung des Modells. Ergebnis sind modellierte Szenarien der realen Anwendungsvariante auf Basis der Simulationsumgebung, sodass das MAS im Rahmen von Simulationsläufen getestet werden kann.

Im Rahmen des Forschungsprojekts AMATRAK erfolgten eine Auswahl, Analyse und Datenaufbereitung standortübergreifender Dispositionsszenarien. Hierzu wurden ausgewählte operative STUTE-Standorte einbezogen und die durchgeführten Transportaufträge über einen repräsentativen Zeitraum analysiert und die zugehörigen Daten aufbereitet. Der Einsatz von realen Auftragsdaten gewährleistet, dass für die Simulationsläufe eine realistische, dem Anwendungsfall möglichst nahe Ausgangssituation geschaffen wird.

Der Aufbereitung der Daten kam hier eine besondere Bedeutung zu, da darauf geachtet werden musste, dass diese sowohl repräsentativ als auch vollständig und fehlerfrei sind, um eine automatische Verarbeitung durch das MAS zu gewährleisten. Gleichermaßen erfolgte die Festlegung der Simulationsparameter und der zugehörigen Varianzbreiten, insbesondere:

- Anteil Ganzladungen und Teilladungen
- Zeitfenster der Aufträge
- Streckenverhältnisse (Kurzstrecke / Langstrecke)
- Geschäftsregeln
- Auftragsdichte in Regionen
- Anzahl der Aufträge.

Es wurden, basierend auf den realen Transportaufträgen, Szenarien modelliert, die alle entsprechenden Daten hinsichtlich der Auftragsstruktur und Stammdaten, wie z.B. Fahrzeugdaten, enthalten.

4.2.3.9 Gesamtkonzept implementieren

Die Systeme, Schnittstellen, Oberflächen und Umgebungen wurden mit der vorangegangen Aktivität gemäß Kapitel 4.2.3.8 entwickelt. Es folgt nunmehr die letzte Aktivität im Rahmen der Phase 4 Realisierung.

Tabelle 22: Übersicht zu Aktivitäten und Schritten der Phase 4 Realisierung

Phase		Aktivität		Schritt		Kapitel
4	Realisierung	8	Gesamtkonzept umsetzen	1	Agentensystem entwickeln	4.2.3.8.1
				2	Schnittstellen anpassen	4.2.3.8.2
				3	Nutzeroberflächen und Fahrzeugclient entwickeln	4.2.3.8.3
				4	Fahrzeugkommunikation anpassen	4.2.3.8.4
				5	Simulationsmodell entwickeln	4.2.3.8.5
		9	Gesamtkonzept implementieren	1	System in Testumgebung installieren und integrieren	4.2.3.9.1
				2	System verifizieren, simulieren, justieren und optimieren	4.2.3.9.2
				3	***Prozess- und Systemschulungen durchführen***	4.2.3.9.3
				4	***Prozesse und Systeme produktiv schalten***	4.2.3.9.4

Quelle: Eigene Darstellung

Wie in Tabelle 22 abgebildet, setzt sich die Aktivität der Implementierung des Gesamtkonzepts aus vier Schritten zusammen, die zunächst die entwickelten Systeme in einer Testumgebung zusammenführen und verknüpfen. Darauf aufbauend, werden in einem zweiten Schritt die Systeme getestet und optimiert. Hierzu werden insbesondere die vorbereiteten Daten aus der Simulationsmodellierung benötigt.[534] Nachdem Stabilität und Verlässlichkeit in der Testumgebung hergestellt wurden, können in einem dritten Schritt die Schulungen hinsichtlich der neuen Prozesse und Systemlandschaften durchgeführt werden. Der letzte Schritt befasst sind abschließend mit der Übernahme der Systeme in die Produktivumgebung.

4.2.3.9.1 System in Testumgebung installieren und integrieren

Im Rahmen des ersten Schrittes werden die zuvor entwickelten Komponenten in einer Testumgebung installiert und miteinander verknüpft. Da-

534 Vgl. Kapitel 4.2.3.8.5.

bei werden das entwickelte Agentensystem[535], die zugehörigen Nutzeroberflächen[536], die konzipierten Fahrzeugclients[537] sowie die entsprechenden Schnittstellen[538] in eine Testumgebung integriert. Es schließen sich Testläufe und entsprechende Optimierungen der Nutzeroberflächen und Applikationsschnittstellen an. Hinsichtlich der exemplarischen Integration der Teilkomponenten zum Gesamtsystem sei an dieser Stelle auf Kapitel 4.2.3.6.4, Abbildung 64 verwiesen.

Im Rahmen des Forschungsprojekts AMATRAK wurden für die Verknüpfung der Applikationen AMW und MAS-Demonstrator entsprechende Kommunikationsverfahren und, darauf basierend, Schnittstellenformate entwickelt und implementiert. Zentraler Kommunikationspfad ist die Übertragung der Auftragsdaten und Ressourcen von AMW an den MAS-Demonstrator.

Für die Schnittstellenintegration im Zusammenhang mit dem Datenaustausch wird das Internet-Protokoll http (hypertext transfer protocol) mit dem Datenformat xml (exten- ded mark up language) eingesetzt.

4.2.3.9.2 System validieren, simulieren, justieren und optimieren

Im zweiten Schritt der Implementierung des Gesamtkonzepts erfolgt im Wesentlichen die Simulation der in Kapitel 4.2.3.8.5 modellierten Anwendungsszenarien mit dem Ziel, die technische Funktionsfähigkeit, das MAS sowie die Kommunikation zwischen den Agenten und ihr Verhalten in einem dynamischen Transportlogistiksystem als auch die organisatorischen Aspekte, wie die Praktikabilität der Tourenplanungsvorschläge und deren Annahme durch die Disponenten zu untersuchen. Die Tests und Simulationen dienen zudem der Feinparametrisierung, also auch der Feinjustierung der Agenten und deren Eigenschaften als weitergehende Optimierung des Gesamtsystems. Es erfolgen entsprechend dem möglichen Optimierungspotenzial mehrere Simulationsläufe der jeweiligen modellierten Szenarien. [539]

---

535 Vgl. Kapitel 4.2.3.8.1.

536 Vgl. Kapitel 4.2.3.8.3.

537 Vgl. Kapitel 4.2.3.6.6.

538 Vgl. Kapitel 4.2.3.8.2.

539 Hinsichtlich Vorgehen bei der Simulation und Optimierung vgl. Engelhardt-Nowitzki, C.; Krenn, B., et al. (2008), S.113-114.

Bei den Simulationsläufen im Forschungsprojekt AMATRAK wurde eine Vielzahl von Auftragsdaten aus der Datenbank von STUTE in das Testsystem eingelesen, um einen Vergleich zwischen der Disposition der Disponenten und der Disposition auf Grundlage der gleichen Datenbasis durch das MAS erstellen zu lassen. Auf Grundlage dieser Daten wurden mit dem MAS-Demonstrator Simulationsläufe durchgeführt, um die Aushandlung von Aufträgen zu analysieren und auf Grundlage der Ergebnisse das Zuteilungsverfahren zu verbessern. Dabei spielte in der Simulation die in Kapitel 4.2.3.6.7 beschriebene Einlaststrategie eine wesentliche Rolle. Die folgende Ergebnistabelle stellt der Resultate zwischen der tatsächlich erfolgten Disposition und MAS-Disposition gegenüber.

Tabelle 23: Gegenüberstellung der unterschiedlichen Einlaststrategien im Rahmen des MAS-Demonstrators zu den Ist-Werten

	Ist-Wert am 29.11.2010	Frühes Entladen / Frühes Laden	Frühes Entladen / Spätes Laden	Spätes Entladen / Spätes Laden	Frühes Entladen / kleinste Entfernung	Frühes Laden / kleinste Entfernung	größte Entfernung / Frühes Entladen	kleinste Entfernung / Frühes Entladen
Gesamt-km	16.537	21.592	21.265	20.097	22.014	20.526	20.831	20.667
Leer-km	5.172	2.130	2.156	2.065	2.137	2.052	1.922	1.978
Anteil Leer-km an Gesamt-km	31,3%	9,9%	10,1%	10,3%	9,7%	10,0%	9,2%	9,6%

Quelle: Verkürzte Darstellung in Anlehnung an o.V. (2011b), S.6.

Gem. Tabelle 23 liegt der Anteil Leerkilometer an den insgesamt gefahrenen Kilometern im Ist-Zustand bei 31,3 %. Durch eine verbesserte Planung und Steuerung kann das Verhältnis der Gesamtkilometer zu Leerkilometer optimiert werden, indem die Gesamtkilometer erhöht oder die Leerkilometer reduziert werden. Die Gegenüberstellung zeigt auf, dass durch alle Einlaststrategien die simulierten Resultate deutlich über den angestrebten Soll-Werten liegen.[540] Dabei erzielt die Strategie 6

---

540 Im Forschungsprojekt AMATRAK sollten die Gesamtfahrzeug-Kilometer um 6-11 % reduziert werden. Wendet man dies auf den Ist-Wert von 16.537 km an, dann darf der Soll-Wert zwischen 14.718 km und 15.545 km liegen. Unterstellt man, dass der Leerkilometeranteil in gleicher absoluter Zahl wie die Gesamtkilometerzahl sinkt, dann reduziert sich das Leerkilometer-Verhältnis von 31,3 % auf 22,8 % bzw. 26,9%. Alle gezeigten Soll-Werte liegen deutlich unter diesen Werten und zeigen somit ein besseres Planungsergebnis als in der tatsächlich durchgeführten Planung.

„Größte Entfernung/Frühes Entladen“ mit 9,2 % Leerkilometeranteil das beste Ergebnis. Übertragen auf die Disposition, sollten also die Auftragslisten zunächst nach der Entfernung absteigend sortiert werden und dann nach Datum aufsteigend.

Während der Simulation konnten weitere Einflussgrößen identifiziert werden, wie beispielsweise maximal zulässiger prozentualer Anteil an Leerkilometern oder maximal zulässiger ‚Umweg‘ einer Tour. Ein Beispiel für derartige Optimierungen waren die Einführungen von „Kilometer-Schranken“ im Rahmen der Auftragsallokation. Vereinzelt wurden durch das MAS Touren mit einer längeren Leeranfahrt generiert, da zu dem Zeitpunkt der Allokation keine andere Möglichkeit der Zuordnung bestand. Um dies zu verhindern, wurde eine maximal zulässige Anfahrtslänge festgelegt, die bei jeder Auftragszuordnung eingehalten werden muss. Die Qualität der Dispositionsvorschläge konnte so deutlich erhöht werden.

Weiterhin wurden verschiedene Terminierungen der Auftrag-Fahrzeug-Verheiratung simuliert, um eine optimale Lösung für den Zielkonflikt zwischen rechtzeitiger Auftragszuordnung zur fristgerechten Auftragserfüllung und der Möglichkeit des Planungssystems, kurzfristige Änderungen im Auftragsbestand, z. B. Auftragsstornierungen, Ausfall von Fahrzeugen, Einspeisung kurzfristiger Neuaufträge oder manuelle Umplanungen durch die Disponenten, zu berücksichtigen. Dabei wurde festgestellt, dass eine zeitnahe Verheiratung der Aufträge mit den Fahrzeugen hinsichtlich der operativen Auftragsdurchführung eine verbesserte Fahrzeugauslastung zur Folge haben kann, da mögliche Änderungen hinsichtlich Fahrzeug- und Auftragszustand aufgrund der Kürze der Zeit abnehmen.

Auch hinsichtlich der Datenqualität konnten durch die Testläufe konkrete Fehlerquellen, die im Rahmen der Auftragserfassung auftreten, identifiziert werden. So führten inkonsistente Angaben zu Lademeteranzahl, Auftragsgewicht oder Fahrzeugzustand zu verfälschten Ergebnissen im Testsystem. Des Weiteren hat sich herausgestellt, dass die Datenqualität durch spontane Ergänzung von Aufträgen durch den Disponenten beeinflusst werden kann. Dieses Wissen in den Köpfen der Disponenten wurde immer wieder analysiert und als zusätzliche Anforderung etwa im Rahmen von Datenfeldern in das System integriert.

Das Potenzial des MAS liegt insbesondere darin, dass zur Generierung der Tourenvorschläge keine langwierigen Unterbrechungen der Disposition notwendig sind. Dies ist das Schlüsselelement zur Integration des MAS-Demonstrators in die bestehenden Geschäftsabläufe der Niederlassungen, um den gewohnten Arbeitsablauf des Personals nicht langfristig zu unterbrechen. Das System erweist sich insgesamt als sehr geeignet, kurzfristig einen Auftrag einem Fahrzeug zuzuweisen, wenn beispielsweise aufgrund von außerplanmäßigen Ereignissen im Transportlauf Fahrzeuge nicht verfügbar sind.

Die Simulationsergebnisse sind ebenfalls grafisch abbildbar, sodass ein visueller Eindruck der Tourenplanung entsteht. Dies hat sich in der Praxis bei der ständigen Optimierung als sehr hilfreich erwiesen.

In Abbildung 71 ist das Planungschart des MAS-Demonstrators beispielhaft dargestellt.

Die grauen Balken repräsentieren Be- und Entladezeiten. Helle Balken bilden die Lasttour, d.h. Fahrten mit Waren, ab. Dunkle Balken stellen Leerfahrten dar. Die Länge der Balken gibt die Dauer dieser Aktivitäten wieder. Die Höhe Balken spiegelt die Gewichts- bzw. Volumenauslastung wider.

Abbildung 71: Planungschart MAS-Demonstrator

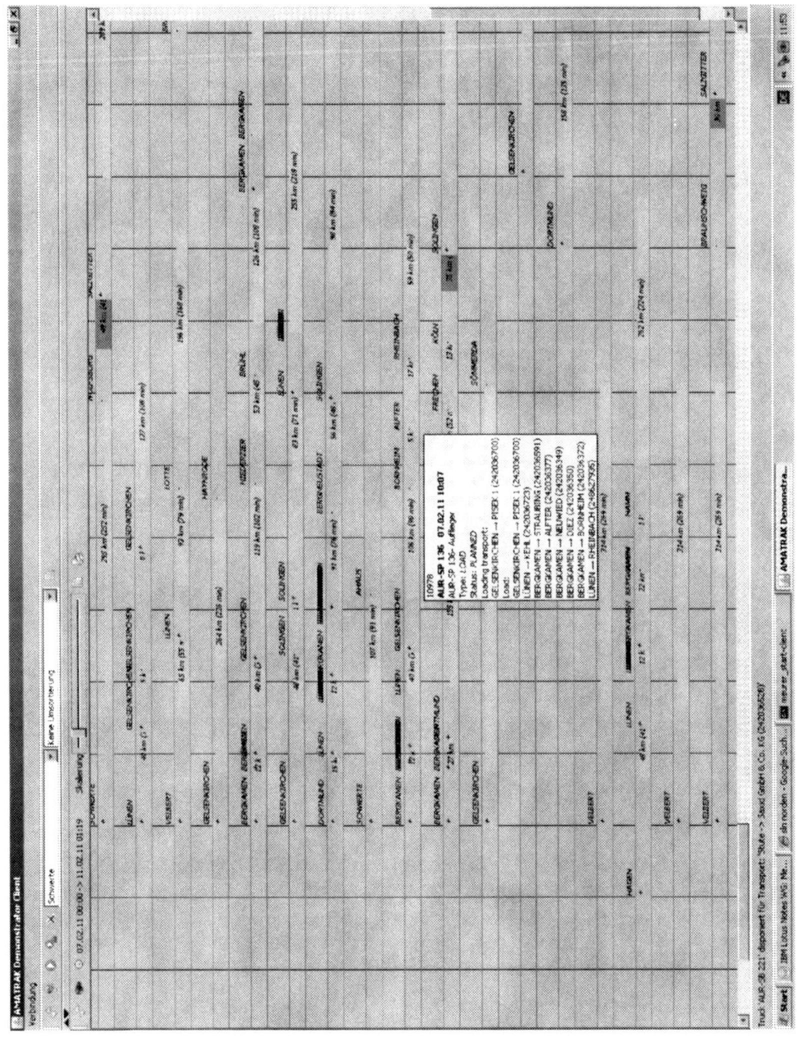

Quelle: Haasis, H.-D.; Barwig, K., et al. (2011), S.68.

Die beschriebenen Systemoptimierungen wurden parallel zur Implementierung vorangetrieben. Hierzu wurden nach folgendem Schema gemäß Abbildung 72 die Tagesdispositionsergebnisse überprüft:

Abbildung 72: Ablauf der Überprüfung des Tagesdispositionsergebnisse

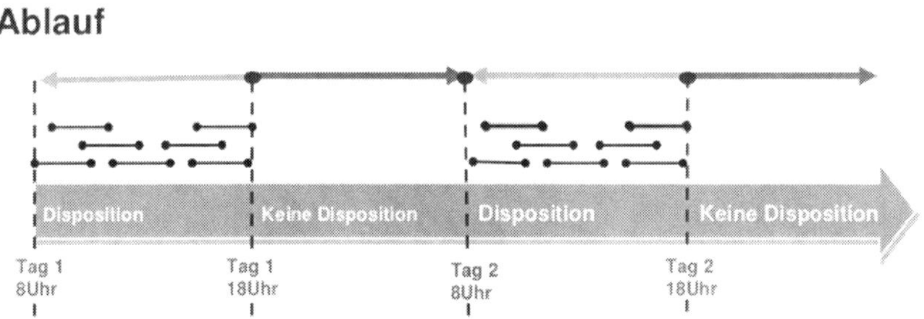

Quelle: Haasis, H.-D.; Barwig, K., et al. (2011), S.73.

Am Anfang des Tag1 wurde eine Momentaufnahme des aktuell eingesetzten Fuhrparks vorgenommen und der Status der Fahrzeuge (Ladezustand, Standort etc.) festgehalten.

Am Ende des Tag1 wurde im Testsystem eine vollständige Redisposition des Tages vorgenommen, d.h. alle bisher disponierten Aufträge des Tages wurden von ihren Fahrzeugzuordnungen gelöst. Nun wurden die Daten an das MAS übermittelt. Da den Aufträgen Zeitstempel mitgegeben wurden, konnte das MAS über eine Zeitsimulation den Tagesverlauf nachbilden, sodass es zu keinem Wissensvorsprung durch schlagartige Bekanntgabe aller Tagesaufträge kommen konnte. Nach erfolgter Simulation konnten die Ergebnisse des MAS direkt mit der tatsächlichen Disposition verlichen werden. Rückschlüsse auf notwendige Anpassungen im MAS oder Verbesserungen in der AMW-Disposition waren sofort möglich.

4.2.3.9.3 Prozess und Systemschulungen durchführen

Um einen reibungslosen Übergang von den herkömmlichen zu den neuen Prozessen und Systemen zu schaffen, ist ein entsprechendes Schulungskonzept auszuarbeiten. Dies wird in dem nun folgenden vierten

Schritt im Rahmen der Aktivität Gesamtkonzept implementieren durchgeführt.

Dabei sind die fachlichen und die methodischen Schulungen voreinander zu unterscheiden. Die fachliche Schulung fokussiert sich auf die auszuführenden Prozesse und soll dabei unterstützen, die Abläufe zu überschauen, zu erläutern und zu leben.[541] Hierunter sind beispielsweise die zukünftigen Dispositionsabläufe zu verstehen.

Die methodische Schulung hingegen fokussiert auf das hinterlegte Regelsystem und das Vorgehen im System, welches zu einem tieferen Verständnis für die auszuführenden Prozesse führt. Hierunter fallen u.a. die Geschäftsregeln, die als Regelwerk im MAS hinterlegt sind.[542]

Die Schulungen können im Rahmen von Schulungsveranstaltungen durchgeführt werden. Bei diesen Unterweisungen sind den Personen möglichst Handbücher auszuhändigen, um spätere Nachfragen zu reduzieren.

4.2.3.9.4 Prozesse und Systeme produktiv schalten

Der vierte und letzte Schritt der Aktivität Gesamtkonzept implementieren beinhaltet die Übernahme der Systems von der Testumgebung in die Produktivumgebung. Dies sollte genau dann erfolgen, wenn die Verfügbarkeit und die Stabilität des Systems gewährleistet sind sowie die Schulung der Mitarbeiter erfolgreich abgeschlossen ist.[543]

Bei der Aufnahme des Echtbetriebs ist die Wahl des Zeitpunkt von entscheidender Bedeutung. Je nach Umfang der Inbetriebnahme sollte dies außerhalb der normalen Geschäftszeiten, etwa nachts oder am Wochenende, erfolgen. Bei der Zeitplanung sollte ebenfalls Zeit für die Erstellung eines Backups des Gesamtsystems vor Überspielung des neuen

---

541 Vgl. Becker, J. (2008), S.284-285.

542 Zu den Geschäftsregeln bei AMATRAK vgl. Kapitel 4.2.3.5.1.

543 Zur Bedeutung von Schulungskonzepten vgl. Dürholt, H. (2007), S.77-78.

Systems sowie für ein mögliches Fall-back, d.h. eine Rückabwicklung auf den Ausgangszustand, eingeplant werden.[544]

Die Testumgebung sollte stets parallel zur Produktivumgebung laufen, um weitere Optimierungen auch nach Übernahme des Systems in die Produktivumgebung testen zu können, um sie dann in die produktive Umgebung übernehmen zu können.

Damit ist die Phase 4 Realisierung abgeschlossen und es beginnt die fünfte und letzte Phase des VoMoBASTs, welche die Sicherstellung der Nachhaltigkeit des Nutzens zum Inhalt hat.

4.2.3.10 Controlling der Geschäftsregeln und -prozesse

In der letzten und fünften Phase des VoMoBASTs wird durch die Anwendung von zwei Schritten die Nachhaltigkeit des realisierten Konzepts durch ein Controlling der Geschäftsregeln und –prozesse beschrieben. Dabei wird ein Kreislauf zwischen Planung, Steuerung und Durchführung generiert, der die Anpassungsbedarfe in der Operativen misst und an die Planung und Steuerung zurückgibt. So kann korrigierend und nachhaltig auf den Kreislauf eingewirkt werden.[545]

Tabelle 24: Übersicht zur Aktivität und Schritten der Phase 5 Nachhaltigkeit

Phase		Aktivität		Schritt		Kapitel
5	Nachhaltigkeit	10	Controlling der Geschäftsregeln und -prozesse	1	SOLL-IST-Werte erheben	4.2.3.10.1
				2	Analyse durchführen und Korrekturmaßnahmen einleiten	4.2.3.10.2

Quelle: Eigene Darstellung

544 Zu Roll-out-Strategien Vgl. Becker, J. (2008), S.270ff., vgl. Heidrich, J. (2004), S.156-157.

545 Vgl. Kapitel 4.2.3.10.2, Abbildung 73.

In Tabelle 24 sind die Schrittfolgen als Übersicht dargestellt. Sie sollen die inhaltliche Orientierung hinsichtlich der nun folgenden Kapitel liefern.

4.2.3.10.1 Soll-Ist-Werte erheben

Durch den Abgleich der im Kapitel 4.2.3.5.1 erhobenen Ist-Werte mit den im Kapitel 4.2.3.1 festgelegten Zielwerten wird die Grundlage für eine fortfolgende Analyse gelegt. Dabei werden Soll-Ist-Abweichungen ausgewiesen und die Ursachen hierfür untersucht. Durch dieses Vorgehen können Korrekturmaßnahmen durch Prozessveränderungen eingeleitet werden.

Dieses Vorgehen wurde bereits im Kapitel 4.2.3.9.2 im Rahmen der Systemvalidierung und -optimierung durchgeführt. Jedoch ist davon auszugehen, dass sich die Rahmenbedingungen zur Planung und Steuerung der Transportabläufe permanent ändern. Somit besteht die Notwendigkeit, nach erfolgreicher Produktivschaltung der Prozesse und Systeme einen Mechanismus zu installieren, der diese Änderungen erkennt.

Im Rahmen des Forschungsprojekts AMATRAK wurden zur Überprüfung der Zielerreichung zunächst Anwender und Führungskräfte der Disposition in Workshops befragt. Workshops wurden durchgeführt, um ein direktes Feedback zu technischen und ablauforganisatorischen Detailfragen im Dialog zu erhalten. Im Mittelpunkt standen dabei die Fragen zu den Schnittstellen, die Einbindung in die etablierte Softwareinfrastruktur, die Verständlichkeit für die Disponenten und die Vereinheitlichung der Bezeichnungen bei der systemübergreifenden Auftragsabwicklung.

Weiterhin wurde eine automatisierte Ermittlung der durchschnittlich gefahrenen Kilometer implementiert, die direkt bei der Auftragszuweisung an Fahrzeuge über ein Entfernungswerk mit geografischen Daten berechnet und angezeigt wurden. Zudem wurde der Auslastungsgrad des Fahrzeugs, unterschieden nach Last- und Leerkilometern, ermittelt, sodass die ökonomischen und ökologischen Daten unmittelbar den planenden Disponenten vorlagen. Diese Daten wurden zudem jeweils für die einzelnen Entwicklungsphasen mit den Niederlassungsleitern und

Dispositionsverantwortlichen erörtert, die jeweils die derzeitige Ist-Situation den Planungsvorschlägen gegenübergestellt haben.

Als Soll- bzw. Zielwerte sind im Forschungsprojekt AMATRAK die Reduzierung der Fahrzeugkilometer von 6-11 % sowie die Erhöhung der Fahrzeugauslastung von 7-12 % festgelegt worden. Die beschriebene Messung der zurückgelegten Fahrzeugkilometer bei vergleichbaren Auftragsvolumen liefert entsprechende IST-Werte, die mit den Soll-Werten abzugleichen sind. Hieraus kann der Bedarf an Korrekturmaßnahmen abgeleitet werden.[546]

4.2.3.10.2 Analyse durchführen und Korrekturmaßnahmen einleiten

Je nach dem Schweregrad der Abweichung sind Ursachenanalysen durchzuführen und Korrekturmaßnahmen einzuleiten. Diese Schritte lehnen sich an die Vorgehensweise einer effizienzorientierten Planung und Steuerung an. Das detaillierte Vorgehen ist grafisch in Abbildung 73 dargestellt.

Die Soll- und Ist-Werte werden über zuvor definierte Kennzahlen und Messgrößen miteinander verglichen.[547] Hierzu kann die Balance Scorecard als Träger der Informationen dienen.[548] Der Vergleich der Werte kann zur Feststellung von Abweichungen führen, die in der Analysephase identifiziert werden. Im letzten Schritt werden die Maßnahmen abgeleitet, die korrigierend auf die Abweichungen einwirken sollen. Der erstellte Maßnahmenkatalog wird verbindlich nach der Freigabe und den Entscheidungen zu den vorgeschlagenen Aktionen durchgeführt. Die Messung beginnt von Neuem, um die Wirkung der Korrekturen zu messen. Ein Steuerungskreislauf, der die Grundlagen für Nachhaltigkeit erzeugt, ist somit entstanden. [549] Dieses Vorgehen wurde insbesondere bei der Simulation, Validierung, Justierung und Optimierung des MAS im Kapitel 4.2.3.9.2 angewandt.

546 Vgl. Kapitel 4.2.3.9.2, vgl. Schmelzer, H.; Sesselmann, W. (2010), S.281ff.
547 Vgl. Kapitel 4.2.3.10.1.
548 Zur Balance Scorecard vgl. Kapitel 3.4.1.1.
549 Vgl. Haasis, H.-D. (2007), S.38f.

Abbildung 73: Vorgehensmodell zur nachhaltigen Steuerung

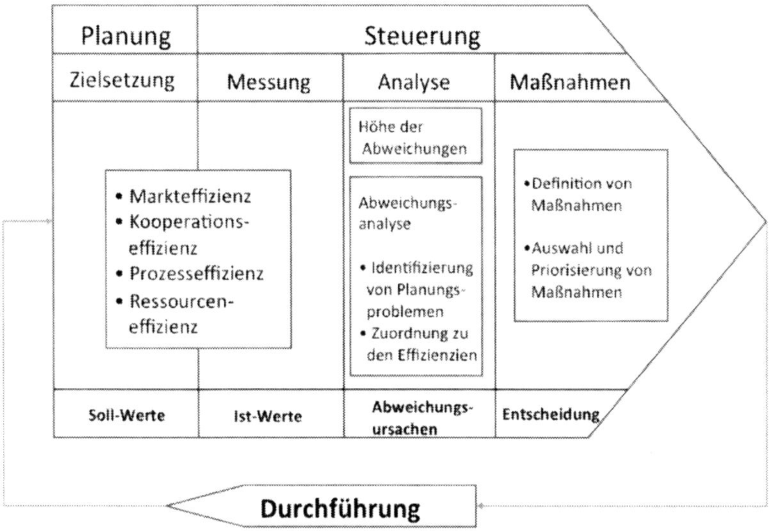

Quelle: Haasis, H.-D. (2007), S.9, Gerloff, E. A. (1985), S.316

Mit diesem letzten Schritt ist das VoMABAST vollständig abgearbeitet. Im folgenden Kapitel werden nun die in den untersuchten BE-Ansätzen vorgestellten Methodensets hinsichtlich der Unterstützung bei der Abarbeitung der Schrittes des Vorgehensmodells untersucht.

4.3 Methodenset (MethoBAST)

In diesem Kapitel werden die vorgestellten Methoden der BE-Ansätze St. Gallen und ARIS HOBE zunächst noch einmal einander gegenübergestellt, vereinheitlicht und durch die im Rahmen der Forschungslücke vorgestellten Anpassungsbedarfe ergänzt.[550] Im Anschluss daran folgen die Begründungen für die Zusammenstellung des neuen Methodensets sowie die Zuordnung der Methoden zu den Gestaltungsebenen des Unter-

550 Zur Forschungslücke vgl. Kapitel 3.5.

nehmens. Im Ergebnis entsteht das MethoBAST, welches die beschriebenen Aktivitäten und Schritte des VoMoBASTs in seiner Durchführung unterstützt. Ein Abgleich angewendeter Methoden aus dem Forschungsprojekt AMATRAK entfällt, da kein dokumentiertes Methodenset zur Verfügung stand.

Das Ergebnis der Zusammenführung und Ergänzung der Methodensets ist in Abbildung 74 dargestellt und wird fortfolgend erklärt. Dabei wird auf die Erläuterung der Methoden an dieser Stelle im Einzelnen verzichtet, da dies bereits in den Kapiteln 3.3.3, 3.4.3 und 3.4.4.2 erfolgt ist.

Die erste Methode, das *Mehrkomponenten Evaluierungssystem*, unterstützt bei der Überprüfung der Anwendbarkeit von Selbststeuerungssystemen in einem gegebenen Umfeld. Die Anwendung der Methode wurde in Kapitel 2.4.2 sowie in Kapitel 4.2.3.3 dargelegt. Die Aufnahme dieser Methode in das MethoBAST schließt die Forschungslücke hinsichtlich AnfoBAST 6 – „Wirtschaftlichkeit steigern", da durch mit dieser Methode der Komplexitätsgrad des vorliegenden Transportlogistiksystems bestimmt werden kann und so Rückschlüsse zulässig sind, inwieweit Selbststeuerungssysteme für diesen konkreten Anwendungsfall bessere Planungsergebnisse erzielen als herkömmliche Planungs- und Steuerungssysteme.

In der neu kreierten Methode *Geschäftsszenarioentwurf* finden sich die Methodiken zum Strategieentwurf, zur Prozessinnovation und Prozessstrategie wieder, da sie alle der Entwicklung möglicher Geschäftsfelder und deren Gestaltungsmöglichkeiten dienen sowie die Schritte zum Entwurf des Geschäftsmodells unterstützen.

Die Methoden Balanced Scorecard, ABC-Kostenrechnung sowie Performance Measurement werden unter der neuen Methode *Kennzahlensystementwurf* zusammengefasst, da sie alle zur Gestaltung eines Kennzahlensystems beitragen. Sie sind der Ausgangspunkt für die nachfolgenden Leistungsmessungen, Performanceüberwachungen und Prozessoptimierungen. Dabei wird die neue Methode der Ebene Strategie und nicht Prozess zugeordnet, da sie die Aktivität der Festlegung der Vorhabensziele unterstützt. Diese ist in der Phase der Projektvorbereitung enthalten, welche auf strategischer Ebene angesiedelt ist.

Abbildung 74: Bestimmung der Kernmethoden des MethoBASTs

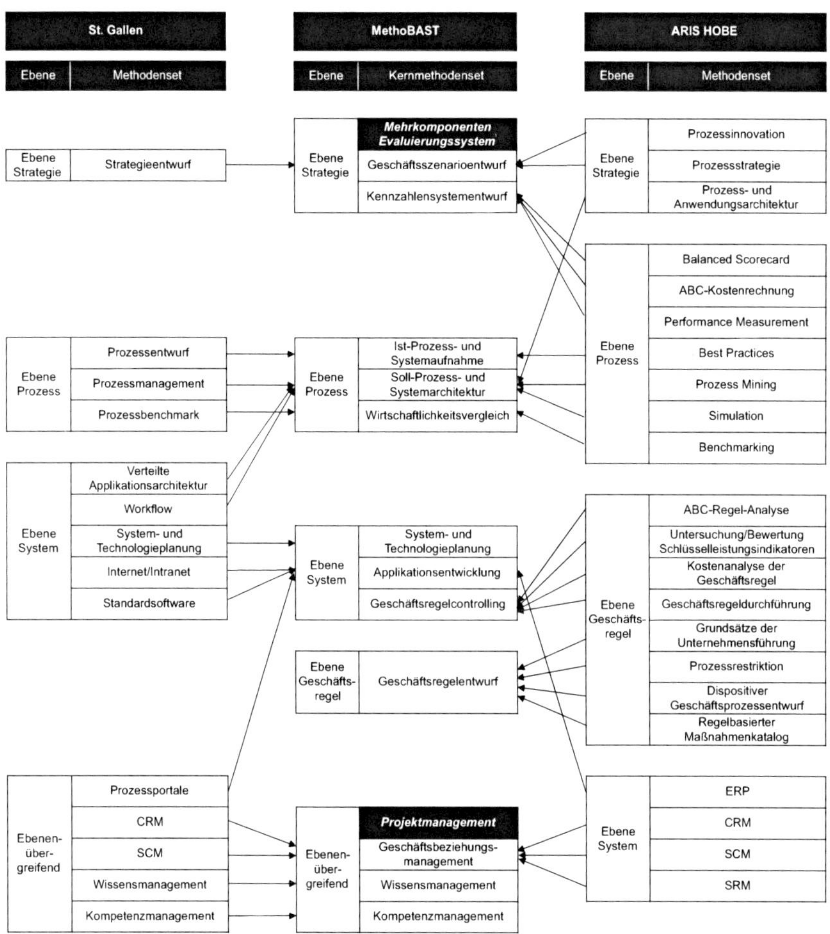

Quelle: Eigene Darstellung

Auf der Ebene Prozess wird die Durchführung der Ist-Aufnahme durch die Methode *Ist-Prozess- und Systemaufnahme* unterstützt, welche aus der Zusammenlegung der Methoden Prozessentwurf und Best Practices hervorgeht. Der Prozessentwurf unterstützt bei der Identifikation von Geschäftsprozessen. Die Methode Best Practices stellt sicher, dass die vorhandenen Geschäftsprozesse und IT-Umwelten in die Ist-Aufnahme eingebunden werden und der beste Lösungsansatz in der betrieblichen Praxis betrachtet wird.

Hiervon zu unterscheiden ist der Benchmark, der in die Soll-Prozessarchitektur einfließt, da er durch einen Soll-Ist-Vergleich zu Prozessanpassungen führt.

Die *Soll-Prozess- und Systemarchitektur* subsummiert die bestehenden Methoden Prozessmanagement, Workflow, verteilte Applikationsarchitektur, Prozess- und Anwendungsarchitektur, Prozess Mining sowie Simulation. Alle genannten Methoden unterstützen auf der Prozessebene die Aktivität der Definition des Soll-Konzepts, welche einerseits die Prozesse, andererseits die Konzeption der Applikationen beinhaltet. Das Prozessmanagement stellt sicher, dass die Organisation und die IT-Systeme sich an den Geschäftsprozessen orientieren. Der Workflow dient der Festlegung der zukünftigen Arbeitsflussverwaltung. Die Architektur und das Prozess Mining unterstützen im Wesentlichen bei der Prozessmodellierung. Die Simulation hilft bei der Verfeinerung des Sollprozesses durch Überprüfung des Systemverhaltens und die Lieferung erster Testergebnisse unter Soll-Bedingungen.[551] Die Methoden unterstützen explizit die Konzeption des Agentensystems, der Schnittstellen, der Nutzeroberflächen und der Fahrzeugclients und legen damit die Grundlagen für die spätere Entwicklung in der Realisierungsphase auf Systemeben. Die Methode der Prozess- und Anwendungsarchitektur wurde von der strategischen auf die prozessuale Ebene verlagert, da die Konzeption der Prozesse und Systeme auf der Prozessebene im zukünftigen Übertragungsansatz vorgenommen wird. Der Grund liegt in der praktischen Notwendigkeit, dass die Konzeptionen der Prozesse und der dazugehörigen Systeme zusammen stattfinden sollen, um Schnittstellen in der Projektierung zu reduzieren. Diese Aktivitäten finden zentral in der Phase Prozess- und Systemkonzeption auf der Ebene Prozess statt. Die

551 Zur Konzeption einer Simulationsumgebung vgl. Kapital 4.2.3.6.7.

Ebene System gilt der IT-technischen Entwicklung und Implementierung des konzipierten Systems sowie der Sicherstellung der Nachhaltigkeit.

Der *Wirtschaftlichkeitsvergleich* definiert sich im Rahmen dieser Arbeit über die vorhandenen Methoden Benchmark bzw. Prozessbenchmark, da diese Methoden maßgeblich zur Vergleichbarkeit von Lösungsansätzen beitragen. Hierzu werden die Ergebnisse aus der vorangegangenen Ist-Aufnahme und Soll-Konzeption verwendet. Die Methode soll bei der abschließenden Validierung des Gesamtkonzepts unterstützen und vor dem Start der Realisierungsphase Ergebnisse hinsichtlich einer Kosten-Nutzen-Analyse liefern.

Die Methode *System- und Technologieplanung* wurde aus dem St. Galler-Ansatz ohne Anpassungen übernommen. Sie unterstützt bei der Ausgestaltung der Hardwarekomponenten, etwa der Übertragungswege, Endgeräte, Server oder Speichermedien.

Die Methode der *Applikationsentwicklung* setzt sich aus den vorhandenen Methoden Internet/Intranet, Standardsoftware, Prozessportale sowie ERP zusammen, da alle genannten Methoden bei der Entwicklung und Programmierung der zuvor konzipierten Applikationen unterstützen. Die Methode Prozessportal wird dabei vollständig der Systemebene zugeordnet, da inhaltlich der zu realisierende IT-technische Zugriff auf die Softwareanwendung im Vordergrund steht, und nicht der Prozess. Somit findet keine ebenübergreifende Wirkung mehr statt.

Das *Geschäftsregelcontrolling* subsummiert die Methoden ABC-Regel-Analyse, Untersuchung und Bewertung der Schlüsselleistungsindikatoren, Kostenanalyse der Geschäftsregel sowie Geschäftsregeldurchführung. Die Zusammenfassung dient auch hier der Herstellung der Übersichtlichkeit. Das Geschäftsregelcontrolling ist der Phase der Nachhaltigkeit zugeordnet, da hierdurch sichergestellt werden soll, dass das im VoMoBAST beschriebene Regelsystem fortwährend eine Prüfung und Korrektur der Prozesse und Systeme vornimmt. Mit der Aufnahme dieser Methode wird AnfoBAST 3 – „Geschäftsregeln etablieren“ in der Umsetzung unterstützt.

Auf der Ebene der Geschäftsregeln ist die Methode *Geschäftsregelentwurf* eingeführt worden. Sie enthält im Einzelnen die Methoden Grundsätze der Unternehmensführung, Prozessrestriktion, Dispositiver

Geschäftsprozessentwurf sowie Regelbasierter Maßnahmenkatalog. Die Methoden stammen, wie auch die Methoden des Geschäftsregelcontrolling, aus dem erweiterten ARIS-HOBE-Ansatz und unterstützen bei dem Entwurf von Geschäftsregeln während der Prozess- und Systemkonzeptionsphase. Mit der Aufnahme dieser Methode wird ebenfalls AnfoBAST 3 – „Geschäftsregeln etablieren" in der Umsetzung unterstützt.

Bei den ebenenübergreifenden Methoden ist die Methode *Projektmanagement* neu aufgenommen worden. Sie bildet den Forschungslückenschluss zu AnfoBAST 7 – „Projektmanagement einführen". Dabei wird die Methode auf den Ebenen Strategie, Prozess, System und Geschäftsregel angewandt, um das Projekt ganzheitlich planen, steuern und überwachen zu können. Insbesondere in der Phase der Projektvorbereitung wird die Methode bei der Organisation des Projekts angewandt werden.

Unter die Methode *Geschäftsbeziehungsmanagement* sind die Methoden CRM, SCM und SRM subsummiert worden, da alle diese Methoden die Verwaltung und Dokumentation von Geschäftspartnerbeziehungen unterstützen. Die ebenenübergreifende Anordnungen begründen sich insbesondere in der starken Verflechtung der Prozess- und Systemebene im Beziehungsmanagement, da nicht nur Prozesse aufeinander abzustimmen sind, sondern auch IT-Umwelten, z.B. bei der Gestaltung von informationstechnischen Auftragsschnittstellen zwischen Subunternehmern und Dispositionsapplikation.

Das *Wissensmanagement* sowie das *Kompetenzmanagement* sind aus dem St. Galler-Ansatz ohne inhaltliche Veränderungen übernommen worden. Die Methoden sind für das Lenken und Gestalten von Wissen und Können auch im BAST von großer Bedeutung. Neue Prozesse werden geformt, die mittels Applikationen abgebildet und geschult werden müssen. Bei diesem ebenenübergreifenden Vorgang werden diese Methoden angewandt.

In der folgenden Abbildung 75 wird zusammenfassend das MethoBAST in Anlehnung an die Abbildungen der Methodensets der vorgestellten BE-Ansätze dargestellt.[552] Es zeigt die Zuordnung der erläuterten

552 Zum Methodenset St.Gallen vgl. Kapitel 3.3.3, Abbildung 26; zum Methodenset ARIS-HOBE vgl. Kapitel 3.4.3, Abbildung 30.

Methoden auf die Gestaltungsebenen sowie die Anordnung der ebenenübergreifenden Methodiken.

Abbildung 75: Methodenset des BASTs

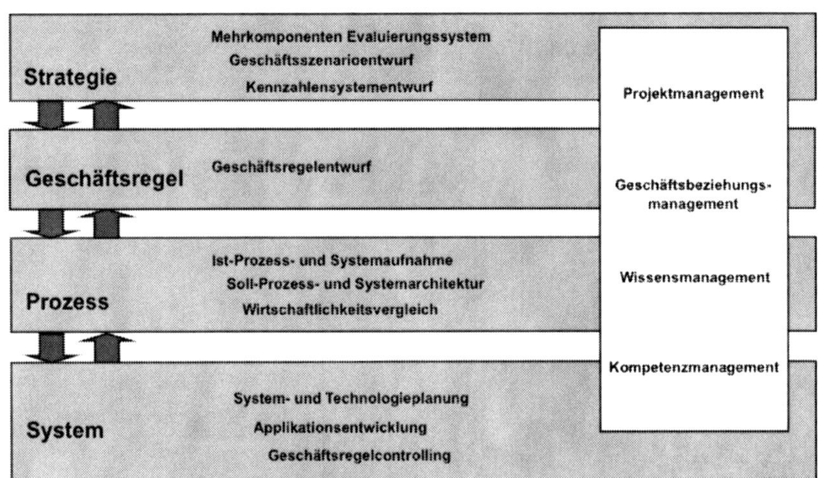

Quelle: Eigene Darstellung

Als weitere abschließende Übersicht dient die nachfolgende Abbildung 76, welche noch einmal zusammenfassend die bereits beschriebene Zuordnung der Methoden des MethoBASTs zu den Aktivitäten des VoMoBAST beinhaltet. Es ist ersichtlich, dass alle Aktivitäten durch adäquate Methoden in ihrer Ausführung unterstützt werden.

Abbildung 76: Zuordnung Methoden des MethoBAST zu Aktivitäten des VoMoBAST

VoMoBAST					MethoBAST													
Ebene	Phase		Aktivität		Mehrkomponenten Evaluierungssystem	Geschäftsszenarioentwurf	Kennzahlensystementwurf	Ist-Prozess- und Systemaufnahme	Soll-Prozess- und Systemarchitektur	Wirtschaftlichkeitsvergleich	System- und Technologieplanung	Applikationsentwicklung	Projektmanagement	Geschäftsbeziehungs-management	Wissensmanagement	Kompetenzmanagement	Geschäftsregelentwurf	Geschäftsregelcontrolling
Ebene Strategie	1	Projektvorbereitung	1	Vorhabensziele festlegen			x						x	x	x	x		
			2	Projekt organisieren									x	x	x	x		
	2	Geschäftsszenario	3	Anwendbarkeit der Selbststeuerung prüfen	x								x	x	x	x		
			4	Geschäftsmodell entwerfen		x							x	x	x	x		
Ebene Geschäftsregel und Prozess	3	Prozess- und Systemkonzeption	5	Ist-Aufnahme durchführen				x					x	x	x	x		
			6	Soll-Konzept definieren					x				x	x	x	x	x	
			7	Gesamtkonzept validieren						x			x	x	x	x		
Ebene System	4	Reaslisierung	8	Gesamtkonzept umsetzen							x		x	x	x	x		
			9	Gesamtkonzept implementieren								x	x	x	x	x		
	5	Nachhaltigkeit	10	Controlling der Geschäftsregeln und -prozesse									x	x	x	x		x

Quelle: Eigene Darstellung

4.4 Kritische Auseinandersetzung und qualitative Bewertung

In diesem Kapitel wird der bisher im Kapitel 4 entwickelte BAST hinsichtlich seiner Anwendbarkeit qualitativ bewertet. Die Bewertung fokussiert sich dabei auf die Abarbeitung der Forschungslücke sowie die Ableitung weiterer möglicher Forschungsbedarfe.

4.4.1 Bewertung der Abarbeitung der Forschungslücke

Im Kapitel 3.1.2 wurden auf Basis von Aussagen zu wesentlichen Merkmalen von Selbststeuerungssystemen, die in den Kapiteln 2.2, 2.3 und 2.4 eruiert wurden, AnfoBAST abgeleitet. Diese Anforderungen wurden den Komponenten eines Übertragungsansatzes, also Metamodell, Vorgehensmodell und Methodenset, zugeordnet, sodass nach Untersuchung der vorhandenen ganzheitlichen Übertragungsansätze St. Gallen und ARIS HOBE die Erfüllung der AnfoBAST herausgearbeitet werden konnten. Diese sogenannte Forschungslücke sollte im Fortgang des vierten Kapitels geschlossen werden. In diesem Kapitel soll nunmehr reflektiert werden, inwieweit der Lückenschluss erfolgt ist. Dabei werden die folgenden drei Kapitel gemäß den Komponenten eines Übertragungsansatzes strukturiert.

4.4.1.1 Bewertung des Lückenschlusses im MeMoBAST

In diesem Kapitel werden die aufgestellten Anforderungen an ein zukünftiges Metamodell mit den erstellten Ergebnisdokumenten auf Vollständigkeit hin überprüft. Dabei werden die AnfoBAST zum Metamodell, welche im Kapitel 3.5 in Tabelle 8 zusammengefasst wurden, mit dem Ergebnisdokument MeMoBAST aus Kapitel 4.1.2, Abbildung 37 abgeglichen. Die folgende Abbildung 77 präsentiert das Ergebnis des Abgleichs.

Abbildung 77: Abgleich AnfoBAST zum Metamodell mit Ergebnisdokument MeMoBAST

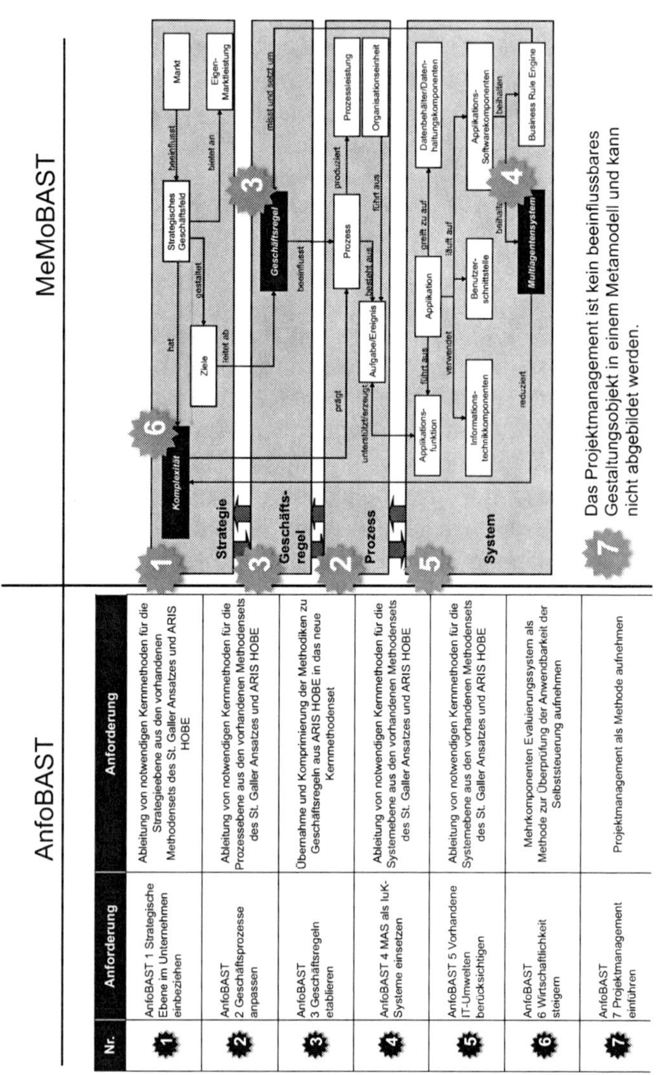

Quelle: Eigene Darstellung

Anhand der gleichartigen Nummerierung wird ersichtlich, an welchen Stellen die aufgestellten AnfoBAST im MeMoBAST umgesetzt werden. Es werden alle geforderten Ebenen und Gestaltungsobjekte im MeMoBAST aufgenommen und durch die vorhandenen Gestaltungsobjekte ergänzt. Die aufgezeigte Forschungslücke ist somit geschlossen.

4.4.1.2 Bewertung des Lückenschlusses im VoMoBAST

Ähnlich wie im vorangegangenen Kapitel 4.4.1.1 werden nunmehr die herausgearbeiteten AnfoBAST zum Vorgehensmodell, welche im Kapitel 3.5 in Tabelle 8 zusammengefasst wurden, mit dem Ergebnisdokument des VoMoBASTs aus Kapitel 4.2.3, Abbildung 42 abgeglichen. Dabei wird der Abgleich zwischen der aufgestellten Forschungslücke und dem VoMoBAST in Abbildung 78 präsentiert.

Bei der Entwicklung der geeigneten Schrittfolge zu den Aktivitäten wurde insbesondere auf den Meilensteinplan und die Ergebnisse des Forschungsprojekts AMATRAK gemäß Kapitel 2.5.5, Abbildung 19 zurückgegriffen, da Schritte zu den Aktivitäten nicht in den untersuchten BE-Ansätzen skizziert wurden.

Mit der erfolgreichen Implementierung und dem Probebetrieb des MAS-Demonstrators bei STUTE wurde der Praxisnachweis erbracht, dass die AMATRAK-Arbeitspakete berechtigt sind und der Meilensteinplan in der Operativen angewendet werden kann. Die im Kapitel 4.2.3 stattgefundene Integration der AMATRAK-Arbeitspakete in das VoMoBAST lässt somit den Rückschluss zu, dass auch das VoMoBAST in der Praxis ein funktionsfähiges Modell darstellen kann. Das VoMoBAST ergänzt und vervollständigt dabei die AMATRAK-Arbeitspakete und Meilensteinplan.

Abbildung 78: Abgleich AnfoBAST zum Vorgehensmodell mit Ergebnisdokument VoMoBAST

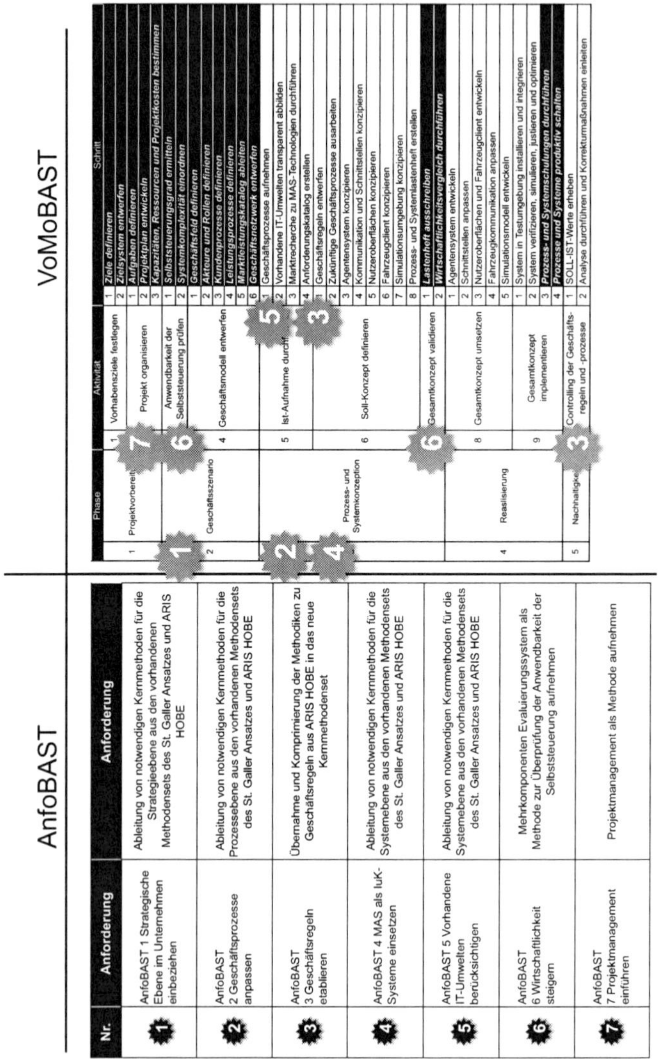

AnfoBAST

Nr.	Anforderung	Anforderung
1	AnfoBAST 1 Strategische Ebene im Unternehmen einbeziehen	Ableitung von notwendigen Kernmethoden für die Strategieebene aus den vorhandenen Methodensets des St. Galler Ansatzes und ARIS HOBE
2	AnfoBAST 2 Geschäftsprozesse anpassen	Ableitung von notwendigen Kernmethoden für die Prozessebene aus den vorhandenen Methodensets des St. Galler Ansatzes und ARIS HOBE
3	AnfoBAST 3 Geschäftsregeln etablieren	Übernahme und Komprimierung der Methodiken zu Geschäftsregeln aus ARIS HOBE in das neue Kernmethodenset
4	AnfoBAST 4 MAS als IuK-Systeme einsetzen	Ableitung von notwendigen Kernmethoden für die Systemebene aus den vorhandenen Methodensets des St. Galler Ansatzes und ARIS HOBE
5	AnfoBAST 5 Vorhandene IT-Umwelten berücksichtigen	Ableitung von notwendigen Kernmethoden für die Systemebene aus den vorhandenen Methodensets des St. Galler Ansatzes und ARIS HOBE
6	AnfoBAST 6 Wirtschaftlichkeit steigern	Mehrkomponenten Evaluierungssystem als Methode zur Überprüfung der Anwendbarkeit der Selbststeuerung aufnehmen
7	AnfoBAST 7 Projektmanagement einführen	Projektmanagement als Methode aufnehmen

VoMoBAST

	Phase		Aktivität		Schritt
1	Projektvorbereit[ung]	1	Vorhabensziele festlegen	1	***Ziele definieren***
				2	***Zielsystem entwerfen***
			Projekt organisieren	1	***Aufgaben definieren***
				2	***Projektplan entwickeln***
				3	***Kapazitäten, Ressourcen und Projektkosten bestimmen***
2	Geschäftsszenario		Anwendbarkeit der Selbststeuerung prüfen	1	***Selbststeuerungsgrad ermitteln***
				2	***Systemkomplexität einordnen***
		4	Geschäftsmodell entwerfen	1	***Geschäftsfeld definieren***
				2	***Akteure und Rollen definieren***
				3	***Kundenprozesse definieren***
				4	***Leistungsprozesse definieren***
				5	***Marktleistungskatalog ableiten***
				6	***Geschäftsnetzwerk entwerfen***
	Prozess- und Systemkonzeption	5	Ist-Aufnahme durch[führen]	1	Geschäftsprozesse aufnehmen
				2	Vorhandene IT-Umwelten transparent abbilden
				3	Marktrecherche zu MAS-Technologien durchführen
				4	Anforderungskatalog erstellen
		6	Soll-Konzept definieren	1	Geschäftsregeln entwerfen
				2	Zukünftige Geschäftsprozesse ausarbeiten
				3	Agentensystem konzipieren
				4	Kommunikation und Schnittstellen konzipieren
				5	Nutzeroberflächen konzipieren
				6	Fahrzeugclient konzipieren
				7	Simulationsumgebung konzipieren
				8	Prozess- und Systemlastenheft erstellen
			Gesamtkonzept validieren	1	***Lastenheft ausschreiben***
				2	***Wirtschaftlichkeitsvergleich durchführen***
4	Realisierung	8	Gesamtkonzept umsetzen	1	Agentensystem entwickeln
				2	Schnittstellen anpassen
				3	Nutzeroberflächen und Fahrzeugclient entwickeln
				4	Fahrzeugkommunikation anpassen
				5	Simulationsmodell entwickeln
		9	Gesamtkonzept implementieren	1	System in Testumgebung installieren und integrieren
				2	System verifizieren, simulieren, justieren und optimieren
				3	***Prozess- und Systemschulungen durchführen***
				4	***Prozesse und Systeme produktiv schalten***
5	Nachhaltigke[it]		Controlling der Geschäftsregeln und -prozesse	1	SOLL-IST-Werte erheben
				2	Analyse durchführen und Korrekturmaßnahmen einleiten

Quelle: Eigene Darstellung

Auch bei diesem Abgleich kann konstatiert werden, dass die aufgestellten AnfoBAST durch das VoMoBAST berücksichtigt werden. Die geforderten Aktivitäten und Schritte sind aufgenommen und mit den vorhandenen Elementen verbunden und vereinheitlicht. Die Forschungslücke ist hinsichtlich des Vorgehensmodells geschlossen.

4.4.1.3 Bewertung des Lückenschlusses im MethoBAST

Als letzte Komponente des Übertragungsansatzes wird das Methodenset hinsichtlich des AnfoBAST untersucht. Hierbei wird in der folgenden Abbildung 79 noch einmal komprimiert die AnfoBAST, welche im Kapitel 3.5 in Tabelle 8 zusammengefasst wurden, dargestellt und im Ergebnisdokument MethoBAST gemäß Kapitel 4.3, Abbildung 74 kenntlich zugeordnet.

Es kann festgestellt werden, dass das MethoBAST die gestellten AnfoBAST berücksichtigt. Alle aufgeführten Bedarfe finden sich neuen Kernmethodenset wieder, sodass auch in dieser Betrachtung die Forschungslücke geschlossen ist.

Nachdem abschließend der Zusammenhang zwischen den AnfoBAST und den entsprechenden Ergebnisdokumenten zum BAST hergestellt wurde, werden im nun folgenden Kapitel weitere kritische Auseinandersetzungen mit dem entwickelten BAST vollzogen und mögliche weitere Forschungsbedarfe eruiert.

Abbildung 79: Abgleich AnfoBAST zum Methodenset mit Ergebnisdokument MethoBAST

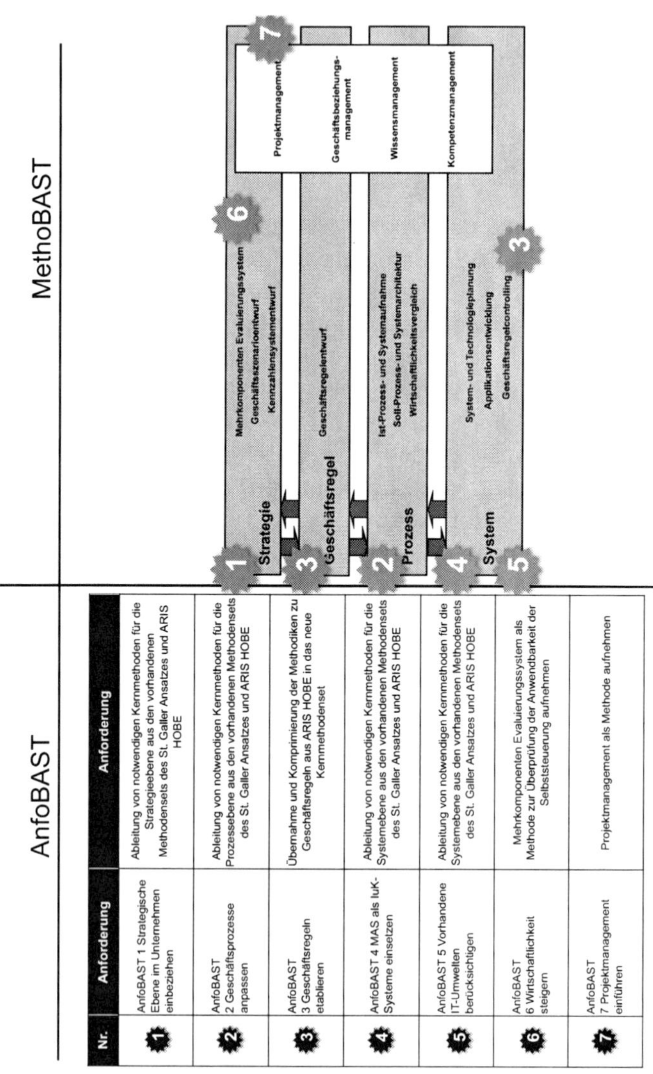

Nr.	Anforderung	Anforderung
1	AnfoBAST 1 Strategische Ebene im Unternehmen einbeziehen	Ableitung von notwendigen Kernmethoden für die Strategieebene aus den vorhandenen Methodensets des St. Galler Ansatzes und ARIS HOBE
2	AnfoBAST 2 Geschäftsprozesse anpassen	Ableitung von notwendigen Kernmethoden für die Prozessebene aus den vorhandenen Methodensets des St. Galler Ansatzes und ARIS HOBE
3	AnfoBAST 3 Geschäftsregeln etablieren	Übernahme und Komprimierung der Methodiken zu Geschäftsregeln aus ARIS HOBE in das neue Kernmethodenset
4	AnfoBAST 4 MAS als IuK-Systeme einsetzen	Ableitung von notwendigen Kernmethoden für die Systemebene aus den vorhandenen Methodensets des St. Galler Ansatzes und ARIS HOBE
5	AnfoBAST 5 Vorhandene IT-Umwelten berücksichtigen	Ableitung von notwendigen Kernmethoden für die Systemebene aus den vorhandenen Methodensets des St. Galler Ansatzes und ARIS HOBE
6	AnfoBAST 6 Wirtschaftlichkeit steigern	Mehrkomponenten Evaluierungssystem als Methode zur Überprüfung der Anwendbarkeit der Selbststeuerung aufnehmen
7	AnfoBAST 7 Projektmanagement einführen	Projektmanagement als Methode aufnehmen

Quelle: Eigene Darstellung

4.4.2 Kritische Auseinandersetzung hinsichtlich des BASTs und Ableitung weiterer Forschungsbedarfe

In diesem Kapitel wird der entwickelte BAST auf mögliche weitere Forschungsbedarfe hin untersucht, da während des Entstehungsprozesses des Übertragungsansatzes inhaltliche Ausschlüsse aufgrund der Themenfokussierung vorgenommen wurden, welche die Anwendung einschränken können. In den nun folgenden Abschnitten sollen die wesentlichen Ausschlüsse in einer kurzen Beschreibung zusammenfasst werden.

4.4.2.1 Eingrenzung des logistischen Systems und der zu betrachtenden Akteure

Aufgrund der Fokussierung des BASTs auf die Anwendung im Straßengüterverkehr ist die Übertragbarkeit auf weitere Teile des logistischen Systems, deren Akteure und logistische Prozesse zu prüfen, etwa die Produzenten oder Lieferanten. Hierin besteht ein weiterer Forschungsbedarf, der auf die Übertragung auf weitere Ausschnitte des logistischen Systems hinweisst.[553]

4.4.2.2 Übertragung auf andere Verkehrsträger und mehrgliedrige Transportketten

Im Rahmen des Forschungsprojekts AMATRAK wurde im Arbeitspaket 510 „Überprüfung Einbindung Intermodaler Verkehr“ eine Diplomarbeit unter dem Titel „Analyse der Potenziale von Multiagentensystemen zur Optimierung der Planung und Steuerung multimodaler Transportketten am Beispiel der STUTE Verkehrs-GmbH“ erstellt. Es wurde untersucht, inwieweit Selbststeuerungssysteme bei intermodalen Verkehren wertschöpfend eingesetzt werden können. Dabei sind die Erweiterungssze-

553 Vgl. Kapitel 2.1.1, Kapitel 2.2.2 und Kapitel 2.2.3.

narien des MAS AMATRAK entwickelt und bewertet worden. Diese Szenarien können mit dem BAST weiterentwickelt werden.[554]

4.4.2.3 Anwendung im Verbundverkehr

Der BAST berücksichtigt zwar die Unterscheidung im Einsatz von Eigen- und Fremdfuhrpark, jedoch sind Grenzen bezüglich des Einsatzes in den Verbundleistungsprozessen vorhanden.[555] In Verbundverkehren spielt die informationstechnische standardisierte Einbindung der Fremdkapazitäten in den Echtzeitinformationsfluss für die Planung eine wesentliche Herausforderung. Die Standardisierung kann aufgrund der Verbundstruktur nur schwer durchgängig vorgegeben werden, da die Akteure sehr unterschiedliche IT-Umwelten einbringen und volatil hinsichtlich ihres Tätigkeitseinsatzes sind. Der Durchgriff auf die Subunternehmer aus dem Spotmarkt kann nicht ganzheitlich gewährleistet werden. Hieraus ergeben sich weiterführende Bedarfe und Ansätze.

4.4.2.4 Komplexität hinsichtlich der Aggregatekombination der Transportressourcen

Eine Zunahme der Komplexität in der Prozessgestaltung entsteht durch die Entkopplung von Fahrer, Maschine und Transportgefäß. Bei AMATRAK wurden die Prozesse aus eingliedrigen unimodalen Transportketten als Teil- und Ganzladungsverkehre bei nahezu starren Kopplungen der Aggregate und Ressourcen modelliert. Jedoch können nicht nur Fahrer, Maschine und Auflieger als ein zusammengefasstes Aggregat abgebildet werden, sondern alle drei Ressourcen einzeln: ein Fahreragent, ein Zugmaschinenagent sowie ein Aufliegeragent. Hier ist als weiterer Forschungsbedarf zu erwarten.

---

554 Vgl. Schmeltzpfenning, K. (2010), S.98ff.

555 Im Verbundverkehr sind Kurier-/Express-/Paket-(KEP) und Brief-Dienstleister tätig. Sie erbringen ihre Leistung nicht einzeln, sondern im Verbund miteinander und in Form von Verbundleistung. Dabei treffen viele unterschiedliche eigenständige Unternehmen aufeinander, die für einen Kunden die Dienstleistung in Summe erbringen. vgl. Stölzle, W.; Fagagnini, H. P. (2010), S.31-32.

4.4.2.5 Ausgestaltung der technischen IT-Komponenten

Aufgrund der Fokussierung auf einen betriebswirtschaftlichen Ansatz sind informationstechnische Beschreibungen, wie die Konkretisierung der Business Rule Engine, nur oberflächlich vorgenommen worden. Die konkrete Entwicklung der Applikationen und Schnittstellen kann noch konkrekter beschrieben werden. Auch hier sind zur praktischen Umsetzung weitere Ausgestaltungen möglich.

4.5 Zwischenfazit

Das vierte Kapitel greift die abgeleiteten Forschungslücken und die zusammengestellten AnfoBAST auf und entwickelt die Komponenten eines Übertragungsansatzes Metamodell, Vorgehensmodell und das Methodenset so weiter, dass im Ergebnis das MeMoBAST, VoMoBAST und MethoBAST entstehen.

Als erstes Ergebnis wird das MeMoBAST konstruiert, welches als zusätzliche vierte Ebene die Geschäftsregel aufnimmt und weitere Gestaltungsobjekte in die Ebenen Strategie, Prozess und System integriert und vereinheitlicht.

Dabei beschränkt sich die Darstellung auf die aggregierten Metamodelle mit deren Gestaltungsobjekten und Beziehungen (vgl. Kapitel 4.1).

Daran anschließend wird eine umfassende Entwicklung des VoMoBASTs mit seinen Phasen, Aktivitäten und Schritten vorgenommen. Um zunächst einheitliche Phasen abzuleiten, werden die Vorgehensmodelle des St. Galler-Ansatzes und des ARIS HOBE-Ansatzes miteinander kombiniert. Als Ergebnis entsteht ein 5-Phasen-Modell mit den Abschnitten Projektvorbereitung, Geschäftsszenario, Prozess- und Systemkonzeption, Realisierung und Nachhaltigkeit. Die Aktivitäten und Schritte zu den einzelnen Phasen werden detailliert erläutert und mit Praxisbeispielen untermauert. Dabei werden die Ergebnisdokumente des Forschungsprojekts AMATRAK eingebunden. Das entwickelte Vorgehensmodell wird mithilfe des Meilensteinplans AMATRAK und dessen Arbeitspaketen auf Vollständigkeit und Richtigkeit überprüft (vgl. Kapitel 4.2).

Die Entwicklung des MethoBAST beginnt ebenfalls mit der Zusammenstellung der vorhandenen Methoden der BE-Ansätze St. Gallen und ARIS HOBE. Es erfolgt eine Bündelung zu Kernmethoden, sodass inhaltliche Dopplungen eliminiert werden. Die detaillierten Erläuterungen der Kapitel 3.3.3, 3.4.3 und 3.4.4 unterstützen diese inhaltliche Komprimierung der Methoden. Die Methoden des so erstellten MethoBAST werden den Aktivitäten des zuvor entwickelten VoMoBASTs zugeordnet. So erfolgt die Kontrolle, dass jede Aktivität methodisch unterstützt wird. Danach erfolgt die Zuordnung der Methoden des MethoBASTs auf die Ebenen des Unternehmens, um die Konsistenz der Modellelemente sicherzustellen (vgl. Kapitel 4.3).

Als kritische Auseinandersetzung, Ausblick und Ableitung weiterer Forschungsbedarfe werden die während der Arbeit vorgenommenen wesentlichen Eingrenzungen und Ausschlüsse nochmals komprimiert gelistet und kommentiert. Mögliche Entwicklungsbedarfe werden aufgezeigt (vgl. Kapitel 4.4).

5 Zusammenfassung

Aufgrund der aktuellen und zukünftigen Entwicklungen in der Transportlogistik werden die Ansprüche an leistungsfähigere Planungs- und Steuerungssysteme immer größer. Die durch die steigenden Ansprüche an die zu erbringende Dienstleistung stetig zunehmende Komplexität sorgt dafür, dass die heutigen Maßnahmen und informationstechnischen Lösungsansätze an ihre Grenzen stoßen. Um auch zukünftig am Markt erfolgreich zu sein, bedarf es der Anwendung innovativer Transportkonzepte, die sich dieser Problemstellung stellen, annehmen und die unternehmerische Effizienz steigern.

Das Ziel dieser Arbeit besteht darin, einen betriebswirtschaftlichen Ansatz für die Übertragung und die Anwendung von Selbststeuerungssystemen in der Transportlogistik zu entwickeln (BAST). Um diesen Ansatz zu generieren, werden zunächst allgemeine Grundlagen zu den Begriffen Prozess, System und Modell vermittelt.

Prozesse spielen in Planungs- und Steuerungssystemen eine essenzielle Rolle. Um die konkreten Ansatzpunkte zu manifestieren, bei welchen Prozessen Veränderungen stattfinden, und um die Wirkung von Prozessveränderungen besser planen zu können, wird der Begriff funktional und hierarchisch kategorisiert.

Gleiches gilt für den Begriff *System*. Prozesse finden zwischen Akteuren innerhalb eines Systems statt. Es wird erläutert, wie Systeme aufgebaut sind und aus welchen Bestandteilen sich ein System formen kann. Darauf folgend, wird anhand von Systemstrukturen und Systemverhalten der Begriff der Komplexität hergeleitet.

Um die Komplexität in Systemen beherrschbar zu gestalten, werden Systeme als *Modelle* abgebildet. Realitäten können so modelliert werden. Entsprechend wird der Begriff Modell charakterisiert, um im Anschluss daran die Herangehensweisen vorzustellen, um Modelle bilden zu können. Dabei werden sogenannte Modellierungssprachen verwendet. Eine etablierte und auch im späteren Verlauf der Arbeit immer wieder angewandte Modellierungssprache, die Unified Modeling Language (UML), wurde in diesem Zusammenhang detaillierter vorgestellt.

Ausgehend von diesen Grundlagen, wird nun der Transportlogistikbegriff charakterisiert und inhaltlich eingeordnet. Dazu werden die *Umwelten, Akteure und Ziele der Transportlogistik* vorgestellt. Diese Fokussierung ist notwendig, da sich die im folgenden Kapitel dargestellten zukünftigen Herausforderungen auf den gewerblichen Straßengüterverkehr fokussieren und nicht auf die vollumfassende Logistikbranche.

Die zukünftigen Herausforderungen führen zu einer stetigen *Erhöhung der Komplexität in der Leistungserbringung*. Bei der Beschreibung der Komplexitätsentwicklung wird sich insbesondere auf die Treiber Güterverkehrsleistung, demografischer Wandel, ökologische Rahmenbedingungen und Ansprüche an die Logistikziele konzentriert. Ausgehend von diesen Entwicklungen, werden der Einsatz und die Grenzen der heutigen Planungs- und Steuerungssystemen bei der Bewältigung der Aufgaben dargestellt. Dies stellt die Ausgangslage für die Notwendigkeit dar, neue Planungs- und Steuerungssysteme zu implementieren. Die Anwendung von Selbststeuerungssystemen, die aufgrund ihres Aufbaus und ihrer Funktionsweise komplexitätsreduzierend wirken, kann eine mögliche Lösung darstellen.

Fortfolgend wird der Stand der Wissenschaft hinsichtlich der *Anwendung von Selbststeuerungssystemen in der Transportlogistik* geschildert. Zunächst wird der Begriff der Selbststeuerung erläutert. Anschließend werden drei ausgewählte Selbststeuerungssysteme grob beschrieben. Dabei kann festgestellt werden, dass *Multiagentensysteme (MAS)*, als eines der Hauptgebiete bei der Forschung über verteilte künstliche Intelligenz (VKI), bereits in der Produktionslogistik erfolgreich angewendet werden. Somit kann konstatiert werden, dass es sich bei der Anwendung von Selbststeuerungssystemen in der Logistik im Allgemeinen um kein neues Forschungsthema handelt, sondern konkrete Anwendungen, wenn auch nicht in der Transportlogistik, vorhanden sind.

Der Lückenschluss zur zukünftigen Anwendung in der Transportlogistik erfolgt durch das *Forschungsprojekt AMATRAK*, welches im Rahmen „Intelligente Logistik im Güter- und Wirtschaftsverkehr" durch das Bundesministerium für Wirtschaft (BMWi) in der Zeit von 2007 bis 2011 gefördert wurde. Das Ziel des Verbundprojekts liegt in der Verkehrsvermeidung und effizienteren Fahrzeugauslastung in der Beschaffungs- und Distributionslogistik auf Basis des Einsatzes von MAS. Die Inhalte und das Vorgehen werden entsprechend veranschaulicht.

Um den Transfer von wissenschaftlich erprobten Selbststeuerungssystemen in die Praxis durchführen zu können, ist ein *ganzheitlicher Übertragungsansatz* unerlässlich. Dazu werden zunächst die Merkmale und Komponenten eines Übertragungsansatzes vorgestellt, im Einzelnen *Metamodell, Vorgehensmodell und Methodenset*. Ausgehend von dieser Definition, werden die notwendigen Anforderungen aufgestellt, die der BAST erfüllen muss. Hierzu wurden 10 Erfordernisse formuliert, die der neue BE-Ansatz unterstützen sollte, und als *Anforderungen an einen betriebswirtschaftlichen Ansatz zur Übertragung und Anwendung von Selbststeuerungssystemen in der Transportlogistik (AnfoBAST)* zusammengefasst.

Das *Business Engineering (BE)* als interdisziplinäre Methoden- und Konstruktionslehre liefert mögliche bestehende Übertragungsansätze. Fortfolgend wird das BE im Detail vorgestellt. Der Aufbau, die Quellen und Inhalte werden erläutert. Innerhalb des BEs existieren jedoch unterschiedliche Ansätze zum Transfer von Konzepten, wobei nur zwei Ansätze als ganzheitliche Übertragungsansätze in der Literatur beschrieben werden. Diese beiden Ansätze sind *„St. Galler Ansatz des Business Engineerings“ und „ARIS – House of Business Engineering“*. Beide Ansätze werden detailliert präsentiert, wobei insbesondere auf die drei Komponenten Metamodell, Vorgehensmodell und Methodensets fokussiert wird.

Der Abgleich der BE-Ansätze mit den zuvor aufgestellten AnfoBAST führt zu Lücken in der Erfüllung der Anforderungen durch die Komponenten. Diese sogenannte *Forschungslücke* wird ausführlich herausgearbeitet und die Anpassungsbedarfe hinsichtlich der drei Methodenkomponenten Metamodell, Vorgehensmodell und Methodenset tabellarisch zusammengestellt.

Die Anpassungsbedarfe der drei Komponenten eines Übertragungsansatzes werden fortfolgend abgearbeitet. Dabei entstehen das „Metamodell des betriebswirtschaftlichen Ansatzes zur Übertragung und Anwendungen von Selbststeuerungssystemen in der Transportlogistik“ *(MeMoBAST)*, das „Vorgehensmodell des betriebswirtschaftlichen Ansatzes zur Übertragung und Anwendungen von Selbststeuerungssystemen in der Transportlogistik“ *(VoMoBAST)* sowie ein an die Belange angepasstes Methodenset *(MethoBAST)*. Alle Komponenten werden mit praktischen Beispielen untermauert, um die Anwendung und Wirkungsweise zu veranschaulichen. Dabei fließt, insbesondere bei der Erstellung der Schrittfolge des VoMoBASTs, der Meilensteinplan des Forschungsprojekts AMATRAK ein, da der Meilensteinplan bereits erfolgreich in der Praxis angewendet wurde. Er ist jedoch unvollständig und muss erweitert werden.

Abschließend wird sich kritisch mit dem entwickelten BAST auseinandergesetzt und weitere mögliche Forschungsbedarfe abgeleitet, die sich insbesondere aus den vorgenommenen inhaltlichen Ausschlüssen und thematischen Fokussierungen ergeben.

Dem Autor der vorliegenden Arbeit ist bewusst, dass aufgrund der Vielschichtigkeit der möglichen Anwendungsfälle nicht alle Aspekte berücksichtigt wurden. An den eingrenzenden Stellen wird auf den Bereich der Transportlogistik fokussiert. Hierin besteht auch der weitere Forschungsbedarf hinsichtlich der Verallgemeinerung und breiteren Anwendung. Der *Mehrwert der Arbeit* liegt in der konkreten Bereitstellung eines betriebswirtschaftlichen ganzheitlichen Übertragungsansatzes. Die Arbeit liefert ein strukturiertes Metamodell, das übersichtlich die möglichen Gestaltungsobjekte beschreibt, ein Vorgehensmodell, das die Phasen, Aktivitäten und Schritte formuliert, um Selbststeuerungssysteme erfolgreich in die Praxis zu transferieren, sowie ein Methodenset, das auf das Vorhaben abgestimmt ist. Mit entsprechenden Anwendungsbeispielen und konkreten Ergebnisdokumenten wird die *Übertragung in die Praxis* veranschaulicht und erleichtert.

Literaturverzeichnis

Abele, Erwin (2002): Transportlogistik. Praxislösungen für Verlader und Logistikdienstleister. Kissing: WEKA Media (WEKA-Praxislösungen).

Aberle, Gerd (2003): Transportwirtschaft. Einzelwirtschaftliche und gesamtwirtschaftliche Grundlagen. 4., überarb. und erw. Aufl. München: Oldenbourg (Wolls Lehr- und Handbücher der Wirtschafts- und Sozialwissenschaften).

Ackermann, Jörg (2007): Modellierung, Planung und Gestaltung der Logistikstrukturen kompetenzzellenbasierter Netze.

Adam, Dietrich (1998): Komplexitätsmanagement. Wiesbaden: Gabler (Schriften zur Unternehmensführung, 61).

Ahlemeyer, Heinrich W. (1998): Komplexität managen. Strategien, Konzepte und Fallbeispiele. Frankfurt am Main: Frankfurter Allgemeine [u.a.].

Alhir, Sinan Si (1998): UML in a nutshell. A desktop quick reference. 1. ed. Beijing: O'Reilly (A Nutshell handbook).

Alisch, Katrin (2005): Gabler Wirtschafts-Lexikon. 16., vollst. überarb. und aktualisierte Aufl., ungekürzte Wiedergabe der Orig.-Ausg. 2004. Wiesbaden: Gabler.

Allweyer, Thomas (1998): Adaptive Geschäftsprozesse. Rahmenkonzept und Informationssysteme. Wiesbaden: Gabler (Schriften zur EDV-orientierten Betriebswirtschaft).

Alt, Rainer (2008): Überbetriebliches Prozessmanagement: Gestaltungsalternativen und Vorgehen am Beispiel integrierter Prozessportale.

Arendt, Frank (2002): Innovative IT-Konzepte für die Logistik. Ein generisches Datenmodell für die Unterstützung der operativen Kooperation in der Transportlogistik. Bremen: ISL.

Arnold, Dieter (2008): Handbuch Logistik. 3., neu bearb. Aufl. Berlin: Springer (VDI-[Buch]).

Bach, Volker (1997): Rechnerunterstützung für den Entwurf von Geschäftsprozessen. Anwendungen, Auswahl und Entwicklung von BPR-Tools.

Baetge, Jörg (1974): Betriebswirtschaftliche Systemtheorie. Regelungstheoretische Planungs-Überwachungsmodelle für Produktion, Lagerung und Absatz. Opladen: Westdt. Verl. (Moderne Lehrtexte;Wirtschaftswissenschaften, 6).

Baluch, Issa; Schäfer, Kerstin (2006): Transport Logistik in Geschichte, Gegenwart und Zukunft. Hamburg: Dt. Verkehrs-Verl. (DVZ Wissen).

Baumgarten, Helmut (2001): Logistik im E-Zeitalter. Die Welt der globalen Logistiknetzwerke. 1. Aufl. Frankfurt am Main: Frankfurter Allg. Zeitung Verl.-Bereich Buch (E-Business).

Baumöl, Ulrike (2008): Change Management in Organisationen. Situative Methodenkonstruktion für flexible Veränderungsprozesse. 1. Aufl. Wiesbaden: Gabler (Gabler Edition Wissenschaft).

Baumöl, Ulrike; Österle, Hubert; Winter, Robert (2005): Business Engineering in der Praxis. Mit 9 Tabellen. 1. Aufl. Berlin: Springer (Business Engineering).

Bea, Franz Xaver; Göbel, Elisabeth (2006): Organisation. Theorie und Gestaltung. 3., neu bearb. Aufl. Stuttgart: Lucius & Lucius (Grundwissen der Ökonomik;Betriebswirtschaftslehre, 2077).

Becker, Jörg (2008): Prozessmanagement. Ein Leitfaden zur prozessorientierten Organisationsgestaltung. 6., überarb. und erw. Aufl. Berlin: Springer.

Beer, Christoph de (2008): Untersuchung der Dynamik von selbststeuernden Prozessen in produktionslogistischen Systemen anhand ereignisdiskreter Simulationsmodelle. Berlin: GITO-Verl. (Schriftenreihe: Informationstechnische Systeme und Organisation von Produktion und Logistik, 9).

Bender, Klaus (2005): Embedded Systems. Qualitätsorientierte Entwicklung. Berlin: Springer.

Benz, Roger (2001): Entwurf überbetrieblicher Prozessnetzwerke.

Bichler, Klaus; Schröter, Norbert (2000): Praxisorientierte Logistik. 2., überarb. und erw. Aufl. Stuttgart: Kohlhammer.

Blecker, Thorsten; Kaluza, Bernd (2004): Heterarchische Hierarchie. Ein Organisationsprinzip flexibler Produktionssysteme. Klagenfurt: Inst. für Wirtschaftswiss. (Diskussionsbeiträge // Universität Klagenfurt, Institut für Wirtschaftswissenschaften, 2004/01).

Blessing, Dieter (2001): Content Management für das Business Engineering. Fallbeispiele, Modelle und Anwendungen für das Wissensmanagement bei Beratungsunternehmen.

Bliss, Christoph (2000): Management von Komplexität. Ein integrierter, systemtheoretischer Ansatz zur Komplexitätsreduktion. Wiesbaden: Gabler (Schriftenreihe Unternehmensführung und Marketing, 35).

Böhm, Rolf; Fuchs, Emmerich; Pacher, Gerhard (1993): System-Entwicklung in der Wirtschafts-Informatik. Zürich: vdf.

Bolbrinker, Artur (2007): Stahl-Logistik. Rheinbach: Union Betriebs-GmbH.

Boldt, Oliver (2009): Unternehmensübergreifendes Qualitätsmanagement für korridorbezogene Kombinierte Güterverkehre SchieneStraße. Konzeptionelle Entwicklung eines Gestaltungsansatzes und erste Ergebnisse zur praktischen Umsetzung. 1. Aufl. Lohmar: Eul.

Bonabeau, E. (2010): Swarm Intelligence Theory: A Snapshot of the State of the Art. In: Theoretical Computer Science, Jg. 2010, H. 411/21, S. 2081–2083.

Brodersen, Ole Björn (2008): Eignung schwarmintelligenter Verfahren für die betriebliche Entscheidungsunterstützung. Untersuchungen der Particle Swarm Optimization und Ant Colony Optimization anhand eines stochastischen Lagerhaltungs- und eines universitären Stundenplanungsproblems. 1. Aufl. Göttingen: Cuvillier (Göttinger Wirtschaftsinformatik, 60).

Brüggemann, Ulrike (2009): Modellierung der Alltagsorganisation. Ein psychologisch basiertes Agentenmodell zur Erzeugung der Verkehrsnachfrage. Bamberg: Univ. of Bamberg Press (Schriften aus der Fakultät Humanwissenschaften der Otto-Friedrich-Universität Bamberg, Bd. 2).

Buchholz, Peter (2009): Große Netze der Logistik. Die Ergebnisse des Sonderforschungsbereichs 559. Berlin: Springer.

Bullinger, Hans-Jörg; Hompel, Michael ten (2007): Internet der Dinge. Www.internet-der-dinge.de. Berlin: Springer.

Cooke, Steve; Slack, Nigel (1984): Making management decisions. Englewood Cliffs: Prentice-Hall Internat.

Cuadrado-Roura, Juan R.; Rubalcaba-Bermejo, Luis; Bryson, J. R. (2002): Trading services in the global economy. Cheltenham: Elgar.

Dahm, Markus (2006): Grundlagen der Mensch-Computer-Interaktion. München: Pearson Studium (Informatik;Software-Ergonomie).

Derungs, Marc (1997): Workflowsysteme zur Prozessumsetzung.

Dignum, Virginia (2009): Handbook of research on multi-agent systems. Semantics and dynamics of organizational models. Hershey Pa.: Information Science Reference.

Dombrowski, Uwe; Zahn, Thimo; Schulze, Sven (2008): Alternde Belegschaften – Bereits heute für morgen planen. In: Zeitschrift für wirtschaftlichen Fabrikbetrieb, Jg. 2008, H. 5, S. 290–294.

Douglass, Bruce Powel (2007): Real time UML. Advances in the UML for real-time systems ; [covers UML 2.0]. 3. ed., [Nachdr.]. Boston: Addison-Wesley (The Addison-Wesley object technology series).

Dunin-K¸eplicz, Barbara; Verbrugge, Rineke (2010): Teamwork in multi-agent systems. A formal approach. Chichester: Wiley (Wiley series in agent technology).

Dürholt, Harald (2007): Konzeption eines Vorgehensmodells für die Durchführung von prozessorientierten PLM-Projekten in mittelständischen Unternehmen.

Elmasri, Ramez A.; Navathe, Shamkant B.; Shafir, Angelika (2009): Grundlagen von Datenbanksystemen. Bachelorausg., 3., aktualisierte Aufl. München: Pearson Studium (IT - Informatik).

Endl, Rainer (2004): Regelbasierte Entwicklung betrieblicher Informationssysteme. Gestaltung flexibler Informationssysteme durch explizite Modellierung der Geschäftslogik. Univ., Diss.--Bern, 2004. Köln: Eul (Reihe, 45).

Engelbrecht, Andries P. (2007): Computational intelligence. An introduction. 2. ed. Chichester: Wiley.

Engelhardt-Nowitzki, Corinna; Krenn, Barbara; Nowitzki, Olaf (2008): Praktische Anwendung der Simulation im Materialflussmanagement. Erfolgsfaktoren und Implementierungsszenarien. 1. Aufl. Wiesbaden: Gabler Verlag / GWV Fachverlage GmbH Wiesbaden (Gabler Edition Wissenschaft;Leobener Logistik Cases).

Falk, Jürgen (1995): Ein Multi-Agentensystem zur Transportplanung und -steuerung bei Speditionen mit Trampverkehr. Entwicklung und Vergleich mit zentralisierten Methoden und menschlichen Disponenten. Sankt Augustin: Infix.

Ferstl, Otto K. (1979): Konstruktion und Analyse von Simulationsmodellen. Königstein/Ts.: Hain (Beiträge zur Datenverarbeitung und Unternehmensforschung, 22).

Ferstl, Otto K.; Sinz, Elmar J. (2008): Grundlagen der Wirtschaftsinformatik. 6., überarb. und erw. Aufl. München: Oldenbourg.

Fischer, Herbert; Fleischmann, Albert; Obermeier, Stefan (2006): Geschäftsprozesse realisieren. Ein praxisorientierter Leitfaden von der Strategie bis zur Implementierung. Wiesbaden: Friedr.Vieweg & Sohn Verlag/GWV Fachverlage GmbH Wiesbaden.

Fischer, Peter; Hofer, Peter (2008): Lexikon der Informatik. 14., überarb. Aufl. Berlin: Springer.

Fleisch, Elgar; Mattern, Friedemann (2005): Das Internet der Dinge. Ubiquitous computing und RFID in der Praxis: Visionen, Technologien, Anwendungen, Handlungsanleitungen ; mit 21 Tabellen. Berlin: Springer.

Franke, Jörg; Merhof, Jochen; Hopfensitz, Sebastian (2010): Einsatz von dezentralen Multiagentensystemen. Komplexitätsbeherrschung bei der Produktionsplanung und -steuerung. In: Zeitschrift für wirtschaftlichen Fabrikbetrieb, Jg. 2010, H. 12, S. 1075–1078.

Gadatsch, Andreas (2005): Grundkurs Geschäftsprozess-Management. Methoden und Werkzeuge für die IT-Praxis ; eine Einführung für Studenten und Praktiker. 4., erw. Aufl. Wiesbaden: Vieweg (Aus dem Bereich IT erfolgreich lernen).

Gavirey, Sylvie (2007): Dezentrale Veränderungen in Unternehmen. Potenziale und Grenzen lokaler Maßnahmen für organisatorisches Lernen. Berlin: GITO-Verl. (Informationstechnische Systeme und Organisation von Produktion und Logistik, 5).

Gerloff, Edwin A. (1985): Organizational theory and design. A strategic approach for management. New York: McGraw-Hill (McGraw-Hill series in management).

Gierth, Andreas (2009): Beurteilung der Selbststeuerung logistischer Prozesse in der Werkstattfertigung. Aachen: Shaker (Schriftenreihe Rationalisierung und Humanisierung, 95).

Gnatz, Michael Andreas Josef (2005): Vom Vorgehensmodell zum Projektplan.

Gomez, Peter; Zimmermann, Tim (1993): Unternehmensorganisation. Profile, Dynamik, Methodik. 2., rev. und erw. Aufl. Frankfurt: Campus-Verl. (St. Galler Management-Konzept, 3).

Göpfert, Ingrid (2009): Logistik der Zukunft - Logistics for the future. 5., aktualisierte und überarb. Aufl. Wiesbaden: Gabler.

Grebe, Paul; Drosdowski, Günther (c1963 [ersch] 1974): Duden Etymologie. Herkunftswörterbuch der deutschen Sprache. Mannheim: Dudenverl. (Der große Duden in 10 Bänden, / hrsg. vom Wissenschaftlichen Rat der Dudenredaktion: Günther Drosdowski ... ; Bd. 7).

Grünauer, Karl Maria (2001): Supply chain management. Architektur, Werkzeuge und Methode.

Grünen, Jan (2012): Supply Chain im Paket. In: LT Manager, Jg. 2012, H. 4, S. 57–59.

Gumm, Heinz-Peter; Sommer, Manfred; Hesse, Wolfgang (2006): Einführung in die Informatik. 7., vollst. überarb. Aufl. München: Oldenbourg.

Gutzwiller, Thomas A. (1994): Das CC-RIM-Referenzmodell für den Entwurf von betrieblichen, transaktionsorientierten Informationssystemen. Heidelberg: Physica-Verl. (Betriebs- und Wirtschaftsinformatik, 54).

Haasis, Hans-Dietrich (2007): Nachhaltige Innovation in Produktion und Logistik. Frankfurt am Main: Lang (Wertschöpfungsmanagement, 1).

Haasis, Hans-Dietrich (2008): Produktions- und Logistikmanagement. Planung und Gestaltung von Wertschöpfungsprozessen ; [Bachelor-geeignet!]. 1. Aufl. Wiesbaden: Gabler.

Haasis, Hans-Dietrich; Barwig, Kai; Klein, Oliver; Wildebrand, Hendrik; Wunsch, Axel; Zimmermann, Falko et al. (2011): Gemeinsamer Schlussbericht AMATRAK. Verkehrsvermeidung durch intelligente Steuerung im Wirtschafts- und Güterverkehr auf der Basis Au- tonomer MultiAgenten TRansport Koordination im Rahmen der Forschungsinitiative „Intelligente Logistik im Güter- und Wirtschaftsverkehr" des Bundesministeriums für Wirtschaft und Technologie (BMWi).

Haasis, Hans-Dietrich; Kramer, Holger; Lemper, Burkhard (2010): Maritime Wirtschaft. Theorie, Empirie und Politik ; Festschrift zum 65. Geburtstag von Manfred Zachcial. Zachcial, Manfred (Hg.). Frankfurt am Main: Lang (Maritime Logistik, 2).

Haasis, Hans-Dietrich; Kreowski, Hans-Jörg (2008): Dynamics in logistics. First international conference, LDIC 2007, Bremen, Germany, August 2007 ; proceedings. Berlin: Springer.

Haasis, Hans-Dietrich; Landwehr, Thomas (2009): Mesologistik. Systemoptimierung am Standort und in der internationalen Kette. Bremen: Hauschild (Schriftenreihe der Kieserling-Stiftung, 4).

Häberle, Siegfried Georg (2008): Das neue Lexikon der Betriebswirtschaftslehre. München: Oldenbourg (Das neue Lexikon der Betriebswirtschaftslehre, : Kompendium und Nachschlagewerk mit 200 Schwerpunktthemen, 6.000 Stichwörtern, 2.000 Literaturhinweisen sowie 1.300 Internetadressen / hrsg. von Siegfried G. Häberle ; Bd. [1]).

Hamacher, Werner; Pape, Detlef F. (1991): Effiziente PPS-Einführung. Voraussetzung für zukunftssichere Mittelbetriebe ; Anforderungen - Praxisbeispiel - Checklisten. Köln: Verl. TÜV Rheinland (Unternehmenskybernetik - Praxiswissen für Unternehmer und Führungskräfte).

Hansen, Hans Robert; Neumann, Gustaf (2009): Grundlagen und Anwendungen. 10., völlig neu bearb. und erw. Aufl. Stuttgart: Lucius & Lucius (UTB für Wissenschaft;Uni-Taschenbücher, 2669).

Häuslein, Andreas (2004): Systemanalyse. Grundlagen, Techniken, Notierungen. Berlin: VDE-Verl.

Heidrich, Joachim (2004): Implementierung von Supply-Chain-Management-Systemen in der Stahlindustrie. Konzept zur Generierung von Schnittstellen zwischen den einzelnen Ebenen hierarchischer Planungssysteme sowie dem Legacy-System. Berlin: Techn. Univ.

Heinen, Edmund; Dietel, Bernhard (1991): Industriebetriebslehre. Entscheidungen im Industriebetrieb. 9., vollständig neu bearb. und erw. Aufl. Wiesbaden: Gabler (Gabler-Lehrbuch).

Heinrich, Lutz Jürgen (1993): Wirtschaftsinformatik. Einführung und Grundlegung. München: Oldenbourg (Wirtschaftsinformatik).

Heinrich, Gert (2007): Allgemeine Systemanalyse. München: Oldenbourg (Wirtschaftsinformatik kompakt).

Heinrich, Lutz Jürgen; Heinzl, Armin; Roithmayr, Friedrich (2004): Wirtschaftsinformatik-Lexikon. Mit etwa 4000 Stichwörtern und 3700 Verweisstichwörtern, einem Anhang deutsch-, englisch- und französischsprachiger Abkürzungen und Akronyme, einschlägiger Fachzeitschriften und Lehr- und Forschungseinrichtungen, Verbände und Vereinigungen sowie einem englischsprachigen und einem deutschsprachigen Index. 7., vollst. überarb. und erw. Aufl. München: Oldenbourg.

Heise, Brigitte (2007): Internationale Logistikdienstleister. Strategien und Organisationsstrukturen. Saarbrücken: VDM Verl. Müller.

Herrmann, Thomas (2005): Mobile Speditionslogistikunterstützung. Schlussbericht des Verbundforschungsprojekt SpiW "Mobile Spedition im Web" ; 01.10.2001 - 30.04.2004. Aachen: Shaker (Berichte aus der Informationstechnik).

Hess, Thomas (1996): Entwurf betrieblicher Prozesse.

Hillmann, Karl-Heinz; Hartfiel, Günter (2007): Wörterbuch der Soziologie. Mit einer Zeittafel. 5., vollst. überarb. und erw. Aufl. Stuttgart: Kröner.

Hoffmann, Annette (2007): Unternehmensübergreifendes Kostenmanagement in intermodalen Prozessketten. Theoretische Fundierung und erste empirische Ergebnisse. Essen, Univ., Diss.--Duisburg, 2006. Köln: Kölner Wiss.-Verl.

Höhn, Charlotte; Dorbritz, Jürgen; Birg, Herwirg; Schwarz, Karl (2007): Demographischer Wandel - Wandel der Demographie. Festschrift für Prof. Dr. Karl Schwarz. Wiesbaden: VS Verl. für Sozialwiss. (Schriftenreihe des Bundesinstituts für Bevölkerungsforschung, 37).

Höning, Frank (2009): Methodenkern des Business Engineering. Metamodell, Vorgehensmodell, Techniken, Ergebnisdokumente und Rollen.

Hune, Michael (2010): Netzwerkverträge in der Transportwirtschaft. Wirtschaftliche und rechtliche Dimensionen einer modernen Vertragsverbindung zwischen Wettbewerb und Kooperation. Berlin: wvb Wiss. Verl. (Schriften zur Rechtswissenschaft, 132).

Ickerott, Ingmar (2007): Agentenbasierte Simulation für das Supply Chain Management. 1. Aufl. Lohmar: Eul.

Janz, Oliver; Ihde, Gösta B. (2003): Integriertes Transportnetzmanagement. Angebots- und nachfrageorientierte Planung und Steuerung komplexer Transportnetze. 1. Aufl. Lohmar: Eul.

Kaiser, Thomas M. (2000): Methode zur Konzeption von Intranets.

Kaplan, Robert S.; Norton, David P.; Horváth, Péter (1997): Balanced scorecard. Strategien erfolgreich umsetzen. Stuttgart: Schäffer-Poeschel (Handelsblatt-Reihe).

Karagiannis, Dimitris; Rieger, Bodo (2006): Herausforderungen in der Wirtschaftsinformatik. Festschrift für Hermann Krallmann. Berlin, Heidelberg: Springer-Verlag Berlin Heidelberg.

Kasper, Hans; van Helsdingen, Piet; DeVries, Wouter (1999): Services marketing management. An international perspective. Chichester, West Sussex: Wiley.

Kecher, Christoph (2009): UML 2. Das umfassende Handbuch ; [UML lernen und effektiv anwenden, alle Diagramme und Notationselemente, Praxisbeispiele in C und Java]. 3., durchges. Aufl. Bonn: Galileo Press (Galileo computing).

Kernler, Helmut (2003): Logistiknetze. Mit Supply Chain Management erfolgreich kooperieren. Heidelberg: Hüthig.

Kille, Christian; Schwemmer, Martin (2012): Challenges 2012. Wie die deutsche Logistikwirtschaft das Jahr der Veränderungen meistern kann. Herausgegeben von Fraunhofer-Institut für Integrierte Schaltungen IIS. Nürnberg.

Kirchhof, Robert; Specht, Dieter (2003): Ganzheitliches Komplexitätsmanagement. Grundlagen und Methodik des Umgangs mit Komplexität im Unternehmen. 1. Aufl. Wiesbaden: Dt. Univ.-Verl. (Gabler Edition Wissenschaft;Beiträge zur Produktionswirtschaft).

Klaus, Oliver (2005): Geschäftsregeln zur Unterstützung des Supply Chain Managements. 1. Aufl. Lohmar: Eul (Reihe: Wirtschaftsinformatik, Bd. 49).

Kleuker, Stephan (2009): Grundkurs Software-Engineering mit UML. Der pragmatische Weg zu erfolgreichen Softwareprojekten. 1. Aufl. Wiesbaden: Vieweg + Teubner (Aus dem Programm Datenbanken und Softwareentwicklung).

Knopp, Erhard (2004): Ein beschreibendes Vorgehensmodell zur nachhaltigen Neupositionierung und Umstrukturierung eines KMU. Vom Standardsoftware-Produzenten zum Informationstechnologie-Dienstleistungsunternehmen. Hamburg: Kovac (Strategisches Management, 13).

Koestler, Arthur; Schoppmeier, Irmgard (1972): Die Wurzeln des Zufalls. Bern: Scherz.

Köhler, Peter T. (2006): PRINCE 2. Das Projektmanagement-Framework. Berlin, Heidelberg: Springer-Verlag Berlin Heidelberg (Xpert.press).

Kolditz, Jan (2009): Vorgehensmodell zur Erstellung von Fachkonzepten für selbststeuernde produktionslogistische Prozesse. Berlin . GITO.

Kopfer, Herbert; Jurczyk, Andrzej Jan; Krajewska, Marta Anna (2006): Speditionelle Auftragsdisposition eines mittelständischen Transporteurs. In: Internationales Verkehrswesen, H. 6, S. 275–279.

Kopfer, Herbert; Kok, A. L.; Meyer, Christoph Manuel; Schutten, J. M. J. (2010): A dynamic programming heuristic for the vehicle routing problem with time windows and European Community social legislation. In: Transportation science, H. 44, S. 442–454.

Kopfer, Herbert; Kopfer, Heiko Wieland; Xn, Wang (2011): Limit and Degree of Autonomy in Groupage Systems. Challanges, changes and barriers for horizontal cooperation in operational transportation planning. to appear in: Hülsmann, M., Scholz-Reiter, B., Windt, K. (Eds): Autonomous Cooperation and Control in Logistics, Springer-Verlag 2011.

Kopfer, Herbert; Krajewska, Marta Anna; Ehnert, Ina; Müller-Christ, Georg (2007): Konflikte in der Interaktion autonomer Entscheidungsträger. In: Industrie Management, H. 4, S. 31–33.

Kopfer, Herbert; Meyer, Christoph Manuel (2008): Lenk- und Ruhezeiten im Personen- und Güterverkehr. Vergleich der neuen Verordnung (EG) Nr. 5612006 mit der alten Verordnung (EWG) Nr. 382085. In: Internationales Verkehrswesen, H. 1/2, S. 32–34.

Kopfer, Herbert; Pankratz, Giselher; Erkens, Elmar (1994): Entwicklung eines hybriden Genetischen Algorithmus zur Tourenplanung. In: OR Spektrum, H. 16, S. 21–31.

Köppen, A. (2000): E-Busniness managen. In: Veröffentlichungen des Instituts für Wirtschaftsinformatik, H. 155.

Korf, Willy; Bleihauer, Hans-Jürgen; Lorenz, Wilhelm (2007): Zoll und Außenwirtschaft, Steuern, Versicherung, speditionelle Logistik, Gefahrgut, Kosten- und Leistungsrechnung, Informationstechnologie. 16. Aufl. Hamburg: Dt. Verkehrs-Verl. (DVZ Wissen, / Wilhelm Lorenz ; Bd. 2).

Koschke, Rainer; Herzog, Otthein; Rödiger, Karl-Heinz; Ronthaler, Marc (2007): Informatik 2007. : Informatik trifft Logistik; Beiträge der 37. Jahrestagung der Gesellschaft für Informatik e.V. (GI); 24. - 27. September 2007 in Bremen. Bonn: Ges. für Informatik (GI-Edition;Proceedings, 110).

Kotzab, Herbert (1997): Neue Konzepte der Distributionslogistik von Handelsunternehmen. Wiesbaden: Dt. Univ.-Verl. [u.a.] (Gabler-Edition Wissenschaft;Logistik und Verkehr).

Krallmann, Hermann (2007): Systemanalyse im Unternehmen. Prozessorientierte Methoden der Wirtschaftsinformatik. 5., vollst. überarb. Aufl. München: Oldenbourg.

Krampe, Horst; Lucke, Hans-Joachim (2006): Grundlagen der Logistik. Theorie und Praxis logistischer Systeme. 3., völlig neu bearb. und wesentlich erw. Aufl. München: Huss-Verl.

Krulis-Randa, Jan S. (1977): Marketing-Logistik. Eine systemtheoretische Konzeption der betrieblichen Warenverteilung und Warenbeschaffung. Bern: Haupt (Schriftenreihe des Instituts für betriebswirtschaftliche Forschung an der Universität Zürich, 21).

Kuhlin, Bernd; Thielmann, Heinz (2005): Real-Time Enterprise in der Praxis. Fakten und Ausblick. Berlin: Springer.

Kummer, Sebastian; Einbock, Marcus (2006): Einführung in die Verkehrswirtschaft. Wien: WUV Facultas (UTB;Betriebswirtschaftslehre, 8336).

Kuttler, Wilhelm; Steinecke, Karin; Fischer, Inge (1993): Handbuch zur Ökologie. Mit Beiträgen zahlreicher Fachgelehrter. 1. Aufl. Berlin: Analytica (Handbücher zur angewandten Umweltforschung, 1).

Laakmann, J. (1993): Das 3-Phasen-Konzept für die Einführung von Standard-PPS-Systemen. 2. Auflage. Aachen (Sonderdruck 2/93).

Laudon, Kenneth C.; Laudon, Jane P.; Schoder, Detlef (2010): Wirtschaftsinformatik. Eine Einführung. 2., aktualisierte Aufl. München: Pearson Studium (wi - wirtschaft).

Laux, Helmut (2007): Entscheidungstheorie. 7., überarb. und erw. Aufl. Berlin: Springer (Springer-Lehrbuch).

Leist-Galanos, Susanne (2006): Methoden zur Unternehmensmodellierung : Vergleich, Anwendungen und Diskussion der Integrationspotenziale.

Litke, Hans-Dieter (2007): Projektmanagement. Methoden, Techniken, Verhaltensweisen ; evolutionäres Projektmanagement. 5., erw. Aufl. München: Hanser.

Lohre, Dirk (2005): Umweltmanagement und Qualifizierung in Speditionen. Rahmenbedingungen, Anforderungen und Instrumentenentwicklung zur Selbstqualifizierung von Umweltmanagementbeauftragten. Hamburg: Kovac (Logistik-Management in Forschung und Praxis, 4).

Lützen, S. (2011): Auf in die intelligente Welt. Reif für den Markt: Vier Projekte, die die Logistik von morgen effizienter machen. In: DVZ - Logistik Zeitung, Ausgabe 132, 03.11.2011, 2011, S. 8.

Malik, Fredmund (2009): Systemisches Management, Evolution, Selbstorganisation. Grundprobleme, Funktionsmechanismen und Lösungsansätze für komplexe Systeme. Neuausg., (5. Aufl.). Bern: Haupt.

Martin, Heinrich (2009): Transport- und Lagerlogistik. Planung, Struktur, Steuerung und Kosten von Systemen der Intralogistik ; mit 39 Tabellen. 7., erw. und aktualisierte Aufl. Wiesbaden: Vieweg + Teubner (Praxis).

Mehler-Bicher, Anett (1996): Ein objekt- und geschäftsprozessorientiertes Architekturmodell für Management-Support-Systeme. Univ., Diss.--Bamberg, 1996. Marburg: Tectum-Verl.

Meier, Leif Hendrik (2008): Koordination interdependenter Planungssysteme in der Logistik. Einsatz multiagentenbasierter Simulation im Planungsprozess von Container-Terminals im Hafen ; mit einem Geleitwort von Jürgen Bloech. 1. Aufl. Wiesbaden: Gabler (Gabler Edition Wissenschaft).

Mertens, Peter (1998): Grundzüge der Wirtschaftsinformatik. 5., neubearb. Aufl. Berlin: Springer (Springer-Lehrbuch).

Mescon, Michael H.; Albert, Michael; Khedouri, Franklin (1985): Management. Individual and organizational effectiveness. 2. ed. Cambridge: Harper Row.

Müller, Joachim (2005): Workflow-based Integration. Grundlagen, Technologien, Management ; mit 21 Tabellen. Berlin: Springer (Xpert.press).

Müller-Christ, Georg (2007): Nachhaltigkeit und Widersprüche. Eine Managementperspektive. Münster: LIT-Verl. (Nachhaltigkeit und Management, 1).

Müller-Stewens, Günter; Lechner, Christoph (2005): Strategisches Management. Wie strategische Initiativen zum Wandel führen ; der St. Galler General Management Navigator. 3., aktualisierte Aufl. Stuttgart: Schäffer-Poeschel.

Murphy, Paul Regis; Wood, Donald F. (2008): Contemporary logistics. 9th ed. Upper Saddle River, NJ: Pearson/Prentice Hall.

Muschter, Sebastian (1999): IS-gestuetztes Prozessmanagement. Wiesbaden: Dt. Univ.-Verl. [u.a.] (Gabler Edition Wissenschaft).

Neuberger, Oswald (2002): Führen und führen lassen. Ansätze, Ergebnisse und Kritik der Führungsforschung ; mit zahlreichen Tabellen und Übersichten. 6., völlig neu bearb. und erw. Aufl. Stuttgart: Lucius & Lucius (UTB für Wissenschaft;Betriebswirtschaftslehre, Psychologie, 2234).

Nissen, Volker; Petsch, Mathias (2006): Softwareagenten und Soft Computing im Geschäftsprozessmanagement. Innovative Methoden und Werkzeuge zur Gestaltung, Steuerung und Kontrolle von Geschäftsprozessen in Dienstleistung, Verwaltung und Industrie ; Tagungsband zum 9. Symposium Soft Computing am 30.11.2006 an der TU Ilmenau. 1. Aufl. Göttingen: Cuvillier.

North, Klaus; Reinhardt, Kai (2005): Kompetenzmanagement in der Praxis. Mitarbeiterkompetenzen systematisch identifizieren, nutzen und entwicklen ; mit vielen Fallbeispielen. 1. Aufl. Wiesbaden: Gabler.

Nyhuis, Peter (2008): Beiträge zu einer Theorie der Logistik. Berlin: Springer.

o.V. (2001): Transport-Handbuch. Herausgegeben von Kühne & Nagel (AG & Co KG). Hamburg.

o.V. (2006a): Maritime Wirtschaft und Transportlogistik. Perspektiven des maritimen Handels – Frachtschifffahrt und Hafenwirtschaft. Hamburg: Berenberg Bank (Strategie 2030, ...).

o.V. (2006b): Wirtschafts-Lexikon: das Wissen der Betriebswirtschaftslehre. Herausgegeben von Verlagsgruppe Handelsblatt. Verlagsgruppe Handelsblatt. Stuttgart.

o.V. (2007a): STATISTISCHE VERÖFFENTLICHUNGEN DER KULTUSMINISTERKONFERENZ. Vorausberechnung der Schüler- und Absolventenzahlen 2005 bis 2020. Herausgegeben von Kultusministerkonferenz. (Nr. 182).

o.V. (2007b): Intralogistik bewegt - mehr Effizienz, mehr Produktivität. 16. Deutscher Materialfluss-Kongress ; Tagung München, 29. und 30. März 2007. Düsseldorf: VDI-Verl. (VDI-Berichte, 1978).

o.V. (2007c): Marktbeobachtung Güterverkehr. Sonderbericht über die aktuelle Fahrpersonalsituation im deutschen Güterkraftverkehrsgewerbe. Herausgegeben von Bundesamt für Güterverkehr. Online verfügbar unter http://www.bag.bund.de/cln_010/ SharedDocs/Downloads/DE/Marktbeobachtung/Sonderberichte/Sonderber _Fahrpersonal.html?nn=12502, zuletzt geprüft am 03.02.2011.

o.V. (2007d): Projektauftrag 130 des Forschungsprojekts AMATRAK vom 25.10.2007.

o.V. (2008a): thema Forschung. Der Verkehr im Jahr 2030. Das Wissenschaftsmagazin der Technischen Universität Darmstadt. Herausgegeben von Technischen Universität Darmstadt. Darmstadt.

o.V. (2008b): Domain Model: logical diagram - Ergebnisdokument der Ist-Analyse im Rahmen des Forschungsprojektes AMATRAK Stand 30.07.2008, Version 1.0.

o.V. (2009a): Delivering Tomorrow - Kundenerwartungen im Jahr 2020 und darüber hinaus. Herausgegeben von Deutsche Post AG. Bonn.

o.V. (2009b): Energierohstoffe 2009. Reserven, Ressourcen, Verfügbarkeit. Erdöl, Erdgas, Kohle, Kernbrennstoffe, Geothermische Energie. Herausgegeben von Bundesanstalt für Geowissenschaften und Rohstoffe (BGR). Hannover.

o.V. (2009c): Global Supply Chain Trends 2010-2012. Herausgegeben von PRTM Management Consultants GmbH. Frankfurt am Main.

o.V. (2009d): Wandlungsfähigkeit der Produktion - von der Flexibilität zur Zukunftsfähigkeit. In: Industrie Management, H. 3, S. 20–24.

o.V. (2009e): Verkehr in Zahlen 2009/2010.

o.V. (2009f): Im Tandem durchs Tal. In: LOGISTIK HEUTE, Jg. 2009, H. 7-8, S. 10–13.

o.V. (2009g): Präsentation der bisherigen Arbeitsergebnisse im Rahmen der Statussitzung des Forschungsprojekts AMATRAK vom 02.12.2009.

o.V. (2009h): Angebotspräsentation der Stute Verkehrs-GmbH vom 04.08.2009.

o.V. (2010a): Shuttle-Schwärme ziehen durchs Lager. In: Verkehrsrundschau, Jg. 2010, H. 30, S. 47.

o.V. (2010b): Wandelbare Netze ergänzen stabile. IT-Systeme müssen künftig vermehrt flexible Lieferketten steuern. In: DVZ - Logistik Zeitung, Jg. 2010, Ausgabe 102, 2010b, S. 8.

o.V. (2010c): Der Mensch bleibt im Lager gefragt. In: DVZ - Logistik Zeitung, Jg. 2010, Ausgabe 70

o.V. (2010d): CO2-Emissionsminderung im Verkehr in Deutschland. Mögliche Maßnahmen und ihre Minderungspotenziale. Herausgegeben von Umweltbundesamt. (5). Online verfügbar unter http://www.umweltbundesamt.de/uba-infomedien/mysql_medien.php?anfrage=Kennummer&Suchwort=3773, zuletzt geprüft am 09.09.2010.

o.V. (2010e): Selbststeuerung auf strategischer und operativer Ebene. In: SFB 637, 2. Berichtskolloquium (2010) Cluster 1.

o.V. (2010f): Dematic will ausschwärmen. Der Offenbacher Anbieter plant mit fahrerlosen Transportfahrzeugen Revolution in der Intralogistik. In: DVZ - Logistik Zeitung, Ausgabe 72, 17.06.2010, 2010f, S. 9.

o.V. (2010g): TIS öffnet Telematiksystem. In: DVZ - Logistik Zeitung, Jg. 2010, Ausgabe 59, 2010g.

o.V. (2011a): Selbststeuerung in der Transportlogistik. In: Industrie Management, H. 1, S. 30–34.

o.V. (2011b): Zwischenbericht zum zweiten Halbjahr 2010 der STUTE Verkehrs-GmbH.

o.V. (2011c): AMATRAK. In: DVZ - Logistik Zeitung, Ausgabe 132, 03.11.2011, S. 9.

o.V. (2011d): AMATRAK - active-m-ware Workflow 07, Ausgabe 31.03.2011

Olfert, Klaus (2009): Organisation. 15., verb. und aktualisierte Aufl. Ludwigshafen (Rhein): Kiehl (Kompendium der praktischen Betriebswirtschaft).

Österle, Hubert (1995): Business engineering. Prozeß- und Systementwicklung ; [Geschäftsstrategie, Prozeß, Informationssystem]. Berlin: Springer.

Österle, Hubert; Blessing, Dieter (2004): Ansätze Business Engineering. In: HMD, Jg. 2004, H. 241, S. 7–17.

Österle, Hubert; Winter, Robert (2000): Business Engineering. Auf dem Weg zum Unternehmen des Informationszeitalters. 1., vollst. neu bearb. und erw. Aufl. Berlin: Springer (Business Engineering).

Österle, Hubert; Winter, Robert (2003): Business Engineering. Auf dem Weg zum Unternehmen des Informationszeitalters. 2., vollst. neu bearb. und erw. Aufl. Berlin: Springer (Business Engineering).

Österle, Hubert; Winter, Robert; Höning, Frank; Kurpjuweit, Stephan; Osl, Philipp (2007): Business Engineering: Core-Business-Metamodell. In: Das Wirtschaftsstudium, Jg. 2007, H. 2, S. 191–194.

Pfohl, Hans-Christian (2010): Logistiksysteme. Betriebswirtschaftliche Grundlagen. 8., neu bearb. und aktualisierte Aufl. Berlin: Springer.

Pfohl, Hans-Christian; Wimmer, Thomas (2006): Wissenschaft und Praxis im Dialog. Steuerung von Logistiksystemen - auf dem Weg zur Selbststeuerung ; [3. Wissenschaftssymposium Logistik in Dortmund]. Hamburg: Dt. Verkehrs-Verl.

Picot, Arnold; Dietl, Helmut; Franck, Egon (2005): Organisation. Eine ökonomische Perspektive. 4., überarb. und erw. Aufl. Stuttgart: Schäffer-Poeschel.

Porter, Michael Eugene (1989): Wettbewerbsvorteile. Spitzenleistungen erreichen und behaupten = (Competitive advantage). 6. Aufl. Frankfurt: Campus-Verl.

Probst, Hans-Jürgen (2004): Kennzahlen leicht gemacht. Welche Zahlen zählen wirklich? Frankfurt am Main: Ueberreuter (Redline-Wirtschaft).

Probst, Hans-Jürgen (2007): Balanced Scorecard leicht gemacht. Zielgrößen entwickeln und Strategien erfolgreich umsetzen. 2., aktual. und überarb. Neuaufl. Heidelberg: Verl. Redline Wirtschaft (Leicht gemacht).

Probst, Gilbert; Mercier, Jean-Yves (1993): Organisation. Strukturen, Lenkungsinstrumente, Entwicklungsperspektiven. 1. Aufl. Landsberg/Lech: Verl. Moderne Industrie.

Puschmann, Thomas (2004): Prozessportale. Architektur zur Vernetzung mit Kunden und Lieferanten ; mit 60 Tabellen. Berlin: Springer (Business Engineering).

Rabe, Markus; Spiekermann, Sven; Wenzel, Sigrid (2008): Verifikation und Validierung für die Simulation in Produktion und Logistik. Vorgehensmodelle und Techniken. Berlin, Heidelberg: Springer (VDI-Buch).

Reiss, Michael; Ehrenmann, Frank (2011): Holonic, Bionic und Fractal Manufacturing der nächsten Generation. Empiriebasierte Weiterentwicklung von Mainstream-Produktionskonzepten. In: Zeitschrift für wirtschaftlichen Fabrikbetrieb, Jg. 2011, H. 12, S. 949–954.

Reitbauer, Stefan Franz (2009): Neugestaltung von Unternehmensnetzwerken in der Finanzindustrie am Beispiel Anlagegeschäft. Vorgehensmodell, Gestaltungsoptionen und Bewertung. 1. Aufl. Wiesbaden: Gabler Verlag / GWV Fachverlage GmbH Wiesbaden.

Ringlstetter, Max J. (1997): Organisation von Unternehmen und Unternehmensverbindungen. Einführung in die Gestaltung der Organisationsstruktur. München: Oldenbourg (Lehr- und Handbücher der Betriebswirtschaftslehre).

Rüegg-Stürm, Johannes (2005): Das neue St. Galler Management-Modell. Grundkategorien einer integrierten Managementlehre ; der HSG-Ansatz. 2., durchges. Aufl., [Nachdr.]. Bern: Haupt.

Russell, Stuart; Norvig, Peter (2004): Künstliche Intelligenz. Ein moderner Ansatz. 2. Aufl. München: Pearson Studium (Informatik;Künstliche Intelligenz).

Schacher, Markus; Grässle, Patrick (2006): Agile Unternehmen durch Business Rules. Der Business Rules Ansatz ; mit 40 Tabellen. Berlin: Springer (Xpert.press).

Schäfer, Wilhelm; Schäfer, Michael (2004): Wirtschaftswörterbuch. Band 1. 7., überarb. und erw. Aufl. München: Vahlen.

Schary, Philip B. (1984): Logistics decisions. Text and cases. Chicago: Dryden Pr.

Scheer, August-Wilhelm (1994): Wirtschaftsinformatik. : Handbuch; ARIS-Navigator zu Referenzmodellen für industrielle Geschäftsprozesse. Saarbrücken: Springer.

Scheer, August-Wilhelm (1998): ARIS - vom Geschäftsprozeß zum Anwendungssystem. 3., völlig neubearb. und erw. Aufl. Berlin: Springer.

Scheer, August-Wilhelm (1998a): ARIS - Modellierungsmethoden, Metamodelle, Anwendungen. 3., völlig neubearb. und erw. Aufl. Berlin: Springer.

Scheer, August-Wilhelm (2002): ARIS in der Praxis. Gestaltung, Implementierung und Optimierung von Geschäftsprozessen ; mit 2 Tabellen. Berlin: Springer.

Scheer, August-Wilhelm (2004): Innovation durch Geschäftsprozessmanagement. Mit 4 Tabellen. Berlin: Springer (Jahrbuch Business Process Excellence, 2004/2005).

Scheer, August-Wilhelm; Jost, Wolfram; Wagner, Karl (2005): Von Prozessmodellen zu lauffähigen Anwendungen. ARIS in der Praxis. Berlin, Heidelberg: Springer-Verlag Berlin Heidelberg.

Scheer, August-Wilhelm; Werth, Dirk; Kahl, Timo; Martin, Gunnar (2004): Lösungen für das Unternehmen von morgen. In: Information Management & Consulting, H. Sonderausgabe, S. 6–13.

Scheuchl, Michael (2007): Einflussfaktoren und Planungsmethodik für supra-adaptive Logistiksysteme. München: Utz (Fördertechnik - Materialfluss - Logistik).

Scheuerer, Stephan (2004): Neue Tabusuche-Heuristiken für die logistische Tourenplanung bei restringierendem Anhängereinsatz, mehreren Depots und Planungsperioden.

Schick, Uwe (2007): Leistungsprozesse. 2., überarb. Aufl. Darmstadt: Winklers (Spedition und Logistikdienstleistung, [...]).

Schmeltzpfenning, Kira (2010): Analyse der Potenziale von Multiagentensystemen zur Optimierung der Planung und Steuerung multimodaler Transportketten am Beispiel der Stute Verkehrs-GmbH.

Scholz-Reiter, Bernd; Böse, Felix; Jagalski, Thomas; Windt, Katja (2007): Selbststeuerung in der betrieblichen Praxis. Ein Framework zur Auswahl der passenden Selbststeuerungsstrategie. In: Industrie Management, H. 23, S. 7–10.

Scholz-Reiter, B.; Rekersbrink, H.; Wenning, B. -L; Makuschewitz, T. (2008): A survey of autonomous control algorithms by means of adapted vehicle routing problems. In: Proceedings of the 9th Biennial ASME Conference on Engineering Systems Design and Analysis ESDA 08. ASME, Haifa, Israel.

Schuh, Günther (2006): Produktionsplanung und -steuerung. Grundlagen, Gestaltung und Konzepte. 3., völlig neu bearb. Aufl. Berlin: Springer (VDI-[Buch]).

Schulte, Christof (2009): Logistik. Wege zur Optimierung der Supply Chain. 5., überarb. und erw. Aufl. München: Vahlen (Vahlens Handbücher der Wirtschafts- und Sozialwissenschaften).

Schulte-Zurhausen, Manfred (2010): Organisation. 5., überarb. und aktualisierte Aufl. München: Vahlen (Vahlens Handbücher der Wirtschafts- und Sozialwissenschaften).

Schulze, Jens (2000): Prozessorientierte Einführungsmethode für das Customer Relationship Management.

Schwarze, Jochen (1998): Informationsmanagement. Planung, Steuerung, Koordination und Kontrolle der Informationsversorgung im Unternehmen. Herne: Verl. Neue Wirtschafts-Briefe (NWB-Studienbücher;Wirtschaftsinformatik).

Sellien, Reinhold; Sellien, Helmut (1975): Gablers Wirtschafts-Lexikon. A-K. 9., neubearb. u. erw. Aufl. Wiesbaden: Gabler.

Simon, Hermann; Homburg, Christian (2001): Kundenzufriedenheit. Konzepte - Methoden - Erfahrungen. 4. Aufl. Wiesbaden: Gabler.

Specht, Dieter; Braunisch, Dirk (2010): Dynamische Disposition in rückführungslogistischen Systemen. In: Zeitschrift für wirtschaftlichen Fabrikbetrieb, Jg. 2010, H. 10, S. 860–864.

Spelthahn, Sabine; Schlossberger, Ulrich; Steger, Ulrich; Kleppa, Jörg (1993): Umweltbewusstes Transportmanagement. [ein Forschungsprojekt im Auftrage der Kühne-Stiftung unter Mitwirkung des Deutschen Verkehrsforums]. Bern: Haupt.

Spengler, Thomas (2004): Logistik-Management. Prozesse Systeme Ausbildung ; mit 55 Tabellen. Heidelberg: Physica-Verl.

Spielmann, Michael; Faltenbacher, Michael; Stoffregen, Alexander; Eichhorn, Diana (2010): Energiebedarfs- und Emissionsvergleich von LKW, Bahn und Schiff im Güterverkehr. Herausgegeben von PE International GmbH.

Stachowiak, Herbert (1973): Allgemeine Modelltheorie. Wien: Springer.

Stadlbauer, Florian (2007): Zwischenbetriebliche Anwendungsintegration. IT-Management in Unternehmensnetzwerken. 1. Aufl. Wiesbaden: Dt. Univ.-Verl. (Gabler Edition Wissenschaft).

Stahlknecht, Peter; Hasenkamp, Ulrich (2005): Einführung in die Wirtschaftsinformatik. 11., vollst. überarb. Aufl., 185. - 200. Tsd. Berlin: Springer (Springer-Lehrbuch).

Stein, Torsten (1996): PPS-Systeme und organisatorische Veränderungen. Ein Vorgehensmodell zum wirtschaftlichen Systemeinsatz. Berlin: Springer.

Steinle, Claus; Daum, Andreas (2007): Controlling. Kompendium für Ausbildung und Praxis. 4., überarb. Aufl. Stuttgart: Schäffer-Poeschel.

Stiegeler, Jürgen (2007): Entwicklung des Güterverkehrs. Analysen und Handlungsalternativen unter ökologischen Aspekten. Saarbrücken: VDM Verlag Dr. Müller.

Stölzle, Wolfgang (2007): Handbuch Kontraktlogistik. Management komplexer Logistikdienstleistungen. 1. Aufl. Weinheim: WILEY-VCH Verl.

Stölzle, Wolfgang; Fagagnini, Hans Peter (2010): Güterverkehr kompakt. München: Oldenbourg (Lehrbuch kompakt).

Straub, Jürgen (1997): Psychologie. Eine Einführung ; Grundlagen, Methoden, Perspektiven. Orig.-Ausg. München: Dt. Taschenbuch-Verl. (dtv, 32506).

Straube, Frank (2008): Global Logistics. Strategien - Konzepte - Praxisbeispiele. Hamburg: DVV Media Group/Dt. Verkehrs-Verl. (Schriftenreihe Wirtschaft & Logistik).

Straube, Frank; Pfohl, Hans-Christian (2008): Trends und Strategien in der Logistik: globale Netzwerke im Wandel ; Umwelt, Sicherheit, Internationalisierung, Menschen. Hamburg: DVV Media Group, Dt. Verkehrs-Verl.

Strukelj, Franz (2009): Vorgehensmodell für die regelbasierte Entwicklung betrieblicher Informationssysteme. 1. Aufl. Bremen: CT Salzwasser-Verl. (Wismarer Schriften zu Management und Recht, 24).

Suter, Andreas (2004): Die Wertschöpfungsmaschine : wie Strategien ihre Stosskraft entwickeln.

Thiesse, Frédéric (2001): Prozessorientiertes Wissensmanagement. Konzepte, Methode, Fallbeispiele.

Thommen, Jean-Paul; Ergenzinger, Rudolf (2008): Lexikon der Betriebswirtschaft. Managementkompetenz von A bis Z. 4., überarb. und erw. Aufl. Zürich: Versus Verl.

Töpfer, Armin (2008): Handbuch Kundenmanagement. Anforderungen, Prozesse, Zufriedenheit, Bindung und Wert von Kunden. 3., vollst. überarb. und erw. Aufl. Berlin: Springer.

Trost, Dirk Gunther (1999): Vernetzung im Güterverkehr. Ökonomische Analyse von Zielen, Ansatzpunkten und Maßnahmen zur Implementierung integrierter Verkehrssysteme unter Berücksichtigung logistischer Ansprüche verschiedener Marktsegmente. Hamburg: Dt. Verkehrs-Verl. (Gießener Studien zur Transportwirtschaft und Kommunikation, 16).

Turowski, Klaus; Becker, Jörg (1997): Flexible Verteilung von PPS-Systemen. Methodik planungsobjekt-basierter Softwareentwicklung. Wiesbaden: Dt. Univ.-Verl. [u.a.] (Gabler Edition Wissenschaft).

Ulrich, Hans (2001): Das St. Galler Management-Modell. Das St. Galler Management-Modell - Grundlagen des Führungsmodells ; ein Management-Modell für die öffentliche Hand ; Unternehmenspolitik ; Führungsmodelle - St. Galler Modell. Bern: Haupt (Gesammelte Schriften, / Hans Ulrich. Hrsg. von der Stiftung zur Förderung der Systemorientierten Managementlehre, St. Gallen, Schweiz ; Bd. 2).

Vahrenkamp, Richard; Mattfeld, Dirk C. (2007): Logistiknetzwerke. Modelle für Standortwahl und Tourenplanung. 1. Aufl. Wiesbaden: Gabler (Gabler-Lehrbuch).

Vahs, Dietmar (2009): Organisation. Ein Lehr- und Managementbuch. 7., überarb. Aufl. Stuttgart: Schäffer-Poeschel.

Warnecke, Hans-Jürgen (1992): Die fraktale Fabrik. Revolution der Unternehmenskultur. Hüser, Manfred (Hg.). Berlin: Springer.

Weber, Jürgen (2004): Einführung in das Controlling. 10., überarb. und aktualisierte Aufl. Stuttgart: Schäffer-Poeschel (Sammlung Poeschel, 133).

Weiß, Gerhard; Jakob, Ralf (2005): Agentenorientierte Softwareentwicklung. Methoden und Tools ; mit 78 Tabellen. Berlin: Springer (Xpert.press).

Wenning, Bernd-Ludwig (2010): Context-based routing in dynamic networks. 1. ed. Wiesbaden: Vieweg + Teubner (Advanced Studies // Mobile Research Center Bremen).

White, Blake L. (1988): The technology assessment process. A strategic framework for managing technical innovation. New York: Quorum Books.

Wieck, Ingo; Streichfuss, Martin; Klaas-Wissing, Thorsten; Stölzle, Wolfgang (2012): Switchpoints for the Future of Logistics. A Study by Roland Berger Strategy Consultants in Cooperation with University of St. Gallen, Chair of Logistics Management.

Wildebrand, Hendrik (2009): Kundenindividuelle Massenproduktion zur Bewältigung überkapazitätsbedingter Unternehmenskrisen. Frankfurt am Main: Lang (Wertschöpfungsmanagement, 4).

Willmer, Heidemarie; Balzert, Helmut (1984): Fallstudie einer industriellen Software-Entwicklung. Definition, Entwurf, Implementierung, Abnahme, Qualitätssicherung. Mannheim: Bibliogr. Inst. (Reihe Informatik, 39).

Wimmer, Thomas (2009): Erfolg kommt von innen. 26. Deutscher Logistik-Kongress Berlin ; [21. - 23.10.2009, InterContinental Berlin,

Schweizerhof Berlin] ; Kongressband. Hamburg: DVV Media Group Dt. Verkehrs-Verl.

Windt, Katja; Hülsmann, Michael (2007): Understanding autonomous cooperation and control in logistics. The impact of autonomy on mananagement, information, communication and material flow. Berlin: Springer.

Winter, Robert (2011): Business Engineering Navigator. Gestaltung und Analyse von Geschäftslösungen "Business-to-IT". Berlin, Heidelberg: Springer-Verlag Berlin Heidelberg (Business Engineering).

Wöhe, Günter; Döring, Ulrich (2008): Einführung in die allgemeine Betriebswirtschaftslehre. 23., vollst. neu bearb. Aufl. München: Vahlen (Vahlens Handbücher der Wirtschafts- und Sozialwissenschaften).

Wöhrle, Thomas (2011): Revolution im Lager. Klassische Fördertechnik ade" Fahrerlose Transportfahrzeuge im Kommen. In: DVZ - Logistik Zeitung, Ausgabe 131, 01.11.2011, 2011, S. 9.

Wooldridge, Michael (2009): An introduction to multiagent systems. 2. ed. Chichester: Wiley.

Wycisk, Christine (2009): Flexibilität durch Selbststeuerung in logistischen Systemen. Entwicklung eines realoptionsbasierten Bewertungsmodells. 1. Aufl. Wiesbaden: Gabler (Gabler Research).

Zangemeister, Christof (1976): Planung und Entscheidungsvorbereitung mit NAPSY. Nutzwert-Analyse-Programm-System zur computergestützten Bewertung von Programm- und Projektalternativen. Als Ms. gedr. München: Zentralstelle für Luft- und Raumfahrtdokumentation und -information (Forschungsbericht / Bundesministerium für Forschung und Technologie;Luft- und Raumfahrt - Weltraumforschung, Weltraumtechnologie, 76-).

Zapf, Michael (2002): Typisierung autonomer Softwareagenten. Als Ms. gedr. Berlin: dissertation.de (dissertationen.de, 502).

Ziegler, Alexander (2009): Eignungseinstufung von Vorgehensmodellen. [durch systematische Risikoanalyse für Softwareprojekte direkt zum geeigneten Vorgehensmodell]. Berlin: Pro Business.

Ziesing, Hans-Joachim (2009): Politikszenarien für den Klimaschutz V – auf dem Weg zum Strukturwandel. Treibhausgas-Emissionsszenarien bis zum Jahr 2030. Umweltbundesamt.

Zilahi-Szabó, Miklós G. (1993): Wirtschaftsinformatik. Anwendungsorientierte Einführung. München: Oldenbourg.

Wertschöpfungsmanagement
Value-Added Management

Herausgegeben von/ Edited by Hans-Dietrich Haasis

Band 1 Hans-Dietrich Haasis (Hrsg.): Nachhaltige Innovation in Produktion und Logistik. 2007.

Band 2 Sebastian Gabriel: Prozessorientiertes Supply Chain Risikomanagement. Eine Untersuchung am Beispiel der Construction Supply Chain für Offshore-Wind-Energie-Anlagen. 2007.

Band 3 Christian Geßner: Unternehmerische Nachhaltigkeitsstrategien. Konzeption und Evaluation. 2008.

Band 4 Hendrik Wildebrand: Kundenindividuelle Massenproduktion zur Bewältigung überkapazitätsbedingter Unternehmenskrisen. 2009.

Band 5 Annika Stelter: Siedlungsentwicklung und Energielogistik in Deutschland im Spannungsfeld von Zentralität und Dezentralität. 2009.

Band 6 Hans-Dietrich Haasis / Marco Plöger (Hrsg.): Flexible Lagersysteme. Von der Bestandshaltung zur produktionssynchronen Versorgung. 2009.

Band 7 Matthias Schmidt: Mass Customization auf dem Chinesischen Automobilmarkt. Logistische und produktionswirtschaftliche Handlungserfordernisse für Auslandswerke. 2009.

Band 8 Matthias Bastian Theubert: Steuerung der Leercontainerströme. Simultane, dezentral koordinierte Allokation verfügbarer Ressourcen auf Basis der Vickrey-Auktion. 2010.

Band 9 Sebastian Lorenz: Wissensmanagement in unternehmensübergreifenden Forschungsprojekten im internationalen Umfeld. 2010.

Vol. 10 Michael Wehrheim: The Buy or Lease Decision. An Enhanced Theoretical Model Based on Empirical Analyses with Implications for the Container Financing Decision of Shipping Lines. 2011.

Vol. 11 Marco Plöger: Informationsintegration in der Just-in-Sequence-Logistik. Koordinationsansätze des Lean Managements zur logistischen Prozesssynchronisation. 2011.

Band 12 Thomas Baumann: Kommunikation, Kooperation und Lernen. Ihre Bedeutung für die Wertschöpfung unter Berücksichtigung neurobiologischer Aspekte. Konkretisiert am Beispiel der Automobilindustrie. 2011.

Band 13 Kai Barwig: Entwicklung und betriebswirtschaftliche Bewertung eines Business Engineering-Ansatzes zur Übertragung und Anwendung von Selbststeuerungssystemen in der Transportlogistik. 2013.

www.peterlang.de